U0455067

本书为北京语言大学院级项目（项目批号：19YJ010104）成果，由"中央高校基本科研业务费专项资金"资助出版。

韩国学生
汉语语法习得研究

金海月　著

民族出版社

一部来自教学一线的好书

汉语作为第二语言教学自 20 世纪 80 年代以来，无论是教学理论研究还是教学实践研究都取得了很大的成绩，但如何才能提高教学质量依旧是我们需要攻克的重大课题。

教学质量是教育的生命线。想要提高教学质量需要创造良好的教学环境、培养学生良好的学习习惯，与此同时要提高教师自身素质和业务水平。作为汉语教师，通过对比学生母语与汉语，认识汉语特点，预测学习难点是教师的基本功之一。基于语言对比预测学习难点需要科学的论证过程，这本《韩国学生汉语语法习得研究》为我们提供了一种范式。

这本书有两大特点：一是描写充分，有数据、有解释；二是以语言对比与语言类型学知识作为研究的支撑。

语言现象的静态描写是语言研究的基础，充分的描写可为语言特点的分析提供依据。本书对学生中介语的类型描写十分详细，语料来自大规模的语料库及作者的实际调查。如关于韩国学生"使"字结构习得特点的研究，本书以北京语言大学 HSK 动态语料库为基础进行了偏误类型分类，再结合问卷对不同学习阶段的韩国学生进行了细致调查，总结出了其习得特点，翔实的语料为语言特点的分析提供了深厚的依据。在语料库语言学广泛应用的今天，大数据为我们开辟了新的视野，提供了新的角度。大数据与语言学研究的结合为语言现象的解释打下了坚实基础。注重用数据说话，通过提取的数据的客观发展趋势来描写语言学问题，结合多维度的数据分析，使语言现象的解释更有理有据。这可以说是本书的一大亮点。

　　语言对比是将不同的语言进行系统的共时比较，以揭示它们之间相同点和不同点的一种语言分析方法。语言对比的目的是寻求不同语言之间的共性和个性，从而科学地认识人类语言的语法特点和演变规律。语言对比存在以下两个途径：一是通过两种语言规律的对比发掘相互间的共性和个性；二是通过语言教学的实践反观不同语言的特点，从隐性、显性的对照中揭示不易觉察的语言现象和规律。将学生母语和汉语进行对比，可以预见学生的难点和常犯的错误，准确抓住教学重点，有针对性地进行教学，有利于帮助学生克服母语干扰，提高学生对汉语的理解和使用水平。同时可将对比成果用于教学的课程设计和教材编写中。如韩国学生渐变义副词习得特点的研究，本书对韩汉相近语义的渐变义副词进行了详尽对比，为学生的偏误成因分析提供了有力依据。语言对比必须要求深化和细化，因为它是语言比较得以深入的关键，而对非亲属语言的比较来说，这显得尤为重要。这一点在本书中有很好的体现。不同语言的语法对应有大规则和小规则之分。认识语言的语法特点，光靠大规则是不够的，必须寻找大规则下的小规则。特别是教学语法，不能只停留在大规则的对比上，而应当把着力点放在小规则的探索上。这本书在做语言对比的过程中，不失把语言分析放在类型学视野中进行了考察。语言类型学研究方法论应用于国际中文教育也是一种新思路、新方法。想要对不同国别的学生因材施教，必须了解语言共性，想要对不同国别的学生因材施教，必须了解语言类型。

　　金海月多年从事国际汉语教学，她又精通韩国语，了解韩国语母语人的汉语学习特点。丰富的教学经验激发她更多的理论思考。她对语言共性与个性认识高，常从语言类型的转变看外国人学习中文的规律。这一点在我与她日常进行学术观点交流时就有具体感受。有一次我们谈论到构词法，她认为少数民族语言研究中关于构词法的研究略显单一化、形式化，我们不仅要从形式上出发，观察其构词结构类型，而且还要从不同结构类型的使用频度及一种语言常见的构词类型的认知习惯进行深入分析。如韩国语是 OV 型语言，但构词时动宾结构很有活力，当然这和与汉语的语言接触有关，不过也要思考为什么韩国语词汇对动宾结构的可接受性如此强，这一现象对韩国学生习得汉语时产生什么样的影响。我听了后很受启发。不久，我把景颇语词典过了一遍，理出了景颇语构词特点，观察到了其构词类型的倾向性特点，得到了一些新认识。

我想，从教学实践经验中形成的语言习得的阶段性成果，这恰恰是汉语教学特别需要的。

戴庆厦于北京 507 工作室

2023 年 1 月

目　录

绪　论

本书在第二语言习得理论与语言类型学理论的指导下，围绕动量词等 17 个语法点，从韩国汉语学习者产出的中介语的语言事实出发归纳偏误类型，分析偏误特点，进而提出了相应的教学启示。

本书倡导并努力实践科学的汉语习得研究范式，即基于大规模真实语料的定量分析与定性分析相结合的实证性研究。（1）依据目前规模最大的汉语中介语语料库——HSK 动态作文语料库[①]进行习得现状考察，对韩国人汉语语法习得情况的认识具有较强的客观性、稳定性和普遍性。（2）结合强控制性的专题测试等方式对偏误现象及成因的推测进行实证研究，在一定程度上使研究结论得到客观的证明。（3）通过对比汉语与学生的母语，具体、深入考察母语迁移过程。本书的研究将为汉语中介语研究，面向韩国学生的汉语作为第二语言的教学理论研究、课堂教学研究、教材编写等提供重要参考。

偏误分析（Error Analysis）是对学习者在第二语言习得过程中所产生的偏误进行系统的分析，研究其原因，揭示学习者的中介语体系，从而了解第二语言习得的过程和规律。而所谓的"偏误"则是指第二语言学习者在语言习得过程中常常出现的、规律性的错误，它可在一定的程度上反映学习者的语言能力和水平，提供研究第二语言学习者学习语言的策略、过程和步骤等方面的资料。因此，要想了解第二语言学习者在习得汉语语法的过程中究竟存在哪些难点与问题，究竟会有哪些因素影响学习者习得语法的过程，偏误分析无疑是较好的途径。

英国应用语言学家 Corder（1967）认为，偏误自成系统且有规律，大部分

①　"HSK 动态作文语料库"是母语非汉语的外国人参加高等汉语水平考试（HSK 高等）作文考试的答卷语料库，收集了 1992—2005 年的部分外国考生的作文答卷。语料库 1.0 版收入语料 10740 篇，约 400 万字，于 2006 年 12 月上线。2008 年 7 月，经修改补充，语料库 1.1 版语料总数达到 11569 篇，共计 424 万字。

是学生无意识造成的，学生不能自己将错误检查出来并加以纠正，这就反映了学习者的语言能力。[1] 学习者在表达过程中，语际或语内的迁移是不可避免的。语言迁移的研究始于 20 世纪四五十年代，主要经历了三个阶段。第一阶段是 20 世纪 50—60 年代，以行为主义语言学习理论为基础的对比分析理论在第二语言习得理论中占据主导地位。在这一理论框架下，人们认为第二语言习得过程就是学习者不断克服母语负迁移的过程。Lado（1957）提出"语言迁移"理论[2]，即在第二语言习得中那些与母语相似的部分简单易学，而与母语不同的部分则难学，所以可以通过对比分析母语和目的语的差异来预测和描写第二语言习得中的困难。第二阶段是 20 世纪 60—70 年代，在 Chomslcy（1965）的语言习得机制、普遍语法以及偏误分析的影响下，基于行为主义学习理论的语言迁移理论受到了质疑[3]。这一时期的研究者认为，第二语言习得中产生的偏误不完全受母语的影响，有些是由于类推、概括等认知策略所导致的错误认识、对目的语规则的掌握不全面或其他语言的干扰等因素造成的。Burt、Dulay 和 Hernandez（1973）认为母语迁移对第二语言习得的影响并不大，他们通过研究发现，来自不同母语背景的人在学习同一种语言时会产生相同的偏误[4]。所以二人认为即便两种语言存在差异，也不一定会对目的语学习产生负迁移，反而会激发学习者的兴趣，从而使其更快更好地掌握目的语。第三阶段是 20 世纪 70 年代末至 90 年代，随着实证研究不断发展，母语迁移重新受到重视。这一时期的语言迁移被视作一个受多种因素影响制约的复杂的认知过程，不仅仅是母语对目的语的机械迁移，而且还与语用环境、认知心理以及学习者的个体差异等诸多因素一起共同制约语言的习得。

回顾母语迁移理论的发展历程，尽管一直有学者否定母语在第二语言习得

---

[1] Corder,S.P :The Significance of Learner's Errors.International Review of Applied Linguistics in Language Teaching,1967(5).

[2] Lado,R.Linguistic Across Cultures:Applied Linguistics for language Teachers.Ann Arbor,Michigan: University of Michigan,1957.

[3] Chomsky,N.Aspects of the Thery of Syntax.Cambridge,Mass:MIT Press,1965.

[4] Burt M.,H.Dulay,and E.Hernandez.Bilingual Syntax Measure.New York:Harcourt Brace 1973.

中的作用，但仍然有一部分人认为母语迁移是第二语言习得中不容忽视的影响因素。刘珣（2000）认为，学习者在习得第二语言时已经形成了一整套第一语言的习惯，因此就会存在母语习惯的迁移问题[①]。母语和目的语的异同对学习者产生的影响在第二语言习得过程中主要表现为正迁移和负迁移。正迁移是指母语与目的语的相似之处会促进第二语言学习，比如对于韩国的汉语学习者，与韩国语的汉字词同形同义的汉语词汇比较容易习得。而负迁移，即母语干扰，是指学习者不能正确区分母语与目的语的异同，从而对目的语的学习产生负面的抑制作用，比如韩国语与汉语的语序差异，经常给韩国汉语学习者带来困难。影响母语迁移的因素也是多方面的，有语言因素的影响，也有非语言因素的影响。

　　探讨母语迁移问题自然离不开语言对比。对比分析理论在语言教学上的作用，主要在于通过比较母语和目的语的异同，分析出母语对目的语学习的干扰规律，预测与解释学习者的难点与错误（对比分析不区别错误与偏误）。尽管教学实践告诉我们母语干扰只能预测和解释一部分偏误，还有许多偏误不能用母语干扰来解释，也就是说对比分析理论具有一定的局限性，但其重要性还是毋庸置疑的。对比分析是长期以来传统的、被广泛采用的偏误分析的基本方法，也是一种比较有效的、应用性较强的分析方法。王力（1956）曾明确提出："对外汉语教学，我认为最有效的方法就是中外语言的比较学。"[②] 对比分析主要是对学习者的目的语和母语进行对比，由此找出母语对目的语学习的正负迁移作用。据行为主义者解释，由于负迁移亦即母语干扰，在学习过程中第一语言的特征会转移到第二语言的学习中去，使得第二语言学习者在学习过程中会不时产生错误。通过对学生母语和目的语在语音、语义、语用等方面进行比较来确定其相同点和相异点，能为教学提供必要信息，解决母语迁移的问题。尤其是学生在初学汉语阶段，语言错误中半数以上的语法错误来自母语对目的语的干扰。这就要求教师在讲授语言的同时，把这种语言语音系统的异同、词义对应的词汇、语法结构及句

---

① 刘珣：《对外汉语教育学引论》，191 页，北京，北京语言大学出版社，2000。

② 王力：《语法和语法教学：介绍暂拟汉语教学语法系统》，42 页，北京，人民教育出版社，1956。

子的对应表达方式、语言的文化背景知识进行对比和讲解，使学生更好地掌握汉语的结构规律和表达方式。因此，我们应以科学的态度适当地利用母语，把握好语言对比法在国际汉语教学中的使用度。

书中讨论的 17 个语法点，虽然不成体系，但是均为我们平日的教学积累。目前，汉语语法习得研究尚未统一范式，书中每一个章节的内容都是我们在教学实践中不断摸索反馈形成的，故其研究方法也不尽相同。文中的汉语语料来自北京语言大学 BCC 语料库、北京大学 CCL 语料库，韩国语语料来自韩国 kkokkoma 世宗语料库，汉语中介语语料来自北京语言大学 HSK 动态作文语料库、全球汉语中介语语料库 [①]、韩汉翻译语料库 [②] 以及笔者的课堂测试卷。

---

① 全球汉语中介语语料库总规模 5000 万字，含熟语料 2200 万字，集笔语语料库、口语语料库、多模态语料库于一体。截至 2021 年 11 月 6 日，库存原始语料 2367 万多字，多个层面的标注语料合计约 1.26 亿字。其中笔语标注语料 9493 万多字，口语标注语料 1955 万多字，视频标注语料 1144 万多字。另有供对比研究用的中学生汉语母语者的作文生语料 137 万字。

② 北京语言大学汉语学院双语翻译系制作，是韩国留学生的翻译文章。目前该语料库有 100 多万字，其中翻译原文 60 余万字，译文 40 余万字。

第一章　动量词

汉语与韩国语皆属于量词型语言。汉语有丰富的量词，主要作用就是表示事物的单位和动作行为的量。韩国语也有量词，其数量没有汉语多，用法与汉语的量词相比，既有相同之处，也有不同之处。二者语义及句法对应关系错综复杂。

量词分为名量词与动量词，在此只讨论韩国学生习得汉语动量词的偏误现象。

汉语动量词表示动作的次数，常常放在动词之后充当补语。《国际中文教育中文水平等级标准》[①] 的词汇大纲一共收录了 140 个专用名量词和 10 个专用动量词。10 个专用动量词分别是：遍、场、次、度、顿、番、回、趟、下、阵、眼。此外借助名词作动量词的常用临时动量词有：刀、针头、口、拳、脚、巴掌、枪、笔等。

根据量词与动词的搭配关系，我们可将动量词分为四类：通用动量词、自主动量词、借助动量词和情态动量词，情态动量词又细分为持续性动量词、整体性动量词和空间动量词。[②]

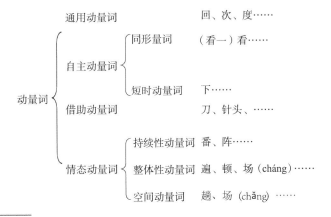

① 教育部中外语言交流合作中心编：《国际中文教育中文水平等级标准》，北京，北京语言大学出版社，2021 年。

② 邵敬敏：《动量词的语义分析及其与动词的选择关系》，载《中国语文》，1996（2）。

韩国语也有附着于动词前、表示动作次数的句子成分，但韩国语词类中没有独立的动量词这一分类，而是把表示事物的范围和动作行为量的词语归入名词，称"依存名词"。在此为了叙述方便，我们把这一类"依存名词"暂称为动量词。韩国语表示动作行为量的动量词为数不多，常见的有"번（beon）[①]""벌（beol）"等。另外还有"바탕（batang）""차례（charye）"等，属借助动量词。

一、偏误类型

语料分析过程中我们发现，韩国学生习得动量词偏误大致可以分错序、误用、冗余等三类。

（一）错　序

1.类型 1：动量词与动词的位置

a＊我今年两次去过长城。

b＊我和他只一次见过，但他还记得我。

偏误类型 1 很显然，主要来自母语知识的干扰。韩国语的动量词只能位于主语后动词前作状语。例如：

（1）올해 나는　　　 장성에　　 두번 다녀왔다.

　　今年 我–话题格 长城–位格 两次 去过–终结词尾

汉语则不然，动量成分一般都在动词后面作补语，如类型 1 的偏误句我们应说成：

a′我今年去过两次长城。

b′我和他只见过一次，但他还记得我。

2.类型 2：动量词与宾语的位置

a＊昨天我给他打了电话好几次。

---

① 此为韩国语读音。

b★我叫了<u>三次</u>他，他都没听见。

偏误类型 2，主要是因为目的语学习不够扎实所致，学习者未弄清动量补语和宾语的位置。韩国语中，宾语和动量成分都在动词前，学习者虽然知道汉语的宾语和动量成分应在动词后，但是混淆了哪个在前哪个在后。当专用动量词充当动量补语时，人称代词作宾语一般位于补语前，例如：

（2）我赢过他一次。

（3）我叫了他三次，他都没听见。

表示一般事物的名词作宾语时，大多位于动量补语后。例如：

（4）我连续踢了两场球。

（5）昨天我给他打了好几次电话。

人名、地名以及对人的称呼作宾语时，既可以在补语前，也可在补语后。例如：

（6）昨天我找过小王两次。／昨天我找过两次小王。

（7）我去过上海两次。／我去过两次上海。

（8）我刚才叫过服务员两次。／我去过两次上海。

因此，上述类型 2 的偏误句正确表达方式为：

a′昨天我给他打了好几次电话。

b′我叫了他三次，他都没听见。

3.类型 3：动量词在否定句中的位置

a★开学后我已经没做<u>两次</u>作业了。

b★我没参加<u>三次</u>留学生活动了。

4.类型 4：动量词表示"完成某一动作行为所需要的次数"时的位置

a★打<u>两拳</u>死了一只老虎。

b★他吃完了苹果<u>三口</u>。

偏误类型 3 与偏误类型 4，主要来自目的语的干扰。学习者已经掌握了汉语动量词常位于动词后这一规律，但事实上汉语动量词并非全部在动词后。

如否定句中的动量词大多在动词前，类型 3 的偏误句正确表达方式为：

a′ 开学后我已经两次没做作业了。

b′ 我三次没参加留学生活动了。

动量词表示完成某一动作行为所需要的次数，这时汉语不用动量补语形式表示这一语义。类型 4 的偏误句正确表达方式为：

a′ 两拳打死了一只老虎。

b′ 他三口就吃完了一个苹果。

其实动量词表示"完成某一动作行为所需要的次数"时，在韩国语中的表现有一些特点，通常在动量词后加位格助词"–에（e）"。例如：

（9）두 주먹에　　호랑이　　한 마리를　　때려서 죽였다.

　　　两拳–位格 老虎–主格 一只–宾格 打死–过去时–终结词尾

（10）두입에　　　달걀 하나를　　　먹어 버렸다.

　　　两口–位格 鸡蛋 一个–宾格 吃掉–过去时–终结词尾

而其他情况下动量词通常不带位格助词。例如：

（11）* 올해 나는　　　장성에　　두번에　　다녀왔다.

　　　今年我–话题格 长城–位格 两次–位格 去过–过去时–终结词尾

（12）개강 후 두번에　　숙제를　　하지 않았다.

　　　开学后 两次–位格 作业–宾格　做 没–过去时–终结词尾

换句话说，当韩国语的动量词可以带与位格助词"–에（e）"，汉语则不能说成动量补语。

5. 类型 5：动量词与离合词的位置

a ★ 这个学期我见面他一次。

b ★ 我在学校游泳馆游泳过一次。

偏误类型 5，主要也因目的语知识不扎实所致。当动宾关系的词语（如离合词）或短语带动量补语时，动量补语要在动宾中间。类型 5 的偏误句正确表达方式为：

a′ 这个学期我见过他一次面。

b′ 我在学校游泳馆游过一次泳。

6. 类型6：动量词与宾语的位置

a ★我在首尔看过三遍这部电影。

b ★我写了十遍这个"赢"字，但还是记不住。

偏误类型6，主要因目的语知识不扎实所致。当动量补语句的受事成分带有"这/那"等指示代词时，应把受事成分置于主语位置。如类型6的偏误句正确表达方式为：

a′ 这部电影我在首尔看了三遍。

b′ 这个"赢"字我写了十遍，但还是记不住。

7. 类型7：动量词与副词的位置

a ★我去过西安只一次。

b ★帮他过一次。

偏误类型7，其偏误原因主要也来自母语干扰。韩国语中，表示限制动量词数量的角色主要由助词承担，通常附着在动量词后一起使用。例如：

（13）나는 　　서안에 　한 　번 밖에 가 보지 못했다.

　　　我-话题格 西安-位格 一 次 只 去 看 没 过-过去时-终结词尾

（14）그를 　　한번 만 도와 주었다.

　　　他-宾格 一次 只 帮助 给-过去时-终结词尾

汉语中，限制动量词数量的副词一般放在动词前。如类型7的偏误句正确表达方式为：

a′ 我只去过一次西安。

b′ 就帮他一次。

在实际语言中，有的表限定的副词也可以位于动词后动量补语前，例如：

（15）这篇文章我读了整整三遍，还是不大懂。

另外，表示次数少时，还可以用下列方式：

（16）中山公园我没去过几次。　　　→ 中山公园我去了没几次。

（17）这首诗我没看几遍就会背了。　→ 这首诗我看了没几遍就会背了。

（二）误　用

1.类型8："次、遍、趟"的混用

a★那个地方我去过<u>一遍</u>，没意思。

b★我去<u>一遍</u>，你在这里等我。

c★我从头到尾重新看了<u>一次</u>，还是没找到原因。

这类偏误所占比例不是很高，大多集中在初级阶段。这类偏误主要是受母语知识的干扰所致。以上三个句子中的动作次数，韩国语都可用"한번(hanbeon)"来表示：

（18）나는　　　그곳에　　한　번　가본적있다.

　　　我-话题格 那里-位格 一　次 去 看 过-终结词尾

（19）내가　　　한 번 다녀올께, 너 여기서　　　기다려.

　　　我-主格 一 趟 去回来，　你 这里-位格 等

（20）처음부터 마지막까지 다시 한 번 보았지만　　　원인을　　찾지

　　　从头　　　到尾　　　重新 一 遍 看过-连接词 原因-宾格 找

　　　못했다.

　　　没-终结词尾

"次"是通用量词，用来计量反复出现的动词或者可能反复出现的动作；"遍"是表示整体的情态量词，用来计量从开始到结束整个过程的动作。在使用上，"次"和"遍"，"次"和"趟"都可能出现交叉现象，但语义重点不同。"次"只说明动作重复的数量，不管完整不完整；"遍"则说明动作每次都是从开始到结束的整个过程。在"趟"与"次"的区分上，如果说明说话人特意强调来往走动的动作次数时，就应该选用"趟"。说话人特意强调来往走动的动作时，一般要选择表示来往走动的动词，这类动词很有限，常用的只有"来、去、跑、走、

回"等。① 例如：

（21）今天我去了三趟邮局。

（22）我每天都要跑好几趟医院。

因此上述类型 8 的偏误句正确表达方式为：

a′ 那个地方我也去过一次，没意思。

b′ 我去一趟，你在这里等我。

c′ 我从头到尾重新看了一遍，还是没找到原因。

2. 类型 9："番、阵"的混用

a ★ 全家人用那一千块钱下饭馆吃喝庆祝了<u>一阵</u>。

b ★ 当时我还羡慕了她<u>一番</u>，现在一点也不羡慕了。

c ★ 爸爸刚才表扬了我<u>一阵</u>，满意地走了。

这一类型的偏误率比较高，初、中、高级阶段都普遍存在。这类偏误也主要是受母语知识的干扰而产生。以上三个句子的动作次数，韩国语都可用"한동안 (handong-an)""한참 (hancham)""한바탕 (hanbatang)"等来表示。

"番"表示费力地去做某件事，主要适用于言说动词，如"议论、汇报、介绍、报告"，或者跟言说有关的动词，如"调查、研究、表演、重复"等。除了言说动词以及与演说动词有关的动词之外，常选用"番"的动词还有"办理、表示、采购、参观、参考、测量、筹备、处理、打量、计划、考察、忙碌、挣扎、整顿"等。

"阵"的语义特征主要有两个：一是动作持续的时间比较长，体现一种"持续性"；二是动作相对集中、急剧，体现一种"密集性"。"阵"修饰的动词主要为：

①自然界现象，如：下了一阵雨、落了一阵雪、刮了一阵风、响了一阵雷。

②声响，如：发出一阵娇笑、传来一阵笑语、响起一阵掌声、迸发一阵咳嗽。

---

① 卢福波：《对外汉语常用词语比较例释》，101~104 页，北京，北京语言文化大学出版社，2000。

③心理感受，如：心酸了一阵、痛苦了一阵、羡慕了一阵。

④其他持续性动作动词，如：等了一阵、说了一阵、打听了一阵。

基于以上，类型 9 的偏误句正确表达方式为：

a′ 全家人用那一千块钱下饭馆吃喝庆祝了一番。

b′ 当时我还羡慕了她一阵，现在一点也不羡慕了。

c′ 爸爸刚才表扬了我一番，满意地走了。

（三）冗 余

类型 10：动量词的冗余

a ★我们今天也打扫打扫一下房间吧。

b ★我们也品尝品尝一下中国菜吧。

动量词冗余的偏误句数量不是很多，但是初、中级阶段的学习者仍使用这类句子，多数是因为有具体语言环境限制，某些特定的句式或结构中本不需要使用量词，但学习者在对目的语掌握不够全面的情况下，盲目地为所用的名词或动词搭配量词。类型 10 中的动词"打扫、品尝"重叠后，已经表示"短暂"或"尝试"之义，不可再用表示类似语义的数量短语"一下"，学习者显然是将两种表达方式叠加在一起了。因此类型 10 的偏误句应改为：

a′ 我们今天也打扫一下房间吧。／我们今天打扫打扫房间吧。

b′ 我们也品尝一下中国菜吧。／我们也品尝品尝中国菜吧。

（四）回 避

类型 11：借助量词的使用

a 英秀使劲用刀刺了小偷一次。

b 他竟然打了两次我的脸。

c 我看了看坐在旁边的英秀一次。

严格意义上讲，类型 11 的例 a 至例 c 不算作偏误句，基本语法没有问题，只是语用上汉语还有更常见的表达方式。如下所示：

　　a′　英秀使劲刺了小偷一刀。

　　b′　他竟然打了我两巴掌。

　　c′　我看了坐在旁边的英秀一眼。

在调查中我们发现，学习者所掌握并运用自如的量词总量偏少，与汉语系统中量词总量相差甚远。特别是极少使用借助动量词。众所周知，借助动量词主要是显示跟动作有关的人体器官、工具及伴随结果，它包括如下三类。

器官量词：眼、头、腿、手、口、拳、脚、巴掌、指头……

工具量词：刀、枪、罐、锄、笔、鞭子、斧子……

伴随量词：步、声、圈、程……

我们在教学中应积极教授这些借助动量词，丰富学生们的汉语表达。

二、数据分析与讨论

我们以北京语言大学 HSK 动态作文语料库为基础，加上作者在教学过程中遇到的偏误，设计了一个涵盖韩国语动量词各种形式的测试卷，让学生把韩国语翻译成汉语。测试卷包括 22 个句子，韩国语动量句式的每一形式至少出现两次。受试者为北京语言大学汉语学院一、二、三年级共 51 名韩国留学生，其中包括一年级学生 16 名、二年级学生 17 名、三年级学生 18 名。

通过调查发现，上面所说的 11 类型中，发生率最高的是类型 11 借用量词的使用，占被试者总数的 81%；其次是类型 9 "番、阵"的混用，类型 5 动量词与离合词的位置，类型 4 表"完成某一动作行为所需的次数"义的动量词的位置，类型 6 确指义宾语的位置，分别占被试者总数的 67%、50%、49% 和 44%；再次是类型 3 动量词在否定句中的位置，类型 8 "次、遍、趟"的混用，类型 1 动量词与动词的位置，类型 7 动量词与副词的位置，类型 2 动量词与宾语的位置，分别占被试者总数的 23%、19%、17%、17% 和 16%；偏误率最低的是类型 10 动量词的冗余，只占被试者总数的 8%。如图 1-1 所示。

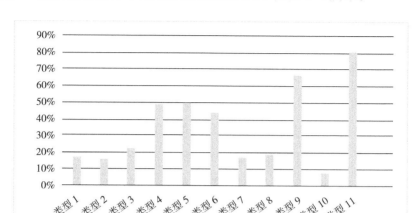

图 1-1　动量词偏误类型所占比例

不同的偏误类型在不同汉语水平级别中所占的比率见表 1-1：

表 1-1　动量词 11 类偏误类型在不同水平级别中的比例　　　　单位：%

	类型 1	类型 2	类型 3	类型 4	类型 5	类型 6	类型 7	类型 8	类型 9	类型 10	类型 11
初级	44	31	44	81	69	69	38	38	81	19	94
中级	6	12	24	59	59	19	12	12	65	6	82
高级	0	6	0	6	22	44	0	6	56	0	67

初级阶段，偏误率最高的是类型 11，占初级被试者总数的 94%；其次是类型 9、类型 4，均占初级被试者总数的 81%；再次是类型 5、类型 6，均占初级被试者总数的 69%，之后是类型 1、类型 3、类型 7、类型 8、类型 2，分别占初级被试者总数的 44%、44%、38%、38% 和 31%；偏误率最低的是类型 10，只占初级被试者总数的 19%。中级阶段，偏误率最高的是类型 11，占中级被试者总数的 82%；其次是类型 9、类型 5、类型 4，分别占中级被试者总数的 65%、59%、59%；再次是类型 3、类型 6、类型 2、类型 7、类型 8，分别占中级被试者总数

的 24%、19%、12%、12%、12%；偏误率最低的是类型 1、类型 10，均占中级被试者总数的 6%。高级阶段，偏误率最高的依然是类型 11，占高级被试者总数的 67%；其次是类型 9、类型 6，分别占高级被试者总数的 56%、44%；再次是类型 2、类型 4、类型 8，均占高中级被试者总数的 6%；类型 1、类型 3、类型 7、类型 10 的偏误率为 0%。见图 1-2。

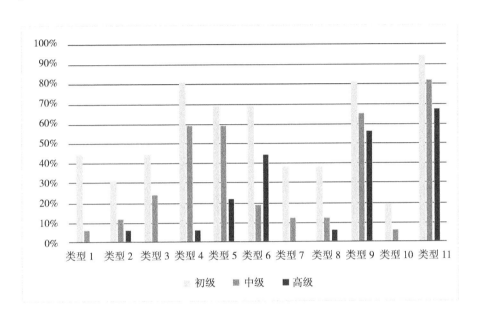

图 1-2　动量词偏误类型在不同级别中的比例

偏误率最高的是类型 11（借用量词的使用），占被试者总数的 81%，其次是类型 9（"番、阵"的混用）、类型 5（动量词与离合词的位置）、类型 4（表"完成某一动作行为所需要的次数"义的动量词的位置）、类型 6（确指义宾语的位置）。

综合以上分析，我们将韩国学生习得动量词的特点及相关问题总结如下。

一是偏误类型 11、类型 9、类型 6、类型 4 是以韩国语为母语的汉语习得者问题比较集中的类型，其中类型 11、类型 9、类型 6 到了高级阶段后，偏误率仍非常高。

二是学习者所掌握并自觉使用的动量词总量偏少，与汉语系统中动量词总量相差甚远，韩国学生们常用的动量词大多集中在通用动量词"次"、自主动量词"下"、情态动量词"遍"。特别是极少主动使用临时动量词。在现代汉语系统中，动量词的使用不仅具有普遍性，还具有多样性，不仅一个动量词可以和多个动词搭配，而且一个动词也不限于只和一个动量词搭配。

三是整体上，随着汉语水平的提高，动量词使用的正确率也越来越高，除了偏误类型 6 以外。关于类型 6，高级阶段的偏误率高于中级阶段的原因不详。

四是母语的类型在学习者习得现代汉语量词过程中有较大的影响。但是从总体上看，确定具体语境中究竟该用哪一个动量词是学习者的难点所在。

三、教学启示

基于以上我们认为，面向韩国学生的动量词教学，需要注意以下几点。

首先，在课堂教学或教材编写中，应注意增加学习者习得量词的总量，强调量词使用的多样性特点。在强调专用量词使用的同时，还应教给学习者其他类词语用作临时量词的规则及适合使用借助量词的语境。

其次，在课堂教学中，教师应该尽量给学生讲授量词形成目前这种语义层次和搭配状况的原因，以便学生记忆。

最后，在有条件的情况下，针对母语负迁移所致的偏误类型，如类型 1、类型 7、类型 8、类型 9 等的教学，应重视两种语言的对比，加强具有针对性的练习。像类型 4 一样，在母语中有相应形式表现的类型，我们也可以通过与母语的对比，加深对汉语动量词的理解。

附 1：测试卷

请把下列韩国语翻译成汉语

1. 이 영화를 나는 세 번이나 보았다 .

2. 전등이 한 번 켜졌다가 다시 꺼졌다 .

3. 작년이 나는 서안에 두 번 간적이 있다 .

4. (동생을) 그냥 한 번 때렸지 두 번 때린건 아니예요.

5. 이 영화를 나는 서울에서만 해도 두 번이나 보았다.

6. 나는 그를 두 번이나 불렀는데 그는 다 듣지 못했다.

7. 왕선생님은 이번 여름방학에 두 번이나 서울에 오셨다는데 다 만나지 못했다.

8. 나는 그와 한 번 만났을 뿐인데 머리속에 남은 인상이 아주 깊다.

9. 그는 나의 따귀를 두 번이나 후리쳤다.

10. 영수는 뒤에서 칼로 도둑을 한 번 찔렀다.

11. 내가 그를 힘껏 앞으로 밀었더니 그는 몸을 가누지 못하도 넘어졌다.

12. 나는 옆에 있는 그를 한 번 힐끔 보았다.

13. 나는 상해에 한 번 가보았지 두번 가보지 않았다.

14. 한 번도 가보지 않고서야 어찌 그 상황을 알 수 있겠는가?

15. 자금성에는 몇 번 가보지 못했다.

16. 서안이란 곳은 나는 두 번 밖에 가보지 못했다.

17. 나는 이 문장을 세 번이나 읽어보았지만 이해가 잘 되지 않는다.

18. 나는 이 시를 몇 번 읽지 않고도 다 외울 수 있었다.

19. 그는 세 입에 사과 하나를 다 먹을 수 있다.

20. 개강 후 나는 숙제를 두 번이나 하지 않았다.

21. 나는 이 한자를 다섯 번 쓰지 않고 여섯 번 썼다.

22. 세 주먹에 호랑이 한 마리를 때려 죽였다.

第二章 动词"是""在""有"

存在是人类语言中最基本的语义语法范畴之一。存在句是表达事物存在的句子，不同的语言使用不同的形态句法形式构成存在句。"是""在""有"都具有存在义，韩国语的"있다（itda，有）"和"이다（ida，是）"也表示存在。两种语言的存在动词是互相交叉对应的。例如：

（1）앞에 주차장이 <u>있다</u>.

　　前面<u>有</u>停车场／前面<u>是</u>停车场。

（2）주차장은 앞에 <u>있다</u>.

　　停车场<u>在</u>前面。

（3）앞은 주차장<u>이다</u>.

　　前面<u>是</u>停车场。

"是""在""有"均为多义项动词。《国际中文教育中文等级标准》语法等级大纲中，"是"字句分为三类：（1）表示等同或类属；（2）表示说明或特征；（3）表示存在。"有"字句分为六类：（1）表示领有；（2）表示存在；（3）表示评价、达到；（4）表示比较；（5）表示存在、具有；（6）表示附着：主语＋动词＋有＋宾语。动词"在"未被列为语法点，介词"在"属于一级语法点，同时在存现句中有所提及。本章主要围绕表存在的"是""在""有"，对韩国学生习得这三个词语时遇到的问题进行讨论。

一、偏误类型

基于 HSK 动态作文语料库及问卷调查，发现"是""在""有"的偏误类型主要有三种，分别是误用、冗余和遗漏。

（一）误 用

1. 类型1："是"与"有"的混用

a ★我家在济州岛的南部，前边儿有大海。

b ★新家环境很好，家门口有奥林匹克森林公园。

c ★门前的庭院里有全都果树。

上三例均为"有"和"是"混用的偏误句。分析其中的偏误原因，首先要考虑的是其母语的影响。先看例a和例b，用韩国语表达是：

（4）우리 집은　　　제주도 남쪽에　　있으며，　집　앞에

我们 家–话题格 济州岛 南部–位格 有–连接词 房子 前–位格

바다가　　있다.

大海–主格 有–终结词尾

（5）새 집은　　　　환경이　　매우 좋다. 집 앞에　　　　올림픽삼림

新 家–话题格 环境–主格 很　好　 房子 前–位格 奥林匹克森林

공원이　　　있다.

公园–主格　有–终结词尾

通过例（4）和例（5）可以看出，韩国语此时用"있다（itda，有）"表示存在，学生有"韩译汉"心理过程，此时汉语不能用"有"。请看下例：

（6）집앞에 정원이 있다.

家门口有个庭院。

家门口是个庭院。

此时，韩国语用的是"있다（itda，有）"，译成汉语有"有"和"是"两种情况，且语义有所不同。"家门口有个庭院"，表示除了庭院还有可能有其他事物；而"家门口是个庭院"，表示家门口除了庭院应该不会有其他事物，而且庭院的范围比家门口大得多。

再看例c，句子正因为有"全部"一词，因此不能用"有"。如果是"庭院里有果树"，有可能还会有其他事物，比如"庭院里有果树，还有盆景"。如果都是果树，我们应该说"全都是果树"。

因此例 a 至例 c 的正确表达方式为：

a′ 我家在济州岛的南部，前边儿<u>是</u>大海。

b′ 新家环境很好，家门口<u>是</u>奥林匹克森林公园。

c′ 门前的庭院里有果树／门前的庭院里全都是果树。

再看下例：

d★ 就业率下降<u>有</u>政策的问题。

e★ 爷爷已经去世了很久，但我还<u>有</u>会时常想起他。

f★ 头很疼，但我还<u>有</u>想喝酒。

例 d 想要表达的内容，译成韩国语如下：

（7）취업률이　　떨어지는　　것은　　　　　　정부 정책 문제이다.

　　　就业率-主格 下降-领属格 形式名词-话题格 政府 政策 问题-终结词尾

（8）취업률이　　떨어지는　　것은　　　　　　정부 정책에　　문제가

　　　就业率-主格 下降-领属格 形式名词-话题格 政府 政策-位格 问题-主格

　　　있는　　　　것이다.

　　　有-领属格 形式名词-终结词尾

例（7）和例（8）都是正确的句子，例（7）使用的是"이다（ida，是）"，而例（8）使用的是"있다（itda，有）"。用例 d 形式表达的学生，在用汉语表达时，有可能运用了例（8）进行母语构想，或者偏误成因是目的语知识的泛化。不管是汉语还是韩国语，名词"问题"都经常与动词"有"搭配，学生从语感上更熟悉"有问题"或者"没／没有问题"，因此很自然地表达成"有政府政策问题"。

例 e 和例 f 是同一类型问题。通过测试后的访谈了解到，学生对"还有"这一表现形式非常熟悉，因此在副词"还"后很自然地加了"有"字。这类偏误与母语的迁移没有关系。

例 d 至例 f 的正确表达方式为：

d′ 就业率下降是政府的政策问题。

e′ 爷爷已经去世了很久，但我还是会时常想起他。

f′ 头很疼，但我还是想喝酒。

此时例 d′ 中的"是"具有判断义，例 e′、例 f′ 中的"是"具有强调义。

2.类型 2："是"与"在"的混用

a ★ 打错电话问题<u>在</u>电话号码。

b ★ 就业率下降不只<u>在</u>政府政策的问题。

c ★ 吸烟是不光<u>在</u>个人问题，也<u>在</u>别人的健康问题。

韩国语"NP+ 은 / 는 ~ 에 있다"是一种表示存现的句法形式。一般对于母语是韩国语的人来说名词"문제（问题）"带上谓语动词"있다（itda，有）"比起"이다（ida，是）"更常用，更符合语感。"문제는 ~ 에 있다"译成汉语是"问题在（于）……"。也就是说，韩国学生是把母语存现句的表达方式套用在汉语表达上，因此出现了偏误。

类型 2 的例 a 至例 c 正确表达方式为：

a′ 打错电话是电话号码的问题。/ 打错电话的原因在于电话号码。

b′ 就业率下降不只是政府政策的问题。/ 就业率下降的原因不只在于政府政策。

c′ 吸烟不光是个人问题，也是别人的健康问题。

再看下例：

d ★ 我们的研究目前<u>是</u>以下几个方面存在着问题。

e ★ <u>是</u>朋友的鼓励下，我登上了演讲台。

例如 d，我们可以看出学生是将"我们的研究"当作主语，"问题"当作宾语，但这是错误的理解。"存在"才是谓语成分，"以下几个方面"是"存在"的状语，表示范围，因此要用"在……方面"句式。

例 e，可以翻译成"친구의 격려아래（친구의 격려로）나는 강단에 올라섰다"。"朋友的鼓励"是我能登上演讲台的条件，因此要用格式"在……下"。

因此，类型 2 的例 d 和例 e 正确表达方式为：

d′ 目前我们的研究在以下几个方面存在着问题。

e′ 在朋友的鼓励下，我登上了演讲台。

我们再看看下面两例：

f ★不管是冬天还是在夏天，她都要穿裙子。

g ★不管是中国还是在韩国，孔子都被尊为圣人。

韩国语与"不管"语义相近的表达形式是连接词"－이든（ideon）"，"－이든（ideon）"是"이다（ida，是）"的变体，因此多数韩国学生都会选择使用"是"。这类偏误也是由于母语负迁移所致。另外一种原因可能是受后面"还是"的影响，学生很容易在"不管"后也加上"是"。这两例中，"冬天／夏天"和"中国／韩国"均表示范围，因此前面应该加表范围的"在"，上面类型 4 的例 f 和例 g 正确表达方式为：

f′ 不管在冬天还是在夏天，她都要穿裙子。

g′ 不管在中国还是在韩国，孔子都被尊为圣人。

3. 类型 3："在"与"有"的混用

a ★看这部电影，儿童必须有家长的陪同下才能看。

b ★我们的研究目前有以下几个方面存在着问题，首先是经费问题。

c ★有工作上，他一直表现出色。

产生该偏误类型的主要原因是学生把韩国语"있다（itda，有）"直接翻译成了汉语"有"。仔细观察上面这三个偏误句，它们有共同的特点，"有"后面的成分"家长的陪同""以下几个方面""工作"都是后面的谓语成分"能看""存在问题""表现出色"的范围或条件，所以需要用格式"在……下""在……方面""在……上"等。学生因为不了解"有"字句的使用条件，因此出现了偏误。

类型 3 的偏误句正确表达方式为：

a′ 这部电影，儿童必须在家长的陪同下才能看。

b′ 我们的研究目前在以下几个方面存在着问题，首先是经费问题。

c′ 在工作上，他一直表现出色。

4.类型 4："有"与"是"的混用

a ＊这个故事<u>是</u>结尾吗？

b ＊植物也<u>是</u>生命。

出现这种偏误的原因还是在于没有很好掌握"有"和"是"的用法，同时受到了母语负迁移的影响。上述两个例句译成韩国语分别是"이 이야기가 엔딩이라구？""식물도 생명이다 ."造成上述偏误，可能是直接用"이다（ida，是）"来对应"是"的结果。其实学生想要表达的语义是"结尾"存在于"这个故事"，"植物也存在生命"，因此类型 4 的偏误句正确表达方式为：

a′ 这个故事有结尾吗？

b′ 植物也有生命。

（二）冗 余

1.类型 5："在"的冗余

a ＊<u>在</u>抽屉里的钱包竟然不见了。

b ＊这是<u>在</u>冰箱里的水果。

c ＊<u>在</u>公园附近的图书馆现在搬到大学路了。

上三例中，"在"都是冗余的。"在＋处所词"在句中作定语，此时"在"要省略，但韩国语没有类似语法制约。下面韩国语例句中"处所词＋에（e）＋动词"作定语，但不能省略位格助词"에（e）"：

（9）서랍에　　있던　　　　　　지갑이　감쪽같이 사라졌다 .

　　　抽屉–位格 有–过去时–领属格钱包–主格 悄悄　　消失–过去时–终结词尾

（10）이건　　　냉장고 안에　　있던　　　　　　　　과일이다 .

　　　这个–话题格 冰箱　里–位格 有–过去时–领属格 水果 是

（11）공원근처에　　　　있던　　　　　　　도서관이　　　대학로로 이사

公园附近–位格 有–过去时–领属格 图书馆–主格 大学路–方向格搬家–

했다.

过去时—终结词尾

类型 5 的偏误句正确表达方式为：

a′ 抽屉里的钱包竟然不见了。

b′ 这是冰箱里的水果。

c′ 公园附近的图书馆现在搬到大学路了。

2. 类型 6："有"的冗余

a ★电视一台有在客厅，一台<u>有</u>在爸妈的房间里。

b ★阿里现在<u>有</u>在教室。

c ★原来钱包<u>有</u>在抽屉里。

这类偏误主要也是因母语干扰所致。学生把"处所词＋에 있다（e itda）"中的"에（e）"对应为"在"，"있다（itda，有）"对应为"有"。韩国语中"에（e）"是助词，与动词"있다（itda，有）"是共存关系，而汉语中"在"与"有"互斥，因此上述三句不成立。类型 6 的偏误句正确表达方式为：

a′ 电视一台在客厅，一台在爸妈的房间里。

b′ 阿里现在在教室。

c′ 原来钱包在抽屉里。

（三）遗　漏

类型 7："有"的遗漏

a ★楼上的阅览室很多杂志和报纸。

b ★以前，我只听说中国十一庆祝国庆的活动，今年我亲身参加了。

c ★这场雨下得对庄稼好处。

例 a 和例 b，句子都缺谓语，例 c 小句作补语，小句中的动词被遗漏。类型

7 的偏误句正确表达方式为：

a′ 楼上的阅览室有很多杂志和报纸。

b′ 以前，我只听说中国十一有庆祝国庆的活动，今年我亲身参加了。

c′ 这场雨下得对庄稼有好处。

二、数据分析与讨论

以上分析了韩国学习者习得"是""在""有"的偏误情况。正如上述分析，偏误类型有多种，造成偏误的原因也很多，而且偏误原因之间不是孤立存在的，而是相互交叉、相互影响的。我们在 HSK 动态作文语料库的韩国学生语料中随机抽取了 2000 条例句，其中找出了 93 条有关表存在的"是""在""有"错误使用的句子，其偏误类型分布如表 2-1。

表 2-1　HSK 动态作文语料库"是""在""有"偏误类型分布

偏误类型	误用				冗余		遗漏	合计
	类型 1	类型 2	类型 3	类型 4	类型 5	类型 6	类型 7	
偏误句（条）	24	20	16	4	4	1	24	93
分布（%）	25.81	21.50	17.20	4.30	4.30	1.08	25.81	100

从表 2-1 可以看出以下两点。一是"是""在""有"的偏误类型主要有误用、冗余、遗漏等三类，其中遗漏的偏误率最高，其次是误用。二是类型 1"是"与"有"的混用、类型 8"有"的遗漏、类型 2"是"与"在"的混用和类型 3"在"与"有"的混用是中高级阶段学生较常出现偏误的类型。

以 HSK 动态作文语料库中出现的偏误类型为基础，我们又设计出一套测试题，其中选择题 18 道，翻译题 9 道。被试者为北京语言大学汉语学院韩国学生，共 71 人，其中初级汉语水平学生 26 人，中级汉语水平学生 22 人，高级汉语水平学生 23 人。所有测试都是在课堂上完成的，测试期间允许学生翻阅词典。通过测试，我们共搜集到 1917 条例句，其中初级水平学生的有 702 例，中级水平学生的有 594 例，高级水平学生的有 621 例。

1917 条例句中，"是""在""有"使用正确的句子共有 1320 例，正确率为 68.86%，错误句 597 句，错误率为 31.14%。

表 2-2 是韩国学生习得"是""有""在"时的误用偏误情况。

表 2-2　韩国学生习得"是""有""在"时的误用偏误

偏误类型	学习水平	正确句（例）	正确率（%）		错误句（例）	错误率（%）		合计
类型 1："是"与"有"的混用	初级	70	44.87		86	55.13		156
	中级	56	42.42	46.24	76	57.58	53.76	132	426
	高级	71	51.45		67	48.55		138
类型 2："是"与"在"的混用	初级	91	50.00		91	50.00		182
	中级	89	57.79	54.93	65	42.21	45.07	154	497
	高级	93	57.76		68	42.24		161
类型 3："在"与"有"的混用	初级	43	55.13		35	44.87		78
	中级	43	65.15	64.32	23	34.85	35.68	66	213
	高级	51	73.91		18	26.09		69
类型 4："在"与"是"的混用	初级	43	82.69		9	17.31		52
	中级	39	88.64	86.62	5	11.36	13.38	44	142
	高级	41	89.13		5	10.87		46

（正确句合计：类型1为197，类型2为273，类型3为137，类型4为123；错误句合计：类型1为229，类型2为224，类型3为76，类型4为19）

通过表 2-2 可以看出，误用偏误中偏误率高的集中在类型 1、类型 2 和类型 3，这与 HSK 动态作文语料库中的表现大径相同。

冗余类偏误情况如表2-3。

表2-3 韩国学生习得"是""有""在"时的冗余偏误

偏误类型	学习水平	正确句（例）		正确率（%）		错误句（例）		错误率（%）		合计（例）	
类型5："在"的冗余	初级	70		89.74		8		10.26		78	
	中级	60	195	90.91	91.55	6	18	9.09	8.45	66	213
	高级	65		94.20		4		5.80		69	
类型6："有"的冗余	初级	74		94.87		4		10.26		78	
	中级	63	205	95.45	96.24	3	8	4.55	3.76	66	213
	高级	68		98.55		1		1.45		69	

通过表2-3可以看出，冗余类偏误的错误率没有误用类高，这一点与HSK动态作文语料库中的表现大径相同。冗余偏误主要集中在"在"和"有"，相比较而言，"在"的冗余现象要比"有"的冗余更常见。

遗漏类偏误情况如表2-4.

表2-4 韩国学生习得"是""有""在"时的遗漏偏误

偏误类型	学习水平	正确句（例）		正确率（%）		错误句（例）		错误率（%）		合计（例）	
类型7："有"的遗漏	初级	66		84.62		12		15.38		78	
	中级	59	190	89.39	91.55	7	23	10.61	8.45	66	213
	高级	65		94.20		4		5.80		69	

通过表2-4可以看出，这里的遗漏类偏误率远没有HSK动态作文语料库高，遗漏偏误主要是"有"的遗漏，"是"和"在"较少见。估计在篇章中学生更容易遗失动词"有"，在句子中出现得相对较少。

不同汉语水平的学生的偏误情况见图2-1。

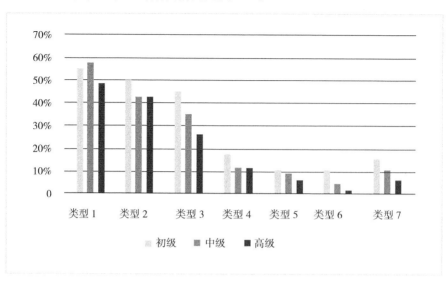

图2-1　不同汉语水平学生"是""有""在"偏误情况

观察图2-1，最明显的特点是，虽然韩国学生随着汉语水平的提高，偏误率也有所下降，但是类型1在初级与中级阶段、类型2和类型4在中级与高级阶段下降并不是很明显。

综合以上分析，我们将韩国学生习得存在义词"是""有""在"的特点及相关问题总结如下："是""有""在"的区别是学生学习这三个词的时候遇到的最大困难，因此教学中要引起重视；"有"的遗漏现象在篇章表达中较多出现；中高级阶段偏误率下降得不明显，尤其是类型1、类型2和类型4、类型5等；除了遗漏类偏误外，误用、冗余类偏误都是由不同程度的母语干扰所致。

三、教学启示

基于以上分析，我们认为，面向韩国学生教授"是""在""有"时，应该注意以下三个方面。

（一）中高级阶段该语法点的学习

现有的汉语教材，有关"是"字句和"有"字句教学无一例外地均在初级阶段处理完，但是这两个特殊句型语义及用法丰富，仅靠初级阶段教学是掌握不好的。如表示存在、具有的"有"字句：主语＋有＋着＋宾语（如"这里有着美丽的风景""她有着强大的内心"）以及表示附着的"有"字句：主语＋动词＋有＋宾语（如"公园的树上挂有牌子""他的所有物品都贴有标记"）等书面语常用的形式，可以在中级阶段进行学习，以便学生更全面地了解这些特殊句式。

对于动词"在"，实际教学中我们通常不把它列为语法点，只是把介词"在"当作语法点。讲授介词"在"时我们可以与其动词用法进行对比，加深理解。"在……方面""在……上/中/下""在……看来"等固定格式我们一般会在中级阶段进行教授，此时也可结合上文所讲的偏误类型3内容进行扩充说明，以便学生更加准确地了解该语法点。

（二）加强"是""有""在"的对比

通过偏误分析我们了解到，在"是""有""在"的习得过程中，学生的问题集中在这三个词的正确辨析上。然而，现有的汉语教材，涉及"是""有""在"的对比分析非常少，只有少量教材提到"是"和"有"的区别，如《拾级汉语综合课本》（第二册）[①]。适当对比讲解"是""有""在"的具体用法和特点，能使学生更好地掌握并运用该语言点，增强敏感意识和针对性，在容易出现偏误的地方提高警惕、加强训练，以减少偏误的发生次数。

（三）结合篇章进行教学

上文曾提到像"有"字遗漏的现象，在单句或复句中不太明显，但是在成

---

① 　吴中伟、高顺全、陶炼主编：《拾级汉语综合课本》（第二册），51~61 页，北京，北京语言大学出版社，2007。

段表达中就比较明显。想要表达的内容多，要顾及的语法点也多，准确程度自然也就不高。因此学习完基本语义及用法后，在操练或练习环节，要注重从单句到复句，再到句群的扩展，帮助学生进一步巩固知识点。

附：测试题

一、请选出正确的答案（可多选）

1. 我家在济州岛的南部，前边儿（　　）大海。

A. 有 B. 是

2. 新家环境很好，家门口（　　）奥林匹克森林公园。

A. 有 B. 是

3. 门前的庭院里全都（　　）果树。

A. 有 B. 是

4. 就业率下降（　　）政策的问题。

A. 有 B. 是

5. 爷爷已经去世了很久，但我还（　　）会时常想起他。

A. 有 B. 是

6. 头很疼，但我还（　　）想喝酒。

A. 有 B. 是

7. 打错电话问题（　　）电话号码。

A. 在 B. 是

8. 就业率下降不只（　　）政府政策的问题。

A. 在 B. 是

9. 吸烟不光（　　）个人问题，也（　　）别人的健康问题。

A. 在 B. 是

10. 我们的研究目前（　　）以下几个方面存在着问题。

A. 在 B. 是

11. （　　）朋友的鼓励下，我登上了演讲台。

A. 在 B. 是

12. 不管（　）冬天还是在夏天，她都要穿裙子。

A. 在 B. 是

13. 不管（　）中国还是在韩国，孔子都被尊为圣人。

A. 在 B. 是

14. 看这部电影，儿童必须（　）家长的陪同下才能看。

A. 在 B. 有

15. 我们的研究目前（　）以下几个方面存在着问题，首先是经费问题。

A. 在 B. 有

16.（　）工作上，他一直表现出色。

A. 在 B. 有

17. 这个故事（　）结尾吗?

A. 是 B. 有

18. 植物也（　）生命。

A. 是 B. 有

二、请将下面句子翻译成汉语

1. 서랍에 있던 지갑이 감쪽같이 사라졌다.

2. 이건 냉장고 안에 있던 과일이다.

3. 공원 근처에 있던 도서관이 대학로로 이사했다.

4.TV 한 대는 거실에 있고 한 대는 부모님 방에 있다.

5. 알리는 지금 교실에 있다.

6. 원래 지갑이 서랍에 있었구나.

7. 위층의 열람실에는 많은 잡지와 신문이 있다.

8. 예전에 나는 단지 중국에서 10 월 1 일에 국경일을 축하하는 행사가 있다는 것을 들었을 뿐인데, 올해는 내가 직접 참가하게 되었다.

9. 이번 비는 농작물에 좋다.

第三章　能愿动词"要"

"要"是使用频率较高的意愿类助动词，表示想做某事或想得到某物的希望或打算。与"要"相似的词语还有"想""打算"等，这些词在意义及用法上有很多交叉和互补部分，因此学生学习起来没有那么容易。

能愿动词"要"译成韩国语有多种形式。

（1）做事情要有始有终。

　　일을 할 때는 마땅히 시작과 끝이 분명해야 한다.

（2）他明年要去哈佛念书。

　　그는 내년에 하버드대학에 공부하러 가려 한다.

（3）若要成名，必须付出加倍的努力。

　　이름을 날리기를 원하면 반드시 더더욱 노력을 기울여야 한다.

（4）我一定要让家人过得幸福。

　　반드시 가족을 행복하게 지내도록 하겠다.

上例中可看到能愿动词"要"译成韩国语，有时表现为"－야 한다（ia handa）"，有时表现为"－려 한다（rieo handa）"，有时表现为"－를 원한다（reul weonhanda）"，有时还表现为零形式。也就是说，韩国学生学习这一词时很难在母语中找一个对应词，这无疑为学习带来很大麻烦。

本章节基于 HSK 动态作文语料库，考察韩国学生在学习能愿动词"要"的过程中存在的问题，以期对教学有所启示。

一、偏误类型

通过对 HSK 动态作文语料库的分析，我们发现韩国学生在习得"要"的过程中主要有遗漏、冗余、误用、错序这四类偏误。

（一）遗 漏

类型 1："要"的遗漏

a ★回家以后，我答应了真努力学习，然后找工作。

b ★我对你们发誓，以后你们的儿子再不会像以前那样，像你们一样认真对待我的人生。

c ★从现在开始我努力学习，想能有让你们快乐的机会。

d ★我从今天以后更好好过日子，为了我，为了你。

e ★你们寿比南山，这样能一直在我身边。

遗漏是韩国学生学习能愿动词时最常见的偏误类型。能愿动词"要"语义丰富，如下列例句：

（5）我要学汉语。（表示做某事的意志）

（6）借东西要还。（表示须要、应该）

（7）看样子要下雨。（表示可能）

（8）我要回国了。（表示将要）

（9）他比我要聪明得多。（表示估计）

如果想要表达以上语义，我们通常在动词或形容词前用能愿动词"要"。上列例 a 至例 d 中想要表达的是说话人的意志，例 e 想要表达的是对方应该要做的事情或达到的水平。韩国语表达此类语义，通常是借用辅助动词，如"－ㄹ 거야（l geoia）""－하고 싶다 /－할 계획이다（hago sipda/hal giehyekida）""－려고 한다（rieogo handa）""－아 / 야 한다（a/ia handa）"等，辅助动词不像句子中的核心成分那么容易引起重视，因此在用汉语表达的过程中比较容易遗漏。尤其句式复杂，成分多样时更为明显。上述四个例句均为复句，句子结构复杂，"要"的遗漏均出现在复句中的前一分句。

类型 1 的偏误句正确表达方式为：

a′ 回家以后，我答应要努力学习，然后找工作。

b′ 我对你们发誓，以后你们的儿子再不会像以前那样，要像你们一样认真对待自己的人生。

c′ 从现在开始我要努力学习，想能有让你们快乐的机会。

d′ 从今天以后我要更好好过日子，为了我，为了你。

e′ 你们要寿比南山，这样才能一直在我身边。

（二）冗　余

语料中"要"的冗余现象也比较普遍，主要有以下两种情况。

1.类型 2：与其他能愿动词共现

a ★ 我打算利用假期要去南方旅游。

b ★ 我要借此机会要说一声，父母亲，谢谢！

c ★ 父亲觉得干家务应该是女人要做的事。

d ★ 父母们要为了理解孩子们的生活，需要行动起来。

上列例句中"要"均与其他能愿动词共现。例 a 至例 c，句子至少有两个动词，能愿动词分别位于动词前，这种情况句子均不成立，两个能愿动词只能留一个。例 d，"为了理解孩子们的生活"在句中作状语，等于"要""需要"两个能愿动词叠加使用，因此句子不成立。汉语中，部分能愿动词可叠加使用，如"想要""打算要""应该要""必须要""得要"等。例如：

（10）他想要来中国留学。

（11）寒假你打算要干什么？

（12）作为班长应该要以身作则。

（13）这个任务你必须要完成。

（14）任何事情总得要先调查清楚再决定。

类型 2 的偏误句正确表达方式如下。

a′ 我打算利用假期去南方旅游。

b′ 我要借此机会说一声，爸爸妈妈，谢谢你们！

c′ 父亲觉得干家务应该是女人做的事。

d′ 父母们为了理解孩子们的生活，需要行动起来。

2. 类型 3：句法制约引起的"要"的冗余

a ★ 那时，我才<u>要</u>想起我四岁的儿童节那天。

b ★ 发生这样的事以后，我马上就<u>要</u>后悔了。

c ★ 因为两位曾经没有来这个地方，我<u>要</u>简单地介绍一下吧。

d ★ 可惜的是<u>要</u>回中国的时间快要到了。

上列例句的"要"都是冗余的。例 a、例 b 中的动词"想起""后悔"均不能被人的意志所转移，因此在此无法加意愿类动词"要"。例 c 中的语气词"吧"表示说话人的建议，与能愿动词"要"相互排斥。例 d"回中国"这一事实与说话人的意愿无关，因此无法用"要"。因此类型 3 的偏误句正确表达方式为：

a′ 那时，我才想起我四岁儿童节那天发生的事情。

b′ 发生这样的事以后，我马上就后悔了。

c′ 两位没有来过这个地方，我就简单地介绍一下吧。

d′ 遗憾的是快要到回中国的时间了。

（三）误　用

"要"误用的情况比较复杂，主要有以下四种情况。

1. 类型 4：与"想"混用

a ★ <u>要</u>自己占一点便宜，反而引起损害了自己。

b ★ 因为我<u>要</u>都做得很好，所以有点紧张。

c ★ 谁都<u>不要</u>自己做麻烦的工作。

d ★ 有的时候为了跟朋友玩儿很晚回家，甚至<u>不要</u>回家。

鲁晓琨（2004）指出了"要"和"想"的不同[①]：其一，"想"可以受程度副

[①]　鲁晓琨：《现代汉语基本助动词语义研究》，56 页，北京：中国社会科学出版社，2004。

词修饰；其二，"想"也可以表示停留在心愿阶段的意愿，"要"则不可以；其三，"要"可表示决心行动的意愿，前面出现"一定""急于""非""一定"等副词或者"决心、坚决"等强调意愿的状语时一般用"要"，不用"想"；其四，如果要征求对方的意见，应该客气时用"想"，不需要客气时用"要"；其五，将自己的意志强加给对方时用"要"。

当然，两者还存在大量可以互换的情况，但互换后，句子的意思会有一点差异，"想"远离意愿目的一方，而"要"接近意愿目的一方，如我们不能说：

（15）*我不让他来，他告诉我，他一定想来。

（16）*如果你想去北京大学，你一定想努力学习。

此时应该将"想"换成"要"。在例（15）和例（16）中，跟"一定"这种强调意愿的状语在一起的一般是"要"，如果是"想"的话表示的是一种猜测，跟前文不符。

例 a 和例 b，说话人的意愿均停留在心愿阶段，因此用"想"更合适。此类偏误在我们收集到的偏误中比较多，我们认为是学生没有正确认识"想"和"要"的区别。这跟教材误导和课堂教学有很大的关系。在一般的汉语教材中，将"能"和"会"进行对比的情况比较多，但是"想"和"要"进行对比的却较少，尤其是没有结合语篇对"想"和"要"进行较细微的对比。因为在单句中，"想"和"要"互换比较自由，所以造成了教材和教学过程中对这个问题的疏忽。

出现例 c 和例 d 类偏误是因为学生没有掌握好"要"的否定形式。当"要"表示做某事的意志时，其否定通常不说"不要"，应该说"不想"或"不愿意"；当"要"表示可能时，其否定也不说"不要"，而是说"不会"，但当"要"表示须要或应该时，其否定用"不要"，多用于禁止或劝阻，此时"不要"可以说成"别"。例如：

（17）我不想睡觉，我要看球赛。（表示做某事的意志）

（18）这件事情我很有把握，不会错。（表示可能）

（19）你不要大声说话／你别大声说话。（表示须要、应该）

类型 4 的偏误句正确表达方式为：

a′ 想自己占一点便宜，反而损害了自己。

b′ 因为我想做得很好，所以有点紧张。

c′ 谁都不想做麻烦的工作。

d′ 有的时候为了跟朋友玩儿很晚回家，甚至不想回家。

2. 类型 5：与"会"混用

a★ 我想这种措施要受更多的欢迎和支持。

b★ 别担心，我一定要做父母喜欢的孩子的。

c★ 只要双方努力的话，一定要解决了。

d★ 相信自己一定要克服自己遇到的困难和挫折的。

能愿动词"会"的语义也很丰富，其中一个义项是表示"有可能"，通常表示将来的可能性，常与"的"搭配使用。例如：

（20）不久你会听到好消息的。

（21）明天一定会更好。

上述例 a 至例 d 都表示未来事情的可能性，因此要说成：

a′ 我想这种措施会受到更多的欢迎，得到更多的支持。

b′ 别担心，我一定会做父母喜欢的孩子的。

c′ 只要双方努力的话，一定会得到解决。

d′ 相信自己一定会克服遇到的困难和挫折的。

3. 类型 6：与"能"的混用

a★ 老了以后出现新思想，不要接受、不要理解，所以有代沟问题。

b★ 最重要的部分呢，我们不要一下子解决问题，因为这个问题很大。

c★ 现在很多农村缺少年轻人，所以要工作的人也很少。

d★ 问题是父母和子女之间不要埋解对子。

"能"表示有能力或有条件做某事，否定形式是"不能"，例如：

（22）我现在能和中国人聊天了。

（23）医生说我还不能走路。

上述例 a 至例 d 都表示有能力或条件做一些事情，因此应为：

a′ 老了以后，面对新思想，不能接受、不能理解，所以有代沟问题。

b′ 最重要的部分呢，我们不能一下子解决问题，因为这个问题很大。

c′ 现在很多农村缺少年轻人，所以能工作的人也很少。

d′ 问题是父母和子女之间不能理解对方。

4. 类型 7：与"得／应该、愿意、希望、需要／用"等混用

a★我想长辈很需要说话的对象，晚辈要多听他们的话。

b★这种情况下，没人要扛行李。

c★我们生活中很多人想占别人的便宜，都要自己不被麻烦损害。

d★我也要遵守秩序的精神，但还没这种经验。

e★农业生产科学技术发展到以绿色食品给人们满足的话，人们又不挨饿，又不要吃那些污染的。

上述五个例句是"要"与其他能愿动词或动词混用的情况。"得／应该"表示情理上必须如此；"愿意"表示做某事或发生某种情况符合心意；"希望"表示心里想着达到某种目的或出现某种情况；"需要／用"应该有或必须有。根据前后语境可以判断，在此用能愿动词"要"句子则不成立。上五例的正确表达方式为：

a′ 我想长辈很需要说话的对象，晚辈得／应该多听他们说话。

b′ 这种情况下，没人愿意扛行李。

c′ 我们生活中很多人想占别人的便宜，都希望自己的利益不受损。

d′ 我也需要遵守秩序的精神，但还没这种经验。

e′ 农业生产科学技术发展到能够满足人们绿色食品需求的程度，人们就不用挨饿，不用吃那些污染的食物。

（四）错　序

1. 类型 8：与介宾状语或方式状语的位置

a ★ 人们<u>对吃的东西要</u>讲究。

b ★ 无论做什么事都<u>比别人要</u>先做，培养独立性。

c ★ 明年我一定<u>把烟要</u>戒掉。

d ★ 我们一起努力，<u>使人类要</u>健康起来。

e ★ 那么<u>怎么要</u>做，才能彼此尊重？

f ★ 因为他<u>一个人要</u>喝水，这样很安静，很方便。

例 a 至例 d 是"要"与介宾状语共现的情况，例 e 至例 f 是"要"与方式状语共现的情况。此时，"要"应该在介宾状语和方式状语前。能愿动词"要"表示主语的一种情态，而"对吃的东西"等介宾状语及"怎么""一个人"等方式状语则是修饰动作的，因此修饰动作的状语应在后，能愿动词在前。类型 8 的偏误句正确表达方式为：

a′ 人们要对吃的东西讲究。

b′ 无论做什么事都要比别人先做，培养独立性。

c′ 明年我一定要把烟戒掉。

d′ 我们一起努力，要使人类健康起来。

e′ 那么要怎么做，才能彼此尊重？

f′ 因为他要一个人喝水，这样很安静，很方便。

2. 类型 9：与否定副词或程度副词的位置

a ★ 我们<u>要不</u>让自己的国家成为青少年吸烟者最多的国家。

b ★ 为了农产品我们<u>要更</u>发展科学。

例 a 是"要"与否定副词"不"共现的情况，例 b 是"要"与程度副词"更"共现的情况。否定副词应该放在能愿动词前，学生将否定词放在了紧挨谓语的位置，这是母语负迁移造成的。例 b 中"更"修饰的是"要"，而不是"发展"，所以程度副词"更"应该放在能愿动词"要"之前。因此类型9的偏误句正确表达方式为：

    a′ 我们不要让自己的国家成为青少年吸烟者最多的国家。

    b′ 为了农产品我们更要发展科学。

二、数据分析与讨论

HSK 动态作文语料库中，我们共搜集到 2402 条有能愿动词"要"的句子，其中正确句 1981 句，占句子总数的 82.47%，偏误句 421 句，占句子总数的17.53%。众所周知，HSK 动态作文语料库语料来源是中高级汉语水平的学生写作。因此我们估计，初级阶段学生偏误率将高于 17.53%。

分析 421 个偏误句，其中有 29 个句子分析起来较复杂，无法判断偏误类型，故不纳入下面类型分布的统计中。其中 392 个偏误句，偏误类型分布如表3-1。

表 3-1　能愿动词"要"的偏误类型分布

偏误类型	遗漏	冗余		误用				错序		合计
	类型 1	类型 2	类型 3	类型 4	类型 5	类型 6	类型 7	类型 8	类型 9	
偏误（句）	195	54	66	16	24	10	15	10	2	392
分布（%）	49.74	13.78	16.84	4.08	6.12	2.55	3.83	2.55	0.51	100
		30.62		16.58				3.06		

从上表可以发现如下特点：

1. "要"的偏误类型以遗漏和冗余为主，分别占偏误句总数的 49.74% 和30.62%，其次是误用，占偏误句总数的 16.58%，错序类的最少，占偏误句总数的 3.06%。

2. 误用类中，类型 5 与"会"混用和类型 4 与"想"混用现象较频繁，教学中需要重视。

3.错序类中，类型 8 与介宾状语、方式状语的位置偏误率比类型 9 与否定副词、程度副词的位置高一些，教学中要予以重视。

三、教学启示

（一）需要进行分层教学

对于能愿动词"要"的学习，由于其本身语义及句法功能较为复杂，因此更加需要教师或教材对"要"的用法进行深入透彻的讲解。前面我们也谈到，能愿动词"要"语义丰富，因此建议"表示做某事的意志""表示须要、应该""表示可能""表示将要""表示估计"等不同语义要分块进行教学，同时教师应多举例句、多进行操练，以使学生对其增加感性认识。

能愿动词"要"的几个义项中，"表示做某事的意志"义的使用频率最高，其次是"表示须要、应该"的和"表示将要"的，使用频率相对低一些的是"表示可能"的和"表示估计"的。使用频率高的义项我们可以选择先教，使用频率相对低的可以后教。"表示可能"的和"表示估计"的"要"，相对而言意义比较抽象，因此建议选择后教。虽然在前面偏误分析中没有出现"要"表估计义的偏误，但是这并不代表学生掌握得好，而是有可能选择回避使用。如学生更常说"她比我胖一点儿"而不说"她要比我胖一点儿"，是因为学生不太了解用了"要"后会增加委婉的语气。

值得强调的是当"要"表示做某事的意志时，其否定通常不说"不要"，应该说"不想"或"不愿意"；当"要"表示可能时，其否定也不说"不要"，而是说"不会"，但当"要"表示须要或应该时，其否定是"不要"，多用于禁止或劝阻，此时"不要"可以说成"别"。"要"的否定形式比较复杂，教授时要注意到标记性，并采取精讲多练的方法进行强化训练，凸显其重要性，以确保学生对能愿动词"要"的否定式的习得效果。

（二）加强相近能愿动词之间的辨析

虽然误用类偏误没有遗漏类或冗余类偏误多，但是仍可以看到学生经常把"要""会""想"混淆使用。因此，在教学中除了注重语义及句法差异外，尤其要强调它们之间的语用差异。如用"想"要比用"要"更委婉、需要特别强调意愿意义的时候，最好用"要"，不用"会"等。每一个能愿动词的讲解，都应重复相互之间对比的讲练，通过巩固强化的方式增进学生对能愿动词的有意识记忆和区分使用。

（三）加强与"要"相关的固定格式的教学

与"要"相关的固定格式有"要……了""快要……了""就要……了""一定要 +VP"等。在这些格式的使用过程中学生较容易遗漏其中的成分，如在"要……了""快要……了""就要……了"格式的使用中容易遗漏"了"，"一定要 +VP"格式中容易遗漏"要"等。我们可以借助格式教学，使学生更加完整而准确地表达句子。

（四）注意"要"的语序教学

在中高级的教学中，我们还要注意状语和能愿动词之间的顺序。相比较而言，韩国语语序较自由，与汉语的语序有很大不同。对韩国学生来说多项状语本来就是学习难点，能愿动词的出现无疑会增加难度，学生往往注意到了后面较复杂的状语而忽视了能愿动词的位置。教学中我们应该强调，"要"位于介宾状语和方式状语前，否定副词通常位于能愿动词前，程度副词"更"位于能愿动词"要"前。

另外，我们教学的目的不仅仅是使学生学会日常的简单对话，更重要的是在口语句段和书面篇章表达中能够充分地表达自己的想法和意愿，因此在教学中尤其是高级教学的过程中，要训练学生多样化的表达方式，而不是仅仅靠"要""想""会"等几个能愿动词来表达意愿。

第四章 副词"真"

"真"是口语中使用频率较高的副词之一，在汉语教学中属于初等词汇。然而通过相关文献的考察，如郑艳群（2006）[①]、张君博（2007）[②]等，留学生在"真"的使用上，存在着较高的偏误率，而且具有比较明显的偏误倾向，其倾向是在该使用"很"时，却用了"真"，韩国学生也不例外。

《现代汉语词典》（第7版）对副词"真"的解释为"的确、实在"。副词"真"具有三个语义——确认义、程度义和强调义。请看下例。

确认义：

（1）来中国以前听说中国人很热情，去年来北京发现，还真挺热情的。

（2）昨天他说今天的会议有可能会迟到，他真来晚了。

程度义：

（3）今天天气真好，咱们出去走走吧。

（4）这孩子真聪明，回回考试都第一。

强调义：

（5）你的记忆力真是好，我就不行。

（6）这茶水真是香啊！

例（1）和例（2）都是说话人之前已经知道了某一事实情况的信息，如例（1）中"来中国以前听说中国人很热情"这一情况和例（2）中"昨天他说今天的会议有可能迟到"的状况，"真"在此表示对事物或情况的确认。"确认"指对某个事实、情况的明确承认，即说话人对某种事实或状况表示"这个信息是对

---

① 郑艳群：《中介语中程度副词的使用情况分析》，载《汉语学习》，2006（6）。

② 张君博：《程度副词偏误分析与计算机辅助教学设计》，北京，北京语言大学硕士学位论文，2007。

的"或者"这个事情真实发生了"。说话人在表示确认这一行为之前，需要被确认的事实或状况应为已知信息，即旧信息。之后说话人对事实和状况进行确认并对此事实或状况表示认同。① 这时的"真"在句中相当于"的确、确实"，并可用"的确"或"确实"替换。

例（3）和例（4）的"真"表示程度义，但是与程度副词"很"的用法有所不同。"真"虽是副词，但因跨形容词类，所以有较实在的意义，而"很"仅表程度，没有实在的意义。副词"真"表示说话人对客观事实"真实性"方面的主观评价，强调的是主观态度的强化，而不是客观对象本身的强化，而"很"是对程度的一种客观陈述。

例（5）和例（6）的"真"常与"是"组合在一起，具有强调义。张斌（2001）指出副词"真"在口语中常说成"真是""真的"②。"真是"表示对情况的肯定和确认，含有感叹意味。方清明（2012）认为"真"本身不表强调义，因此它单独使用时一般不表示强调，但是与焦点标记"是"结合构成"真是"时则表示加强语气，表示强调。③

目前学者们对副词"真"的语义功能存在着分歧。有些学者认为是程度副词，有些学者认为是语气副词。张谊生（2000）则认为"真"是评注性副词，认为评注性副词虽然有时确实可以充当状语并表示各种语气，但是其基本功能却在于充当谓语，并进行主观评注，副词"真"表示对客观事实的肯定。④ 之所以有这一分歧，主要是因为"真"具有很强的主观性特点，其语义受说话人主观评价的影响。

从上述六个例句可以看到，首先，"真"既有程度义，又有加强语气的作用。副词"真"虽然表示程度义，但是其表示的程度义与程度副词表示的并不相同，

---

① 张斌：《现代汉语虚词词典》，714页，北京，商务印书馆，2001。

② 同①，715页。

③ 方清明：《再论"真"与"真的"的语法意义与语用功能》，载《汉语学习》2012（5）。

④ 张谊生：《现代汉语副词的性质、范围与分类》，载《语言研究》，2000（1）。

其与说话人对自己的话语确信程度有关，起加强语气的作用。其次，副词"真"表示感叹语气，主要功能是表达说话人对说话内容的态度、判断、评价等，极具主观性。最后，副词"真"只能是动态的句子层面上的组合，充当表述性成分。齐沪扬（2003）认为，语气副词在语气系统中所起的作用可以归结为表述性功能、评价性功能和强调性功能。这三个功能恰恰与副词"真"的功能基本一致。[①]

副词"真"在韩国的汉语教材中常用"정말（jeongmal）""참으로（chameuro）"来解释。关于韩国语副词"정말（jeongmal）""참으로（chameuro）"的副词类属，也存在两种不同的观点。一种认为是样态副词（汉语相当于语气副词），如徐正秀（2005）[②]、林有宗（1997）[③] 等；另一种认为是程度副词，如金英姬（1985）[④]、徐相奎（1971）[⑤] 等。

下面我们考察一下韩国学生习得副词"真"的特点，并结合与"정말（jeongmal）"的对比，提出教学建议。

一、偏误类型

通过分析 HSK 动态作文语料库，我们发现韩国学生习得副词"真"过程中的偏误类型大致可分为误用与错序两类。

（一）误　用

1.类型 1："真 +Adj"作定语

a ★我有一个<u>真可爱的</u>妹妹。

b ★以前我和他是<u>真好的</u>朋友。

c ★他是<u>真不听话的</u>朋友，我都快急死了。

---

① 齐沪扬：《语气副词的语用功能分析》，载《语言教学与研究》，2003（1）。

② 徐正秀：《韩国语的副词》，155 页，首尔：首尔大学出版部，2005。

③ 林有宗：《国语副词的分类》，载《语言学研究》，1998（34）。

④ 金英姬：《作为定语的程度副词》，载《韩国语》1985（187）。

⑤ 徐相奎：《程度副词的演变及分类》，载《延世语学》，1991（23）。

2.类型 2："真 +Adj"作状语

a★我<u>真高兴地</u>回答，我也很想去那家公司。

b★昨天同屋<u>真伤心地</u>说明天就要回国了。

c★我的朋友们<u>真热情地</u>帮助了我，我很感动。

类型 1 的"真 +Adj"在句中充当定语，类型 2 的"真 +Adj"在句中充当状语，之所以出现这类偏误，是因受到母语的干扰。

副词"真"在韩国的汉语教材中常用副词"정말（jeongmal）"来解释，"정말（jeongmal）"的语义与汉语"真"基本相同，然而两者句法特点有所不同。韩国语副词"정말（jeongmal）"与形容词组合在一起，可以在句中作定语或状语。例如：

（1）나는　　　정말 귀여운 여동생이　　있다 .

我 – 话题格 真　可爱的 妹妹 – 主格 有 – 过去时 – 终结词尾

我有一个非常可爱的妹妹。

（2）친구들은　　　정말 열정적으로　나를　　　　도와주었다 .

朋友们 – 话题格 真　热情 – 工具格 我 – 宾格 帮助 – 过去时 – 终结词尾

朋友们非常热情地帮助了我。

然而汉语"真"没有这一用法，"真 +Adj"在句中通常不能充当定语或状语成分，因此类型 1 的偏误句正确表达方式为：

a′ 我有一个很 / 非常可爱的妹妹。

b′ 以前我和他是很 / 非常好的朋友。

c′ 他是很 / 非常不听话的朋友，我都快急死了。

类型 2 的偏误句正确表达方式为：

a′ 我很 / 非常高兴地回答，我也很想去那家公司。

b′ 昨天同屋很 / 非常真伤心地告诉我，明天就要回国了。

c′ 我的朋友们很 / 非常热情地帮助了我，我很感动。

3. 类型 3:"真"与揣测义"吧"

a ★ 干了一天的活儿,<u>真</u>疲倦<u>吧</u>?

b ★ 姐姐在城市里上班,我也在首尔读书,您只有一个人在家<u>真</u>孤独<u>吧</u>。

c ★ 最近韩国经济也不好,大家<u>真</u>累<u>吧</u>?

类型 3 的"真"均与"吧"共现,此时"吧"用在疑问句末尾,不是单纯提问,而是带有揣测的语气。此类偏误成因,也与母语干扰有关。韩国语中"정말(jeongmal)"经常与表揣测的词尾"죠(jo)"共现。例如:

(3)하루종일 일하시고나니 정말 피곤하시죠?

　　整天　　工作 – 连接词 真　疲倦 吧

(4)혼자　집에　　계시니　　정말 적적하시죠?

　　一个人 家 – 位格 在 – 连接词 真　孤独吧

(5)요즘 불경기라　　　　여러분 정말 많이 힘드시죠?

　　最近 不景气 – 连接词 大家　　真　多　累吧

如前所述,"真 +Adj"主要功能是表达说话人对说话内容的态度、判断、评价等,表示感叹语气,一般不用在疑问句。因此类型 3 的偏误句正确表达方式为:

a′ 干了一天的活儿,一定很疲倦吧?

b′ 姐姐在城市里上班,我也在首尔读书,您一个人在家一定很孤独吧?

c′ 最近韩国经济也不好,大家一定觉得很累吧?

4. 类型 4:"真"与助词"了"

a ★ 爸爸去世以后,妈妈一个人养育我们,<u>真</u>辛苦<u>了</u>。

b ★ 看见他成熟的样子,我<u>真</u>高兴<u>了</u>。

c ★ 他是公务员,这一辈子可<u>真</u>清白<u>了</u>。

类型 4 的"真"均与助词"了"共现,此时"了"用在句末尾。此类偏误成因,也与母语干扰有关。韩国语中"정말(jeongmal)"可以与过去时态共现,而韩国学生常常把过去时态与"了"对等。例如:

（6）아버지가 돌아가신 후 어머님 혼자서 우리를 키우시느라

爸爸－主格 去世 后 妈妈 一人 我们－宾格 养育－连接词

정말 수고 많으셨어요.

真 辛苦－过去时－终结词尾

（7）그가 성숙된 모습을 보니 정말 기뻤다.

他－主格 成熟－属格 样子－宾格 看 真 开心－过去时－终结词尾

（8）그는 공무원으로서 평생 정말 청백했다.

他－话题格 公务员－工具格 一生 真 清白－过去时－终结词尾

汉语“了”表示动作完成，与韩国语过去时态并非一一对应。助词“了”用在形容词后，表示状态的变化，因此在例（6）至例（8）中的“辛苦”“开心”“清白”后都不能加助词“了”。类型4的偏误句正确表达方式为：

a′ 爸爸去世以后，您一个人养育我们，真辛苦。

b′ 看见他成熟的样子，我真高兴！

c′ 他是公务员，这一辈子可真清白。

5.类型5：“真”与“很/非常”的混淆

a★没有通过 HSK 考试，我一直感到真伤心。

b★当时，看到父母也渐渐适应了中国的生活，我从内心觉得真开心。

c★在中国的时候，我一直得到她的照顾，真感激他。

使用“真”时，说话人感叹的事物一般就在现场。上例中说话人感叹的均为过去事情，因此在此不能用“真”，要替换成“很”“非常”等其他高级别程度副词。“某些时间副词（比如老、常常、一直、已经等）和表语气的副词与‘很’‘非常’搭配没有什么制约，而副词‘真’除可受表瞬间的副词修饰外，一般情况下，如无一定语境，不能受其他时间副词及表语气的副词修饰”[1]。

---

① 来思平：《现代汉语副词“真”和“很”的用法辨析》，载《北京科技大学学报（社会科学版）》，1999（2）。

类型 5 的偏误句正确表达方式为：

a′ 没有通过 HSK 考试，我一直感到很伤心。

b′ 当时，看到父母也渐渐适应了中国的生活，我从内心觉得非常开心。

c′ 在中国的时候，我一直得到她的照顾，非常感激他。

6.类型 6："真"与"真的"的混用

a ★ 仔细看了看，做工真很精巧。

b ★ 郊区的风景真很漂亮。

c ★ 对你的热心帮助，我真非常感谢。

"真"作修饰动词、形容词时以带"的"为常，如我们可以说"我真的不想去""他可真的不简单"，但"真"在"很""非常"等程度副词前却不成立。此时，"真"后面一般加"的"。类型 6 正确表达方式为：

a′ 仔细看了看，做工真的很精巧。

b′ 郊区的风景真的很漂亮。

c′ 对你的热心帮助，我真的非常感谢。

另外，韩国语表强调义的"정말（jeongmal）"译成汉语多表现为"真的"。表强调义的"정말（jeongmal）"所强调的是全句或其后所接续的内容。例如：

（9）정말 인영 씨한테 고개 들 낯이 없습니다.

　　真的，对仁英我无法抬起头来。

（10）정말 공방이 오늘은 공사판이네요.

　　真的，工房今天简直像个大工地啊！

表强调义的"정말（jeongmal）"通常位于句首，如上例（9）至例（10）。

（11）망설이고 망설이다가 정말 용기를 내서 물었는데……

　　犹豫了半天，（说）真的，鼓起勇气才开了口……

（12）저 싸가지 없는 놈이 무례하게 굴었다면 다음 번엔 정말 뼈를 추려놓겠습니다.

　　要是那个浑小子真的对你没礼貌，（说）真的，下次看到他的时候我抽他的筋。

表强调义的"정말（jeongmal）"有时可位于句中，此时强调后接内容，同时将后接的内容变成焦点。此类"정말（jeongmal）"在汉语中相当于"（说）真的"。在这一情况中，"정말（jeongmal）"还可以替换为"정말이지（jeongmali-ji）"，例如：

（11′）망설이고 망설이다가 정말이지 용기를 내서 물었는데……

　　　犹豫了半天，(说)真的，鼓起勇气才开了口……

（12′）저 싸가지 없는 놈이 무례하게 굴었다면 다음 번엔 정말이지 뼈를 추려놓겠습니다.

　　　要是那个浑小子真的对你没礼貌，(说)真的，下次看到他的时候我抽他的筋。

表强调义的"정말（jeongmal）"与表确认义的"정말（jeongmal）"相比，不同之处在于它不能构成分裂句（cleft sentence），即它不能充当独立性副词。如例（9）和例（10）不能说成：

（9′）★인영 씨한테 고개 들 낯이 없는 것이 정말입니다.

（10′）★우왓！공방이 오늘은 공사판이라는 것은 정말이네！

表强调义的"정말（jeongmal）"与表程度义的"정말（jeongmal）"的不同之处是，表强调义的"정말（jeongmal）"不能用"아주 / 매우"替换，如上例（9）我们不能说成：

（9″）★아주 / 매우 인영 씨한테 고개 들 낯이 없습니다.

在我们所搜集的 145 个语料中，表"强调义"的"정말（jeongmal）"有 59 个，所占比率达 40.69%。其中，能将"정말（jeongmal）"翻译为"真的"的句子有 43 个，所占比率最高；其次是翻译为"真"的句子，共 9 个。

林圭鸿（2003）认为"정말（jeongmal）"正在走向虚化的过程，即由表"真实义"的语气副词虚化为程度副词，再虚化为话语标记语。[①] 换言之，表示强调义的"정말（jeongmal）"将从词汇逐渐虚化成话语标记语（discourse marker）。

---

① 林圭鸿：《国语程度副词的语用分析》，载《语言科学研究》，2003（24）。

（二）错 序

1. 类型 7："真"与主语的位置

a ★ 让您哭，<u>真我</u>对不住您。

b ★ 哎呀，<u>真好看的东西</u>多呀！

c ★ <u>真他的想法</u>是非实现的。

副词"真"在句中作状语，位于主语后，谓语前。与汉语相比，韩国语语序比较自由，副词"정말（jeongmal）"也可位于主语前。如上例 c 想表达的语义，用韩国语说有多种表现：

（13）정말 그의　　　　생각은　　　　비현실적이야.

　　　真　他 – 领属格 想法 – 话题格 非现实 – 终结词尾

（14）그의　　　　　생각은　　　　정말 비현실적이야.

　　　他 – 领属格 想法 – 话题格 真　非现实 – 终结词尾

类型 7 的偏误句正确表达方式为：

a′ 让您哭，我真对不住您。

b′ 哎呀，好看的东西真多呀！

c′ 他的想法真是非实现的。

2. 类型 8："真"与介宾短语的位置

a ★ 这个人<u>让我真</u>不耐烦。

b ★ 你这样做<u>让我真</u>担心。

c ★ 那个孩子<u>让人真</u>放心。

"真"与介宾短语共现，在句中做状语时，"真"应在介宾短语前。因此类型 8 的偏误句正确表达方式为：

a′ 这个人真让我不耐烦。

b′ 你这样做真让我担心。

c′ 那个孩子真让人放心。

3. 类型 9："真"与状态补语的位置

a★没想到爸爸真跑得快。

b★她真跳得好，一定练了很长时间。

c★他真写得漂亮，我们都羡慕他。

"真"与状态补语共现时，"真"应位于状态补语前。这类偏误可能是因目的语知识泛化所致，学生们只知道"真"通常在谓语前，不知其在状态补语句中的正确位置。类型 9 的偏误句正确表达方式为：

a′ 没想到爸爸跑得真快。

b′ 她跳得真好，一定练了很长时间。

c′ 他写得真漂亮，我们都羡慕他。

二、数据分析及讨论

基于以上偏误类型，我们设计了一份调查问卷，进一步考察了韩国学生习得副词"真"的情况。问卷分为两种形式，一种是判断对错并改正，另一种是翻译。问卷包括 27 个句子，副词"真"的偏误类型形式至少出现两次。受试者为北京语言大学汉语学院一、二、三年级共 90 名韩国留学生，其中包括一年级 30 名、二年级 30 名、三年级 30 名。

通过问卷共搜集到 2430 个句子，其中正确的句子有 1375 句，正确率达到 56.59%。错误的句子有 1055 句，偏误率为 43.41%。虽然整体的偏误率较高，但是我们发现偏误现象主要出现在初级水平学生中。分布情况如表 4-1。

表 4-1　使用副词"真"的正确率分布

被试者汉语水平	正确率（%）	偏误率（%）
初级阶段	32.98	67.02
中级阶段	64.90	35.10
高级阶段	71.89	28.11
平均	56.59	43.41

测试卷主观题答卷中我们发现,韩国学生进行韩汉翻译时,"정말(jeong-mal)"偏向翻译成"真"。详情如下图4-1。

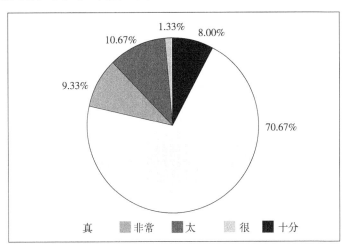

图4-1 韩国学生翻译"정말(jeongmal)"时的倾向性选择

(一)偏误类型比例

使用副词"真"的偏误中,误用的偏误所占比重更大,有63.16%,错序偏

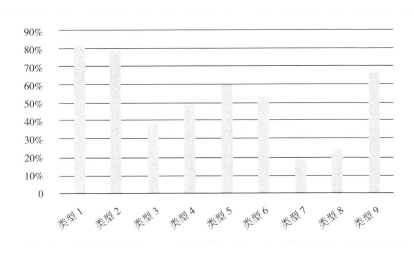

图4-2 副词"真"偏误类型所占比例

误略少，有 36.84%。上面所说的 9 类偏误类型中，偏误率较高的是类型 1 "真 +Adj" 作定语、类型 2 "真 +Adj" 作状语和 类型 9 "真" 与状态补语的位置；其次是类型 5 "真" 与 "很 / 非常" 的混淆、类型 6 "真" 与 "真的" 的混用、类型 4 "真" 与助词 "了"、类型 3 "真" 与揣测义 "吧"；偏误率相对低的是类型 8 "真" 与介宾短语的位置和类型 7 "真" 与主语的位置。如图 4-2 所示。

（二）偏误类型与汉语水平级别关系

不同的偏误类型在不同汉语水平级别中所占的比率如表 4-2。

表 4-2　副词 "真" 的 9 类偏误类型在不同水平级别中的比例

	类型 1（％）	类型 2（％）	类型 3（％）	类型 4（％）	类型 5（％）	类型 6（％）	类型 7（％）	类型 8（％）	类型 9（％）
初级	96	96	54	73	69	69	38	43	73
中级	82	73	51	51	57	43	13	12	68
高级	68	68	12	23	54	50	6	20	60

从表 4-2 可看出，随着被试者汉语水平的提高，偏误率呈下降的趋势。偏误类型 1、类型 2、类型 5、类型 6 以及类型 9，到了高级阶段，偏误率仍旧较高，说明副词 "真" 虽然是初级阶段的语法点，但学生的掌握情况不是特别理想。也就是说，学生对 "真" 的句法制约以及 "真" 与其他程度副词的区别、"真" 的语序等方面的知识储备，有待于进一步提高。

三、教学启示

面向韩国学生的副词 "真" 的教学，需要注意以下几点。

（一）关于 "真" 与 "정말（jeongmal）" 的语义异同

前文中我们也曾说过，副词 "真" 有三个语义——确认义、程度义和强调义。例如：

（15）这个游戏看起来挺难的，试过以后发现，还真挺难的。（确认义）

（16）小王真聪明，每次考试都拿第一名！（程度义）

（17）你福气真是好，娶了我做你的女人……（强调义）

韩国语"정말（jeongmal）"也具有确认义、程度义和强调义，例如：

（18）엄마, 아빠 사진 없어요? 정말 한 장도 없어요?（确认义）

妈妈，没有爸爸照片吗？真连一张都没有吗？

（19）오늘 난 너 만나서 정말 반가웠다.（程度义）

今天见到你很高兴。

（20）정말 네 놈은 2 년을 내리 만났지만 도무지 정이 안 간다.（强调义）

真的，认识你这家伙两年了，不过实在没法喜欢你。

汉语的"真"和韩国语的"정말（jeongmal）"语义基本相同，但是在表示程度义时，有较明显的区别。汉语"真"和"很"虽然都表示程度高，但一般不能互换。这与二者的主观性和客观性相关，"真"极具主观性，带有说话人的感情色彩，多用于感叹句，而"很"客观陈述性强，多用于陈述句。

（21）a 我很希望你看看我的数学试卷，五道选择题我都空着……

　　　b 我真希望你看看我的数学试卷，五道选择题我都空着……

a 句的"很"都可替换为"真"，但替换之后，b 句的语体色彩和感情色彩上有所变化。b 句表现的感情色彩比 a 句要强，表达出说话人的主观情感和感叹语气，突显了说话人的主观心理状态，同时表示说话人的主观判断或主观评价。相比之下，a 句是对程度的一种客观陈述，表现的语气也比较平缓。因此，二者虽然可互换，但表义并不相同。

韩国语"정말（jeongmal）"也表示程度义，"정말（jeongmal）"和"매우／아주（meu/aju）"在口语中表示程度义时，可以互换，而互换后，语义在很多情况下不会发生变化。也就是说"정말（jeongmal）"表程度义时既具有主观性，又具有客观性，这是"정말（jeongmal）"和"真"在语义上最明显的不同之处。

（22）a 그 물건 정말 정교하게 잘 만들었더라 .

　　那件东西做得很精致。

　　b 그 물건 아주 정교하게 잘 만들었더라 .

　　那件东西做得很精致。

方清明（2012）认为"真"表示的"真实义"虚化程度较高，但其 [+ 真实性] 的意义在必要时可以得到激活，并不是完全消失 [1]，韩国语"정말（jeongmal）"同样也有这一表现。韩国语"정말（jeongmal）"和"매우 / 아주（meu/aju）"虽然不是意义完全相同的副词，但是在大多数语境中可以互换。此时"정말（jeongmal）"失去了本义，只表示程度义。因此韩国语以"정말（jeongmal）"代替"매우 / 아주（meu/aju）"的情况较普遍。

Traugott 认为主观化是一个渐变的过程，强调说话人的语用推理（pragmatic inference）过程。[2] 语用推理的反复运用和最终的凝固化组成了形成主观性表达的成分。而语用推理的产生是由于说话人在会话时总想用有限的词语传递尽量多的信息，当然也包括说话人的态度和感情 [3]。上文提到"정말（jeongmal）"在词典上有这样的义项——"말 그대로 매우（所说的那样很）"，它同时可以表示两个意义，既表示真实义又表示程度义。本文认为原来表示确认义的"정말（jeongmal）"现在在口语中可以和"매우 / 아주（meu/aju）"相替换的这一现象跟说话人的语用推理有一定的关系。

林圭鸿（2003）认为"정말（jeongmal）"表示程度义时，话题一般是新信息。若是旧信息，则是说话人对听话人表示自己心理状态的程度如何。[4] 例如：

（23）야하, 정말 이쁜 게 많네요 .

　　哎呀，好看的东西真多啊！

---

① 方清明：《再论"真"与"真的"的语法意义与语用功能》，载《汉语学习》，2012（5）。

② Traugott,E.C,Subtectification in Grammaticalization.Subiectivitu and Subiectivtsation:Linguistic Perspectives,31-54.Cambridge.Cambridge University Press,1995.

③ 沈家煊：《语言的"主观性"和"表现化"》，载《外语教学与研究》，2011（4）。

④ 林圭鸿：《国语程度副词的语用分析》，载《语言科学研究》，2003（24）。

（24）인영아 정말 맛 좋은 부사야.

　　茵宁，是红富士，好吃极了。

（25）그래, 정말 큰 희생이구나.

　　那对你们来说是多么大的牺牲啊！

（26）쫓겨나긴 하지만 정말 기분 좋았어요.

　　虽然是被赶走的，但当时我的心情真的很好。

（27）이런 널 두고 군대 갈 생각하니 정말 갑갑하다.

　　一想到要离开这么招人喜欢的你去当兵，我心里就都闷得不得了。

（28）기석이 그 녀석이정말 부럽습니다.

　　奇朔那家伙真让人羡慕。

（29）어제는 정말 황홀한 하루였어.

　　昨天真是飘飘然然的一天。

　　例（23）至例（25）都是说话人发现了一个新情况，并对此表示感叹。如例（23）和例（25）"（商店里）好看的东西很多""牺牲很大"，这些对说话人来说是都是新信息。例（26）至例（29）中话题都是旧信息，这里表示说话人对听话人表达自己心理状态的程度如何，不管是"心情很好""飘飘然然"还是"闷得慌"，都是对说话人心理状态程度的表述。

　　那么，副词"真"表达同样的情况时，有什么特点？

（30）哇，林雨翔，你真厉害！

（31）五个小时吧，现在才三点呢。外边真漂亮。

（32）我真希望这场梦没有醒来的时候。

（33）我真想去国外看一看。

　　例（30）和例（31）都是说话人发现了一个新情况，并对此表示感叹。"林雨翔很厉害""外边很漂亮"，这些对说话人来说都是新信息。而例（32）和例（33）中话题都是旧信息，这里表示说话人对听话人表达自己心理状态的程度如何。张文贤、张易（2015）认为"真"表述说话人的主观情感程度时，有两个特

点①：一是主语常为第一人称"我"，二是"真"后接的主要是心理动词或能愿动词，例（32）和例（33）都具有这两个特点。我们认为韩国语的情况大致一样，主语常为第一人称"我"，并且"정말（jeongmal）"后接的主要是表示心理状态的形容词和心理动词，上句中的"황홀한（hwangholhan，飘飘然然）、갑갑하다（gapgaphada，郁闷）、부럽습니다（bureopseumnida，羡慕）"都是表示心理状态的形容词。

"真"在表示程度义的基础上，还可以表示对事件或人物的主观评价。方清明（2012）②和张文贤、张易（2015）③提出表主观评价的"真"是由表确认义的"真"虚化而来的，因此"真"表示主观性的程度比表示确认义的程度更强。例如：

（34）这李太太真好，这脾气真不错。

（35）高大夫，你可真有两下子！

（36）那年是豆子，黄豆啊，秋天里，长得真棒，长得真成熟了吧。

上述例句中的"真"都表示说话人的主观评价，此时"真"所在的分句主语常为"你""她/他"或者某具体事物。张文贤、张易（2015）提出表示"主观评价"的"真"多与"我说、我看、看起来、说起来、要说"等短语和叹词相结合，例如：

（37）我说这人真能琢磨，能吃大苦……。

（38）我说你小伙子可真够麻利的，但是不够文明。

（39）啊，我跟他们好几个大夫都说啦，我说我这吃这药真好。

他们认为这不仅可以突显言者视觉，也可以给句子赋予主观性色彩。

表程度义的"정말（jeongmal）"有时用于客观陈述，有时也用于主观评价，例如：

---

① 张文贤，张易：《副词"真"的主观性及其在汉语教学中的应用》，载《汉语学习》，2015（6）。

② 方清明：《再论"真"与"真的"的语法意义与语用功能》，载《汉语学习》，2012（5）。

③ 同①。

（40）기석이 편지 제게도 정말 유쾌하고 즐거웠습니다.

奇朔的信让我觉得很高兴。

（41）따님을 정말 잘 기르셨습니다.

您真是教导有方。

（42）양 상병님 눈치 하나는 정말 빠르시네.

呵呵，小杨的眼力真不错。

（43）이 자식! 정말 헛 똑똑이네.

臭小子！你真够聪明的啊。

（44）핫하, 편지 정말 잘 쓰네요.

呵呵，信写得真好。

例（40）和例（41）"정말（jeongmal）"用于陈述句，说话人对"奇朔的信""妈妈对女儿的教育"客观地进行叙述和评价，表现的语气比较平缓。例（42）至例（44）中"정말（jeongmal）"都用于感叹句，说话人对"小杨的眼力""对方是否聪明"和"信写得怎么样"表达主观评价。"정말（jeongmal）"表示主观评价时，之所以出现在表达主观语气的感叹句，是因为这不仅能加深说话人所表达的程度义，也能增强说话人所传达的主观情感。

总而言之，"真"和"정말（jeongmal）"都可表程度义，与此同时都表达主观情感义或主观评价义，语法功能很相似。但是二者的不同点也较明显。"真"只表示主观程度义，因此一般不能与表客观程度义的"很"互换。相比之下，与汉语"真"和"很"对应的韩国语"정말（jeongmal）"和"매우/아주（meu/aju）"，在很多情况下所表达的意义相同，可以互换使用。这是韩国学生习得副词"真"时，容易将"真"和"很"混淆的主要原因。

虽然我们把"真"和"정말（jeongmal）"的语义划分为三个进行了对比分析，但是在实际使用当中，这三个用法并不能完全分开，而是存在交叉的情况。例如：

（45）저 놈 널 정말 좋아해.

　　他真喜欢你。/ 他是真的喜欢你。

若说话人说例（45）时，带着的是平铺直叙的态度，只表达事实，"정말（jeongmal）"所表示的是"程度义"。另一种情况是说话人已经跟听话人说了"他喜欢你"，而听话人不相信，一直表示怀疑，此时说话人又跟听话人说了例（45），那么此时"정말（jeongmal）"表达的意义和前者就不同了。后者表达的意义，一是"我说的是对的"，二是"我不骗你，你相信我吧"，既表确认义也表强调义。我们认为"真"的用法也是如此。

前面我们谈到了"정말（jeongmal）"的程度义，用于形容词或心里动词前面的"정말（jeongmal）"表示"程度义"，但是用于形容词或心里动词前面的所有"정말（jeongmal）"不都是表"程度义"，根据语境，"정말（jeongmal）"可能会表达另一种意义。例如：

（46）정말 이쁜 게 많네요.

　　好看的东西真多啊。/ 好看的东西真的很多啊。

说话人说例（46）时，会有两种情况。一是若"（这里）好看的东西很多"此事实对说话人是新信息，此时"정말（jeongmal）"表示程度义，而若是旧信息，此时"정말（jeongmal）"在句中相当于"的确、确实"，表示确认义。我们认为"真"的用法也是如此。

总之，"真"和"정말（jeongmal）"都具有"确认义""程度义""强调义"，在使用上具有一定的规律性，但是在实际使用当中，这三个用法存在着交叉的情况。对此问题，我们应多加注意。

（二）汉语的"真"与韩国语"정말（jeongmal）"的句法特点

副词"真"通常用于形容词前，以"真 + 形容词"的形式充当谓语或补语，这是副词"真"最常见的形式。有时"真"还可以修饰少量动词。例如：

（47）真该批评。

（48）真是一派丰收景象。

（49）这个办法真省钱省力。

（50）你真沉得住气。

副词"真"可以修饰其他副词，与副词"真"共现的副词类型主要是程度副词。例如：

（51）演出真太好了。

（52）你这么个活法真太窝囊。

（53）好家伙，我说这真够贵的，蔬菜是贵！

（54）可是它那个雕塑的那个，那个就是那石膏的那个吧，有的做得真挺好的。

（55）那个真有点儿，路不拾遗呀，夜不也关门啊，真有点儿那个劲头儿。

（56）那个密云水库的库真特别大，我是头一次上过这么大的水库。

"真"的以上句法功能，韩国语"정말（jeongmal）"也具备，二者的区别是，"真"与动词或动词性成分共现时，动词具有非动作性语义特征，而"정말（jeongmal）"不受此限制。具体实例，因篇幅关系，在此不再赘述。

副词"真"的位置是比较固定的，一般位于句中，即位于形容词、动词或其他副词的前面。但它不是只修饰谓语中的某一部分，而是加在一个已有的命题之上。就是说，它虽然位于句中和形容词或动词组合，形成谓语性成分，但是在句中充当的功能不再是单纯的状语功能，而是表示"表述性范围"，这是副词"真"的特点之一。

韩国语语气副词的句法分布和汉语一样比较灵活，大多数语气副词一般位于句首，但是根据表达的需要，也可以位于句中和句末，"정말（jeongmal）"也是如此，例如：

（57）정말 네 놈은 2 년을 만났지만 도무지 정이 안 간다 .

　　认识你这家伙两年了，怎么都没法喜欢你。

（58）신세나넁 정말 늘어시세 하네 !/ 신세나넁 늘어시세 하네, 정말 !

　　还真开始诉苦了啊！

韩国语属于"自由语序的语言"，其中，副词是句法分布最灵活的词类，尤其是在口语中的位置更自由。

在分析偏误类型时我们也曾讨论，"真 + 形容词"只能充当谓语和补语，不能充当定语和状语，这是与语气副词"真"所表示的"表述性"密切相关的，而"정말（jeongmal）"则不受此制约，可以充当谓语、定语和状语。换而言之，这与二者实现表述性功能的不同有密切的关系。"真 + 形容词"为什么不能充当定语和状语呢？张谊生（2004）认为从语气副词组合特征看，"真"有个明显不同于一般副词的特点——动态性[①]。所谓动态性，就是指由于语气副词充当的大多是高谓语，所以它和其成分之间的组合关系只能是动态的句子层面上的组合，而不能是静态的短语层面上的组合。也就是说，凡是含有语气副词的谓词性短语，一般只能充当表述性成分——谓语和补语，而一般不能充当修饰性成分——定语和状语。

对韩国学生来说，像副词可以充当"表述功能"这样的概念是比较难理解的。韩国语决定"表述范畴"的成分是"语末语尾（어말어미）"。韩国语有三种语末语尾，即终结语尾（종결어미）、连接语尾（연결어미）和转成语尾（전성어미）。如果我们想让"정말（jeongmal）+ 形容词"在句子里充当谓语，在"정말（jeongmal）+ 形容词"后面加终结语尾（종결어미），如"‒다（da）、‒느냐（neunia）/‒냐（nia）、‒구나（guna）、‒어라（eora）、‒자（ja）"即可。

副词"真"是具有主观性和感情色彩的副词，"真"的这个特点与语气很肯定的陈述性不相符，因而受到使用上的制约。来思平（1999）认为副词"真"不能和"是……的"句（二）并用，是因为"是……的"句（二）"多用来表示说话人的看法、见解或态度等，谓语对主语来说一般是起解释说明的。"[②]这种句式与副词"很"的语用功能一致，而与"真"的语用功能则不一致，因而副词

---

① 张宜生：《现代汉语副词的性质》，载《语言研究》，2000（1）。

② 来恩平：《现代汉语副词"真"和"很"的用法辨析》，载《北京科技大学学报（社会科学版）》，1999（2）。

"真"不用于这种句式，所以下面的例句属于病句。

（59）★这是真不简单的。

（60）★这个问题我们也是真注意的。

也就是说，副词"真"包含的这种主观性和感情色彩，还影响到它是否能用于陈述性强的复句。相比之下，韩国语"정말（jeongmal）"和"真"相比，包含的主观性和感情色彩不是那么强，并且"정말（jeongmal）"也多用于陈述性强的句子。

附：测试卷

一、判断正误并改正

1. 她真很爱她的妈妈。（　）改正：

2. 现在我已经找到真满意的工作了。（　）改正：

3. 你让我真失望了。（　）改正：

4. 这个问题是真值得关注的。（　）改正：

5. 我想告诉大家一个真好的方案。（　）改正：

6. 你应该真理解我。（　）改正：

7. 我真感到不好意思。（　）改正：

8. 小桥真不宽，只能走一个人。（　）改正：

9. 父母对子女的期望真高。（　）改正：

10. 最近天气不真好。（　）改正：

11. 这部电影真有意思的。（　）改正：

12. 那里的风景真美吧？（　）改正：

二、请把下边的韩文翻译成汉语。

1. 그 사람은 정말로 사람을 성가시게 한다.

2. 그 녀는 밥을 정말 많이 먹는다.

3. 나는 예선에 그와 참 가까웠던 사이었다.

4. 철수는 중국어를 참 잘 하죠?

5. 나는 그 영화에 정말 감동 받았다 .

6. 이 소식을 듣고 어머니는 정말 기뻐하셨다 .

7. 그의 말을 듣고 나는 기분이 정말 상했다 .

8. 장학금을 타니 부모님께서는 정말 기뻐하셨죠 ?

9. 나는 세상은 참 불공평하다고 생각한다 .

10. 네가 하는 일을 보니 참 염려가 된다 .

11. 중국어를 전혀 못할 줄 알았더니 정말 잘하는구나 .

12. 나는 '새 집으로 이사 가면 정말 좋겠다' 하고 생각했다 .

13. 요즘 참 많이 바쁘죠 ?

14. 이 아이는 참으로 똑똑하구나 , 번번이 반에서 일 등하는 걸 보니 .

15. 그 학생은 정말 마음이 놓인다 .

第五章 副词"渐渐"

韩国语与汉语分属不同的语系，但自古以来这两种语言的使用群体之间交流频繁，有着非常密切的联系。韩国语在与汉语的长期接触中吸收了大量借词，其中大多为名词、动词及数词、形容词，也有少量副词、介词。汉源词是韩国语词汇的重要组成部分，经过长期使用，其原有功能逐渐发生变化，慢慢融入到韩国语的语言系统，实现了本语化。因此现代韩国语中的诸多汉源词，在语义及句法功能上与古代、现代汉语相比，呈现出不同的特点。

表示渐变义的词在语言中普遍存在，在不同的语言中其表达形式多样。现代汉语中表示渐变义的形式有很多，其中使用频率较高的主要有渐变义副词"渐渐"、结构形式"越来越"以及"一天比一天"。韩国语副词"점점（jeomjeom）"来源于汉语"渐渐"，正因为二者无论是语音还是语义都很相近，同时又存在一定的差异，因此韩国学生在习得汉语副词"渐渐"时遇到一定困难，偏误率也较高。

HSK 动态作文语料库中渐变义形式"渐渐""越来越""一天比一天"的偏误情况如表 5-1。

表 5-1 "渐渐""越来越""一天比一天"偏误情况

渐变义形式	汉语水平	例句总数（例）	偏误句数（例）	偏误率（%）
渐渐	中级	89	61	68.5
	高级	112	88	78.6
	合计	201	149	74.1
越来越	中级	201	71	35.3
	高级	158	50	31.6
	合计	359	121	33.7

续表

渐变义形式	汉语水平	例句总数（例）	偏误句数（例）	偏误率（%）
一天比一天	中级	70	18	25.7
	高级	42	15	35.7
	合计	112	33	29.5

根据表 5-1 统计结果可以得知，使用倾向方面，学生使用最多的是"越来越"，其次是"渐渐"，"一天比一天"用得最少。偏误方面，"渐渐"的偏误率最高，为 74.1%，其次是"越来越"，为 33.7%，最低的是"一天比一天"，为29.5%。从不同汉语水平学生的偏误情况来看，中级水平对三种表达形式产生的偏误率高低为渐渐 > 越来越 > 一天比一天，高级水平为渐渐 > 一天比一天 > 越来越。可见对韩国学生而言，"渐渐"的使用频率没有"越来越"高，但偏误率比"越来越"高得多。

本章主要围绕副词"渐渐"考察韩国学生的习得特点，特别关注韩国语有相应汉源词的情况下母语的干扰程度。

"渐渐"在《国际中文教育中文水平等级标准》的语法等级大纲中属于四级语法点，适用于中级汉语教学，因此我们的考察对象限于中高级汉语水平的韩国学生。

一、偏误类型

通过 HSK 动态作文语料库分析，韩国学生使用"渐渐"过程中的偏误类型主要有：误用、错序、冗余三类。

（一）误　用

1. 类型 1：与"越来越"混用

a ★ 我对未来的生活渐渐自信。

b＊生活在和平年代我们很幸福，我相信未来世界会<u>渐渐</u>好。

c＊明月<u>越来越</u>升上来，把这个世界打扮成白色。

d＊花刚开始是深红色的，<u>越来越</u>变成了粉红色。

上述四例是"渐渐"与"越来越"混用的情况。吕叔湘（1999）的《现代汉语八百词》解释①："渐渐"表示程度或数量随时间缓慢地增减，多用于书面语。"越来越"用来比较人或事物的数量或程度随着时间的推移而不断发展或变化，是同一事物不同时期或不同条件的比较。"越来越"修饰的谓语成分以形容词为主，动词有限，只有"喜欢、在乎、佩服"等心理动词和"习惯、依赖、受（重视）"等可以被程度副词修饰的词语。副词"渐渐"所修饰的谓语以动词为主。通过北京大学 CCL 语料库检索，我们随机抽取 100 例句子，考察了现代汉语"渐渐"与谓语的搭配情况，发现动词性成分占 66%，形容词性成分占 21%，其他（包括小句）占 13%。"渐渐"所修饰的形容词，不能是光杆形式，除非后续有分句。

"渐渐"与"越来越"语义侧重点有所不同。《现代汉语八百词》指出，"越来越"表示程度随着时间的推移而增加②。"越来越"侧重程度的加深，而"渐渐"侧重逐渐变化，具有描摹性特点。现代汉语"渐渐"之所以具有描摹性特点是因为该词是从描摹静态事物、动态事物或事件的形容词直接变为副词的，在性质上保留了很多"描摹性"。

"渐渐 X③"的使用有三个语境。语境 1，可判断变化前 X 的信息，语义内容为"本来没有 X，现在变 X 了"，也就是程度从无到有逐渐发生质变；语境 2，可判断变化前 X 的信息，语义内容为"本来就 X，现在更 X 了"，也就是程度逐渐发生量变；语境 3，单靠句子或小句无法判断变化是属于质变还是量变，只能靠前后语境推测或判断。"越来越 X"较少用在语境 1，多用于语境 2 和 3，但我们可在韩国留学生的作文中发现如下错误句。

---

① 吕叔湘主编：《现代汉语八百词（增订本）》，263 页，北京：商务印书馆，1999。

② 同①，567 页。

③ 在此 X 指"渐渐"后的谓语成分。

（1）★我越来越喜欢上中国了。

（2）★我越来越爱上他了。

"上"在此表示从"本来没有爱/喜欢"到"现在爱/喜欢"的变化，因此此时不能用"越来越"，但"渐渐"可以。我们可以说"我渐渐喜欢上中国了""我渐渐爱上他了"。

基于以上，类型1的偏误句正确表达方式为：

a′ 我对未来的生活越来越自信。

b′ 生活在和平年代我们很幸福，我相信未来世界会越来越好。

c′ 明月渐渐升上来，把这个世界打扮成白色。

d′ 花刚开始是深红色的，渐渐变成了粉红色。

再看看"渐渐X"作定语的情况，请看偏误例句：

e★渐渐多的人加入了这个公司。

f★就业压力渐渐大的今天，能找到这样的工作已经很满足了。

g★渐渐多的各种数字化产品进入了大众的生活。

句子中"渐渐X"不能做定语，此时只能用"越来越"，因此上三句正确表达方式为：

e′ 越来越多的人加入了这个公司。

f′ 就业压力越来越大的今天，能找到这样的工作已经很满足了。

g′ 越来越多的各种数字化产品进入了大众的生活。

2.类型2：与"逐渐"混用

a★阳光照在脸上，他动了动眼皮，<u>逐渐</u>醒了。

b★在医生的帮助下，他的脸<u>逐渐</u>有了血色。

c★邮寄贺卡、电话、电子邮件、微信，贺年方式也<u>渐渐</u>数字化。

"渐渐"与"逐渐"在《国际中文教育中文水平等级标准》的语法等级大纲中均属于四级词汇，也就是说，学生到了中级阶段就会接触到这两个副词。"渐渐"和"逐渐"都表示变化是缓慢的，但"逐渐"强调动作的变化是依次缓慢进行的，这种变化是一层深似一层的，"渐渐"则主要表明变化是缓慢的，一点一点的。类型2例a与例b，动作"醒"和"有血色"并未依次实现，而例c中的动作"数据化"是"邮寄贺卡、电话、电子邮件、微信"四个阶段依次深化。因此类型2的偏误句的正确表达方式为：

　　a′ 阳光照在脸上，他动了动眼皮，渐渐醒了。

　　b′ 在医生的帮助下，他的脸渐渐有了血色。

　　c′ 邮寄贺卡、电话、电子邮件、微信，贺年方式也逐渐数字化。

（二）冗　余

类型3："渐渐"的冗余

a ★ 长大后，<u>渐渐更</u>能理解父母爱孩子的心情。

b ★ 太阳升起来，江面上的雾气<u>渐渐地更</u>稀薄了。

c ★ 他跑得<u>渐渐更</u>快了。

上述三例都是"渐渐"冗余的情况。三个句子都有一个共同现象，就是"渐渐"与"更"共现。这是受母语影响所致。韩国语的"점점（jeomjeom）"经常与"더（deo）"组合在一起使用。例如：

（1）점점　더 부모님의　　마음을 이해할 수 있게 되었다．

　　　渐渐 更 父母–领属格 心–宾格 理解–可能式 成为–过去时–终结词尾

（2）그는　　　점점 더 빨리 뛴다．

　　他–话题格 渐渐 更 快　跑–终结词尾

汉语没有此类用法，"渐渐"与"更"都表示变化，两个副词语义上存在部分叠加，因此相互排斥。结合韩国语，我们可以知道说话人想要表达的是程度变化的加深，因此汉语应用"更"。因此类型2的偏误句的正确表达方式为：

　　a′ 长大后，更能理解父母爱孩子的心情了。

　　b′ 太阳升起来，江面上的雾气更稀薄了。

　　c′ 他跑得更快了。

（三）遗　漏

现代汉语"渐渐／逐渐 X"句中谓词后面也有附加成分，其附加成分一般是动态助词或一些补语。

1. 类型 4："了"的缺失

a. ★ 天色渐渐昏暗。

b ★ 春节没过几天，天气渐渐暖和。

c ★ 北京的堵车也渐渐严重。

上述偏误例句中由于附加成分"了"的缺失导致句意表述不完整。如果类型 6 的句子位于复句中的前句或中间句，句子则成立，但如果是单句或复句中的后一分句，句子则显得不完整。

韩国语表达渐变义的都是持续性时间副词，不能表示动作或性状变化的完成实现。而汉语表达渐变义的词"渐渐"表示的变化具有动态过程性的特点，且不具有"持续义"的语义特征，所以经常与动态助词"了"共现，表示变化过程的实现。学生在实际使用中经常忽略该附加成分。

韩国语"점점（jeomjeom）X"句，谓词的附加成分是各类以辅助动词为形式的态，形式主要包括"–게 되다（getyeda，成为）""–아 지다（a jida，变）""–아 오다／가다（a oda/gada，来／去）""–기 시작하다（ki sitsakhada，开始）"等，另外还有这些辅助动词叠加使用的情况。这些辅助动词有共同的语义特征，即与谓词组合在一起表示变化，辅助动词作为态与"점점（jeomjeom）"构成语义上的映射关系。

"–게 되다（getyeda，成为）""–아 지다（a jida，变）"在"점점（jeomjeom）X"句中皆表示某种变化，这种变化义在汉语中经常用动态助词"了"来表示。例如：

（5）그 여자의 노력 끝에　　　　이웃들이　점점 그들을　　덜 따돌리

　　她-属格　努力 结局-连接词 邻居们-主格 渐渐 他们-宾格 少 排挤 成

게 된다.

为-终结词尾

在她的不断的努力之下，邻居渐渐地关心她了。

（6）아까보다　　눈은　　　점점 더 많이 쏟아진다.

　　刚才-比较格 雪-话题格 渐渐 更 多 下-终结词尾

　　雪越来越大了。

石毓智（2004）认为，词语能否加"了"有一个充要条件，即词语所代表的行为、动作、性质、状态等从时间参照点出现前的某一时点到自身出现须有一个动态变化的转化实现过程①。这样一个实现的过程恰好提供了容纳渐变类副词所表渐变过程的空间。韩国语"점점（jeomjeom）"具有渐变义，要求所修饰的成分具有象似性的映射，因此所修饰的谓词性成分同样具有变化义特征，这种变化可以是数量的增减、范围的大小、程度的高低、距离及性状的变化。"점점（jeomjeom）X"中 X 表示变化的主要手段除了动词或形容词本身具有变化以外，更多的是靠辅助动词来完成，这也正符合韩国语黏着性的语法特点，而汉语主要是通过具有变化义的动词及变化态"了"来实现。

因此，上类型 4 的偏误句的正确表达方式为：

a′ 天色渐渐昏暗了。

b′ 春节没过几天，天气渐渐暖和了。

c′ 北京的堵车也渐渐严重了。

2.类型 5：谓词附加成分"上来/起来"等的缺失

a＊离过年不远了，天气渐渐冷。

b＊到了下午，客人渐渐多。

c＊走到一半的路，天气就渐渐热。

例句 a，学生本要表达的是某种感知的变化：

---

① 石毓智：《汉语的领有动词与完成体的表达》，载《语言研究》，2004（2）。

（7）날씨가　　점점 추워 온다.

　　天气-主格 渐渐 冷　　来-进行时-终结词尾

韩国语辅助动词"–아 오다/가다（aoda/gada，来/去）"除了表趋向外，还表示动作行为或状态的持续及感知的变化。此类语义，汉语则用趋向补语"上来"表达。

类型5的例b、例c中，学生本要表达的是某种动作行为或状态变化的开始：

（8）오후가　　되자　　손님들이　　점점 많아 지기 시작했다.

　　下午-主格 到-连接词 客人们-主格 渐渐 多　　变　开始-过去时-终结词尾

（9）반　정도 가니　　날씨가　　점점 더위 지기 시작했다.

　　一半 大约 走-连接词 天气-主格 渐渐 热　　变　　开始-过去时-终结词尾

韩国语辅助动词"–기 시작하다（gi sijakhada，开始）"表起始，汉语"上来""起来"也表起始态，因此类型5的偏误句正确表达方式为：

a′ 离过年不远了，天气渐渐冷起来了。

b′ 到了下午，客人渐渐多起来。

c′ 走到一半的路，天气就渐渐热上来/起来了。

3.类型6："正/正在/在"或"着"的缺失

a★ 在地球上活着的许多动物渐渐消失。

b★ 手机拜年渐渐改变原有的年俗。

c★ 技术改造后，有些工作岗位渐渐变"凉"。

唐贤清（2003）[①]、刘君（2006）[②]认为，副词"渐渐"产生于东汉时期，但尚处产生初期，还没有得到普遍运用，到了魏晋南北朝时期"渐渐"得到了很大发展，用例逐渐多起来。一个明显的现象，是在六朝时期的汉译佛经文献中见有大量的"渐渐"句例。刘君（2006）也指出，"渐渐"本来是个描摹物态情貌的形

---

① 唐贤清：《汉语"渐"类副词演变的规律》，载《古汉语研究》，2003（1）。

② 刘君：《"'渐变式副词'可否包含'缓慢义'"问题研究》，载《语文学刊》，2006（13）。

容词，后转为表示动态事物的情貌，再由表示动态事物情貌转为表示动态事件的变化情貌是个自然的过程，这个转变发生在东汉时期，当时"渐渐"作副词。现代汉语"渐渐"之所以具有描摹性特点，是因为从描摹静态事物或动态事物或事件的形容词直接变为副词的，在性质上保留了很多"描摹性"。

在进行体句中，渐变的状态更加形象化，更具有描摹性。现代汉语"渐渐"也常与表"正在进行"的"着"或"正在"共现，这也是因为"渐渐"的描摹性特点更适合在进行体中出现。

类型 6 的偏误句正确表达方式为：

a′　在地球上的许多动物正渐渐消失。

b′　手机拜年正在渐渐改变原有的年俗。

c′　技术改造后，有些工作岗位正渐渐变"凉"。

（三）错　序

1. 类型 7："渐渐"与主语的位置

a ★ <u>渐渐他的眼前</u>变得空白。

b ★ 吃了药后，<u>渐渐疼痛</u>消了。

c ★ <u>渐渐我们</u>开始感到不安了。

"渐渐"通常位于主语后谓语前作状语，后面也可以加助词"地"，如类型 7 的偏误句正确表达方式为：

a′　他的眼前渐渐（地）变得空白。

b′　吃了药后，疼痛渐渐（地）消了。

c′　我们渐渐（地）开始感到不安了。

此类偏误主要是因母语负迁移所致。韩国语表示渐变义的副词"점점（jeomjeom）"在句中位置比较自由，既可以在主语前，也可以在主语后。但汉语表示渐变义的副词"渐渐"的语序没有韩国语那样灵活，如果在主语前，通常以"渐渐地"的形式出现，而且后面有停顿。如类型 7 的偏误句正确表达方式还可以为：

a′ 渐渐地，他的眼前变得空白。

b′ 吃了药后，渐渐地，疼痛消了。

c′ 渐渐地，我们开始感到不安了。

2. 类型 8："渐渐"与补语的位置

a ★ 屋里<u>显得渐渐明亮起来</u>。

b ★ 她笑了笑，但心里<u>感到渐渐不安起来</u>。

c ★ 离开家后，我<u>渐渐更变得独立</u>。

"渐渐、逐渐"修饰的词语有时是中补结构，此时"渐渐、逐渐"通常在中补结构的前面。但是也有例外，如谓语如果是"变得 Adj"，"渐渐、逐渐"既可以在"变得 Adj"前，还可以在"变得"后 Adj 前。例如：

（10）那曾经熟悉的美丽容颜，也变得渐渐模糊。

（11）那曾经熟悉的美丽容颜，也渐渐变得模糊。

（12）曾经喜欢太阳的我，变得渐渐不喜欢了。

（13）曾经喜欢太阳的我，渐渐变得不喜欢了。

谓语为中补结构时，"渐渐、逐渐"有时与"更"共现，此时"更"要在"变得"后，Adj 前。韩国语中，"점점（jeomjeom）"与副词"더（deo）"共现时，二者要连用。如与类型 8 的例句 c 对应的韩国语是：

（14）집을　　 떠난 후 나는　　 점점 더 독립적이 되었다 .

　　　　家-宾格 离开 后 我-话题格 渐渐 更 独立的　 成为-终结词尾

根据以上，类型 8 的偏误句正确表达方式为：

a′ 屋里渐渐显得明亮起来。

b′ 她笑了笑，但心里渐渐感到不安起来。

c′ 离开家后，我渐渐变得更独立。

3. 类型 9："渐渐"与"越来越"的语序

a ★ 随着年龄的增长，快乐越来越渐渐少了。

b ★ 我越来越渐渐喜欢听中国歌曲了，觉得它有味道。

c★我觉得身体越来越渐渐轻，开始飘起来了。

上述三例的"越来越"与"渐渐"语序有误，这主要是受母语干扰所致。"渐渐"对应韩国语"점점（jeomjeom）"，"越来越"对应韩国语"갈수록（kalsurok）"，在韩国语句子中，"갈수록（kalsurok）"通常在"점점（jeomjeom）"前。例如：

（15）나이가　　들면서　　즐거움이 갈수록 점점 적어졌다.

　　　　年龄-主格 增多-随着 快乐-主格 越来越 渐渐 变少-过去时-终结词尾

（16）나는　　　갈수록 점점 중국노래를　좋아하게 되었다.

　　　　我-话题格 越来越 渐渐 中国歌-宾格 喜欢　　　变-过去时-终结词尾

（17）나의　　몸이　　　갈수록 점점 가벼워지는 듯 했다.

　　　　我-领格 身体-主格 越来越 渐渐 变轻　　　　　　好像-过去时 - 终结词尾

汉语中"渐渐"与"越来越"通常在句中作状语，"渐渐"在前，"越来越"在后。如在BCC语料库中，我们可以检索到11条"渐渐越来越"句，但没有"越来越渐渐"句。例如：

（18）他没有犯任何错漏，但渐渐越来越不起劲。

（19）我一个独自站在玻璃门前，注视着圣他露西亚山顶的天色，渐渐越来越亮。

（20）在河下游不远的地方，码头渐渐越来越低。

（21）我渐渐越来越喜欢听程派的唱腔，觉得它有味道。

通过语料可以发现，"渐渐越来越"修饰的谓语成分大多是形容词或心理动词。如果"渐渐"与"越来越"所修饰的是状中结构，情况就有些复杂。如类型9中的例句c，不能说"★我觉得身体渐渐越来越轻，开始飘起来了"，也不能说"★我渐渐越来越觉得身体轻，开始飘起来了"，"渐渐"修饰动词中心语"觉得"，"越来越"修饰中心语"轻"。因此类型9的偏误句正确表达方式为：

a′ 随着年龄的增长，快乐渐渐越来越少了。

b′ 我渐渐越来越喜欢听中国歌曲了，觉得它有味道。

c′ 我渐渐觉得身体越来越轻，开始飘起来了。

二、数据分析及讨论

本章设计测试卷的目的是全面了解韩国学生对汉语表达渐变义的副词"渐渐"的实际习得情况，包括句法、语义、语序的习得，希望通过本次测试能够发现学生在学习中的具体偏误情况。

在汉语教学中，"渐渐"属于中级阶段的语法点，因此为了保证测试对象接触过这些词汇，本文将测试对象选定为中高级汉语水平的韩国留学生，主要为北京语言大学汉语学院韩汉翻译专业的二年级学生和三年级学生。我们根据年级高低将二年级学生定为中级汉语水平，三年级学生为高级汉语水平。测试过程中，为了保证测试的完成度和可靠性，在任课老师的协助下，要求学生在 20 分钟内当堂完成测试卷，在此过程中不允许查阅资料或者互相讨论。一共发放试卷 65 份，实际回收有效试卷 56 份，中级水平和高级水平各 28 份。

本文在前人研究的基础上，结合 HSK 动态作文语料库以及前面章节对韩汉渐变义表达的对比分析结果，从句法、语义、语序三个角度有目的、针对性地设计了一份测试卷。测试卷由三部分构成，第一部分是多选题 6 道，第二部分是排序题 6 道，第三部分是韩译汉 12 道，一共 24 道小题。我们根据不同题型来测试不同的内容，各个题型的测试结果相互印证，使数据结论更具有说服力。多选题主要考察学生在一定的句法、语序条件下对汉语渐变义表达的选择倾向性和每个选项的偏误情况，排序题考察学生对语序的习得情况，汉译韩考察学生对句法语义语序的习得情况。选择题与排序题的答案相对客观，只需根据相应的统计结果进行分析即可。而翻译题答案比较复杂，所以在分析测试结果时，只关心与渐变义表达相关的部分，与其无关的偏误不记录在内。比如，韩译汉第 8 题"중국에 몇 년 살고난 후, 나의 중국어 실력은 점점 높아졌다"，这句话中"중국에 몇 년 살고 난 후"应该译为"在中国生活了几年后"，但有学生将其翻译为"在中国几年住后"，这种与渐变义表达不相关的偏误，我们不记录在内。

我们从汉语渐变义表达的句法搭配和句法位置两个角度设置了 6 个选择题，其中第 3 小题和第 5 小题主要考察句法位置的习得情况，其他 4 个小题都是考察对句法搭配的习得状况，第 1 小题与第 6 小题考察与动词性成分的搭配，分别是与动补结构和与动宾结构的搭配，第 2 小题与第 4 小题考察与形容词性成分的搭配，分别是与单个形容词和与中补结构的搭配。由于该题型为多选题，每道题答案不唯一，所以最后得出的数据会出现正确率和偏误率相加大于 1 或小于 1 的情况。

通过有针对性的测试我们发现以下现象：

1. 韩国学生习得渐变义副词"渐渐"过程中偏误率较高，偏误类型有误用、冗余、遗漏、错序四种，其中冗余类偏误占比较高。

2. 十种偏误类型中，类型 5 谓词附加成分"上来 / 起来"等的缺失的偏误率最高，其次是类型 9"渐渐"与"越来越"的语序。另外，类型 3"渐渐"的冗余、类型 8"渐渐"与补语的位置、类型 1 与"越来越"混用、类型 6"正 / 正在 / 在"或"着"的缺失以及类型 2 与"逐渐"混用的偏误率也很高，偏误率高达 40%—60%。相对而言类型 7"渐渐"与主语的位置和类型 4"了"的缺失的偏误率稍低一些。详见表 5-2。

表 5-2 "渐渐"的十种偏误类型分布情况

偏误类型			语料总数（例）	偏误句（例）	偏误分布（%）	
误用	类型 1	与"越来越"混用	336	188	55.95	49.85
	类型 2	与"逐渐"混用	336	147	43.75	
冗余	类型 3	"渐渐"的冗余	224	129	57.59	
遗漏	类型 4	"了"的缺失	168	21	12.50	47.81
	类型 5	谓词附加成分"上来 / 起来"等的缺失	168	126	75.40	
	类型 6	"正 / 正在 / 在"或"着"的缺失	168	94	55.95	

续表

偏误类型			语料总数（例）	偏误句（例）	偏误分布（%）	
错序	类型7	"渐渐"与主语的位置	112	23	20.54	
	类型8	"渐渐"与补语的位置	168	95	56.55	49.23
	类型9	"渐渐"与"越来越"的语序	112	75	66.96	

3.韩国学生习得"渐渐"时受母语影响较大。韩国语的"점점（jeomjeom）"与"渐渐"对应关系较复杂。刘珣（2000）介绍了普拉克特"难度等级模式"[1]，这种模式将学习者习得第二语言的难度分为六级，从零级到五级，级数越高难度也就越大。根据前文韩汉表达渐变义的词语义对应分析，我们知道韩国语表达渐变义的"점점（jeomjeom）"和汉语表达渐变义的"渐渐"在语义对应上不能简单地实现一对一或一对多。语义对应情况大致为"점점（jeomjeom）"一般对应"渐渐"或"越来越"，一定条件下只能对应"越来越"。根据普拉克特"难度等级模式"，韩汉渐变义表达形式之间的语义对应情况为目的语中一个语言项目可以对应母语中的多个语言项目，这种干扰形成的难度为五级难度，属于高难度，实际使用中学生因语义对应产生的偏误也比较多。如"渐渐"的误用，偏误率高达49.8%。两种语言语序差异，导致错序类偏误也较多。如"渐渐"与"越来越"的错序偏误，偏误率高达66.96%。

三、教学启示

（一）注重讲授"渐渐"的句法特点

根据前文对韩汉渐变义表达的句法搭配分析和学生产生的偏误分析，我们发

---

① 刘珣：《对外汉语教育学引论》，188页，北京，北京语言文化大学出版社，2000。

现韩汉渐变义表达在句法搭配的选择限制上存在的差异很大，学生产生的句法搭配偏误也最多。

需要特别注意的是与谓词性成分的搭配。韩国语渐变义表达与汉语渐变义表达都能在句中修饰谓语，但由于语义特征的不同，各自对谓语成分的选择限制也不尽相同。首先韩国语渐变义表达对谓语成分的选择限制为具有 [+ 有界]、[+ 变化义] 两个语义特征，而"渐渐"对谓语成分的选择限制为具有 [+ 动态性]、[+ 变化性] 和 [+ 过程性] 三个语义特征。

韩国语表达渐变义的"점점（jeomjeom）"是持续性时间副词，不能表示动作或性状变化的完成实现。而汉语渐变义表达"渐渐"表示的变化具有动态过程性的特点，而且不具有"持续"的语义特征，所以经常与动态助词"了"共现，表示变化过程的实现。根据普拉克特"难度等级模式"，这种情况为目的语中存在的语言项目在母语中不存在，难度等级为四级。学习者在实际使用中容易出现母语负迁移，对目的语中的该项目产生遗漏偏误。

韩国语表达渐变义的副词"점점（jeomjeom）"与辅助动词"‐고있다（go itda，正在）"共现表进行，汉语表达渐变义的副词"渐渐"经常与表进行体的时间副词"正/在/正在"共现，构成"正/在/正在 + 渐渐 +V"格式，表示动作正在进行。由于韩国语中对进行体的体现通过词形变化来实现，词形变化后词语仍然是一个完整的词，所以学生迁移到汉语中会忽略"正/在/正在"这一成分。根据普拉克特"难度等级模式"，这种情况为目的语的语言项目在母语中有对应形式，但语言项目的形式和分布不完全一样，这种干扰造成的难度等级为三级难度。

"渐渐"与另一表达渐变义的"越来越"的搭配成分需要 [+ 有一定的程度义]，而程度副词"更"是有界的词，不具有程度变化，所以"渐渐""越来越"不能与程度副词共现，而韩国语渐变义表达"점점（jeomjeom）""갈수록（galsur-ok）"等都可以与程度副词"더（deo，更）"搭配，这种差异容易使学生产生母语负迁移。

"渐渐"与"점점（jeomjeom）"修饰谓语成分时，对谓词性成分、附加成分和程度副词的选择限制差异，具体差异如表 5-3。

表 5-3 "渐渐"与"점점（jeomjeom）"句法搭配差异

谓词性成分		점점（jeomjeom）	渐渐
动词性成分		—	+
形容词性成分		—	+
附加成分	表完成	—	了/结果补语/趋向补语
	表进行	-고 있다（go itda）	正/在/正在
	表起始	—	起来
	表持续	-가다（gada）	上来/下去
	其他	-지다（jida）	—
程度副词		더（deo）	—

（二）加强与"越来越""逐渐"等相近语义形式的辨析

"渐渐"与其他渐变义形式混用也是韩国学生偏误句中常见的现象，因此教学中要引起重视。"渐渐"与"越来越"语义侧重点有所不同。"渐渐"对谓语成分的选择限制为具有 [+ 动态性] [+ 变化性] [+ 过程性] 三个语义特征，"越来越"结构搭配的成分应具有 [+ 动作性不强] [+ 可变量度] 两个语义特征。"越来越"表示程度随着时间的推移而增加。"越来越"侧重程度的加深，而"渐渐"侧重逐渐变化，具有描摹性特点。在上文中也讲到，"渐渐 X"的使用有三个语境。语境 1，可判断变化前 X 的信息，语义内容为"本来没有 X，现在变 X 了"，也就是程度从无到有逐渐发生质变；语境 2，可判断变化前 X 的信息，语义内容为"本来就 X, 现在更 X 了", 也就是程度逐渐发生量变; 语境 3, 单靠句子或小句无法判断变化是属于质变还是量变, 只能靠前后语境推测或判断。而"越来越 X"较少用在语境 1, 多用于语境 2 和语境 3。"起来"作为趋向补语经常跟在动词或形容词后面表示变化的开始并持续, 汉语渐变义表达"越来越"本身具有变化性和持续性, 与"起来"搭配会造成语义的重复, 所以不能与"起来"共现。

"渐渐"和"逐渐"都表示变化是缓慢的, 但"逐渐"强调动作的变化是依次缓慢进行的, 这种变化是一层深似一层的, "渐渐"则主要表明变化是缓慢的, 一点一点的。

表 5-4 是韩汉渐变义表现形式修饰谓语成分时, 对谓词性成分、附加成分和程度副词的选择限制差异。

表 5-4 韩汉渐变义表现形式句法搭配差异

谓词性成分		점점	갈수록	나날이	渐渐 / 逐渐	越来越	一天比一天
动词性成分		+	+	+	+	+	+
形容词性成分		—	—	—	+	+	+
附加成分	表完成	—	—	—	了 / 结果补语 / 趋向补语	—	—
	表进行	고 있다	고 있다	고 있다	正 / 在 / 正在	—	—
	表起始	—	—	—	起来	—	起来
	表持续	-가다	-가다	-가다	上来 / 下去	—	下去
	其他	-지다	-지다	-지다	—	—	—
程度副词		더	더 / 더욱	더	—	—	更

（三）注意"渐渐"的语序

在与主语的位置关系上，韩国语渐变义表达相对自由，既可以位于主语前，也可以位于主语后，而汉语渐变义表达除了"渐渐"加助词"地"，即"渐渐地"可以作为独立语位于主语前之外，其他两个表达都只能放在句中修饰谓语作状语。另外，当与表对象、处所的状语共现时，韩国语渐变义表达中的"점점（jeomjeom）"可以与其互为前后，汉语渐变义表达中的"渐渐"也可以与其互为前后。

韩汉渐变义表达语序一致而程度不同，学生产生的错序偏误情况也不同。如在与主语的错序上，韩汉渐变义表达的语序一致程度较低，学生的偏误率就较高；在与表对象的状语位置关系上，"渐渐"与韩国语渐变义表达的语序一致程度高，学生的偏误率也就为零。

附：测试卷

一、选择题（可多选）

1. 他（　）长高了。

A. 逐渐 B. 渐渐 C. 越来越 D. 一天比一天

2. 最近的天气（　）冷！

A. 逐渐 B. 渐渐 C. 越来越 D. 一天比一天

3.（　），他懂得了很多道理。

A. 逐渐地 B. 渐渐地 C. 越来越地 D. 一天比一天地

4. 来中国学习汉语的人（　）多起来了。

A. 逐渐 B. 渐渐 C. 越来越 D. 一天比一天

5.（　）多的人加入了这个公司。

A. 逐渐 B. 渐渐 C. 越来越 D. 一天比一天

6. 一次又一次的失败使他（　　　）失去了信心。

A. 逐渐 B. 渐渐 C. 越来越 D. 一天比一天

二、请将下面的字、词或短语连成句子

1. 他的 渐渐 变得 眼前 空白

2. 渐渐 我 了 看法 改变 对 他的

3. 感到 渐渐 不安 开始 了 我们

4. 变 他 越来越 得 奇怪 了

5. 越来越 他的 渐渐 朋友 地 多

6. 越来越 我 中国歌曲 了 渐渐 听

三、请用"渐渐""越来越""一天比一天"将下面的句子翻译成汉语

1. 태양이 점점 저물기 시작한다.

2. 나는 이후의 생활에 대해 점점 더 자신이 있다.

3. 베이징의 교통난은 (堵车) 점점 더 심해지고 있다.

4. 그는 점점 더 빨리 달린다.

5. 나는 세계가 점점 좋아질 것이라 믿는다.

6. 지구에 사는 많은 동물들이 점점 사라지고 있다.

7. 그가 유명해진 다음에, 친구들을 향한 그의 태도는 점점 나빠졌다.

8. 중국에 몇 년 살고난후, 나의 중국어 실력은 점점 높아졌다.

9. 공기가 갈수록 더욱 희박 (稀薄) 해졌다.

10. 자라고 나니, 부모들이 자녀를 사랑하는 마음을 갈수록 더 잘 이해할 수 있게 되었다.

11. 춘절이 얼마 지나지 않아 날씨가 점점 따뜻해지기 시작했다.

12. 점점 늦어지는 귀가 시간에 안해가 화를 낸다.

第六章 副词"又""再""重新"

副词"又""再""重新"都表示重复义。例如：

（1）他昨天迟到，今天又迟到了。

（2）刚才我没听清楚，你再说一遍。

（3）治疗一个多月后，我的头发重新长出来了。

在教学过程中发现，韩国学生容易出现"又""再""重新"混用的情况，也容易出现"又""再""重新"与"还""也"等混用的情况。

韩国语常用的重复义副词有"다시（dasi）""또（ddo）"，与汉语重复义副词的对应错综复杂。例如：

（4）그녀가 호통을 치자 개는 <u>다시</u> 뒷자리로 돌아 가_웅크리고_엎드린다.

　　　她一喊，狗<u>又</u>回到后面座位上，趴下了。

（5）꿈에서 깨어나면 진짜 울고 난 것처럼 머리가 지끈거렸다. <u>다시</u> 드러누우려다가 여자와 함께 부석사에 가기로 했던 일이 생각났다.

　　　从梦里醒来，就像真的痛哭过一场似的，头部剧烈疼痛，想<u>再</u>躺下时，突然想起和那个女人约好一起去浮石寺的事情。

（6）그냥 그러고 앉아있을 수도 없는 일이라 쯧쯧거리며 그녀는 <u>다시</u> 등나무 쪽으로 돌아왔다.

　　　反正也不能就这么坐着，她就讪讪地<u>重新</u>回到藤树下。

（7）다시 그런 소릴 하면 그냥 두지 않겠다.

　　　下次<u>还 / 再</u>说这样的话，我就不放过你了。

例（4）—（7），韩国语"다시（dasi）"分别对应汉语"又""再""重新""还"。再看下例：

（8）이번에도 똑 같은 사고가 또 났다.

　　这次又发生了同样的事故。

（9）다음에 또 연락을 드리겠습니다.

　　下次再联系。

（10）나중에 우리 또 볼수 있을까?

　　以后我们还能见面吗?

（11）그는 시도 쓰고 또 소설도 쓴다.

　　他写诗，也写小说。

例（8）—（11），韩国语"또（ddo）"分别对应汉语"又""再""还""也"。

韩汉两种语言重复义副词之间的对应关系如此复杂，自然给学习者带来不少干扰。本章主要围绕三个重复义副词"又""再""重新"，考察韩国学生习得重复义副词的情况，同时尝试探讨学生使用重复义副词时母语如何产生干扰。本章的研究步骤主要分三步：首先基于 HSK 动态作文语料库，了解韩国学生习得汉语重复义副词的基本情况。其次基于语言对比及 HSK 动态作文语料库的分析，设计问卷调查，了解韩国学生习得情况。最后基于数据分析揭示韩国学生习得汉语重复义副词的特点及母语影响表现。

第二语言学习者习得一门外语时，出现偏误的原因往往不止一种，如母语迁移、目的语规则的泛化、学习者的自身因素、教师教学方式、教材等方面的影响。本章节主要从母语影响的角度探讨韩国学生习得汉语重复义副词时出现偏误的原因。

一、偏误类型

我们对 HSK 动态作文语料库中韩国人习得汉语重复义词"又""再""重新"的偏误进行了考察分析，得出的偏误类型有四种，分别是遗漏、误加、误用和错序。

（一）遗　漏

1.类型1："又"的遗漏

a＊家里只有一个电视，我们一起商量了，买了一个电视机。

例a，根据原始语料，了解到原意是已经有了一台电视机，然后又买了一台电视机，表示的是已然的重复，因此须在句中添加表示重复的副词"又"。类型1的偏误句正确表达方式为：

a′家里只有一台电视机，我们商量后又买了一台电视机。

2.类型2："再"的遗漏

a＊从此以后，那个壶里的水喝也不干了。

b＊所以决定不写信给父母。

c＊我过两个月就可以回到你们的身边了，别担心我。

类型2的例a，想表达的是"喝"这个动作一直重复，但是壶里的水也不会干，因此须在动词"喝"前加上表示重复的副词"再"。例b中，说话人想表达的是以后不给父母写信了，不再重复以前给父母写信的行为，因此须用"否定副词＋再"的形式。例c中时间的流逝有重复性，因此句中表示两个月以后，要加上表示重复的"再"，表示"再过两个月"。类型2的偏误句正确表达方式为：

a′从此以后，那个壶里的水再喝也不干了。

b′所以决定不再写信给父母。

c′我过两个月就可以再回到你们的身边了，别担心我。

3.类型3："重新"的遗漏

a＊现在已经到了大家要考虑吸烟的危害的时候了。

b＊现在，人们采取造树等地措施来考虑自己的地球。

参照上下文，可以发现上述两个例句该用副词"重新"而没用。例a，通过前后语境可以判断，"过去人们没有很好地考虑吸烟的危害"，但现在情况却有变化，因此须用表示"从头另行开始"的"重新"。例b，表示"现在人们从头另行开始考虑自己的地球"，因此也应加"重新"。类型 2 的偏误句正确表达方式为：

　　a′ 现在已经到了大家要重新考虑吸烟的危害的时候了。

　　b′ 现在，人们采取植树等措施来重新考虑自己的地球了。

（二）冗　余

1. 类型 4："又"的误加

a ★ 但是，后来又第三个和尚来的时候，他们的轮序情况也好多了。

b ★ 它不仅危害着抽烟本人的身体健康，而且又影响了周围人的身体。

c ★ 抓农业害虫的"高手"青蛙，还有蛇和又吃害虫的益鸟等。

d ★ 我再又可以你见面吗？

　　例 a，表达的是第三个和尚来的时候情况如何，因为之前已经来了两个和尚，因此学生误加了表示重复的副词"又"。例 b，"不仅"表示的是除所说的意思之外，还有更进一层的意思。此句中后一小句已用了"而且"呼应，因此用"又"就是多余的。例 c，蛇和吃害虫的益鸟是并列关系，此结构中并不存在重复义，因此不能用表示重复的副词"又"。例 d 是两个重复义副词叠加使用的情况，这主要是受母语负迁移干扰所致。例如：

　　（12）나 다시 또 너를　　만날 수 있겠니？

　　　　　我 再　　又 你-宾格 见面-可能态-疑问词尾

　　例（12）中"다시 또（dasi ddo）"是重复义副词的连用，而汉语没有"再"与"又"一起连用的情况，因此我们不能说"＊我又能再次见面你吗？""＊我再又可以你见面吗？"

　　类型 4 的偏误句正确表达方式为：

　　a′ 但是，后来第三个和尚来的时候，他们的轮序情况也好多了。

　　b′ 它不仅危害着抽烟本人的身体健康，而且影响了周围人的身体。

　　c′ 抓农业害虫的"高手"有青蛙，还有蛇和吃害虫的益鸟等。

d′ 我可以再见到你吗?

2. 类型 5:"再"的误加

a★ 过了以后我们才明白,我们也是<u>再</u>犯了一样的错误。

b★ 解决基本的问题以后,才能<u>再</u>重视吃的品质。

c★ 我们应该阻止吸烟者在公共场所抽烟,要<u>再</u>给他们一个能吸烟的空间。

"我们也是再犯了一样的错误。"其中"也"已表示重复,"再"用在此处既重复又不合语法规范。例 b,"解决基本问题"是"重视吃的品质"的前提,因此用"才"便可,无须用"再"。例 c,"我认为我们应该阻止吸烟者在公共场所抽烟,而再给他们一个能吸烟的空间",这表达的是一种转折关系,因此有"而"即可,无须用"再"。类型 5 的偏误句正确表达方式为:

a′ 过了以后我们才明白,我们也犯了一样的错误。

b′ 解决基本的问题以后,才能重视吃的品质。

c′ 我们应该阻止吸烟者在公共场所抽烟,要给他们一个能吸烟的空间。

(三)误 用

1. 类型 6:"又"与"还"的混用

a★ 当时,绝对是我的错,我都不知道父亲得了重病,而且<u>又</u>每天去外面跟朋友们玩。

b★ 后来<u>还</u>有一个和尚来了。

例 a 表示每天去外面跟朋友们玩的动作的持续,因此应用"还"而不用"又"。例 b 表示又来了一个和尚,指已实现的动作,因此应该用"又",不应该用"还"。

类型 6 的偏误句正确表达方式为:

a′ 当时,绝对是我的错,我都不知道父亲得了重病,而且还每天去外面跟朋友们玩。

b′ 后来又有一个和尚来了。

2.类型 7:"又"与"再"的混用

a ★ 这是错误的表达,你又说一遍。

b ★ 我们下次又见吧。

c ★ 我再看了看这个礼物,越看越喜欢。

d ★ 医生再说,我是因为吸了烟气才咳嗽的。

类型 7 的例 a 和例 b,动作"说"和"见"是未发生的,而且说话人这个动作重复发生,因此应用表示未然的"再"。"再"多用于祈使句。例 c 和例 d 表示的都是已经发生的动作的重复,因此应该用表重复的副词"又",不应用"再"。

例 a 翻译成韩国语如下:

(13) 다시 한번 말해봅시다.

　　　再　一次 说 看看 – 祈使词尾

(14) 한번 더 말해봅시다.

　　　一次 更 说 看看 – 祈使词尾

例 b 翻译成韩国语如下:

(15) 우리 또 만나.

　　　我们 ddo 见

(16) 우리 다시 만나.

　　　我们 dasi 见

从例(13)—(16)可看出,韩国语"다시(dasi)"和"더(deo)"都表示动作的再次重复且发生在未来。当句子需要表示"再(一)次"时,韩国学生习惯用"又"来表示,且不分时态。也就是说受母语影响,学生想表示动作再次重复,且发生在未来时易将"再"混用为"又"。

例 c,表示"看"这个动作的多次重复且发生在过去,因此须用"又"。韩国语可译为:

(17) 나는　　　다시 한번 이 선물을　　　보았다.

　　　我 – 话题格 dasi 一次 这 礼物 – 宾格 看 – 过去时态 – 终结词尾

（18）나는　　　한번 더 이 선물을　　　보았다.

　　　我–话题格 一次 deo 这 礼物–宾格 看–过去时态–终结词尾

（19）나는　　　이 선물을　　　보고　　　또 보았다.

　　　我–话题格 这 礼物–宾格 看–连接词 ddo 看–过去时态–终结词尾

韩国语"다시（dasi）""또（ddo）"和"더（deo）"都表示动作的再次重复且发生在过去。韩国学生习惯将"다시（dasi）"对应为汉语的"再"，因此受母语影响，学生想表示动作再次重复，且发生在过去时易将"又"混用为"再"。

类型 7 的偏误句正确表达方式为：

a′ 这是错误的表达，你再说一遍。

b′ 我们下次再见吧。

c′ 我又看了看这个礼物，越看越喜欢。

d′ 医生又说，我是因为吸了烟气才咳嗽的。

3. 类型 8："又"与"也"的混用

a ★ 总之，我作为一个喜欢音乐的人，我很喜欢听流行歌，我又很喜欢那种歌的所有的音乐。

b ★ 他前天又来了，昨天又来了。

例 a 的"我很喜欢听流行歌，我又很喜欢那种歌的所有的音乐"，主语相同，谓语动词相同，宾语不同，因此应用表示"类同"的"也"。

例 b 用了两次"又"，前一分句的"又"应改为"也"或省去"又"。韩国语可译为：

（20）그는　　　그저께도 오고　　　어제도 왔다.

　　　他–话题格 前天 也　来–连接词 昨天也 来–过去时–终结词尾

（21）그는 그저께도 오고 어제 또 왔다.

　　　他–话题格 前天 也 来–连接词 昨天 ddo 来–过去时–终结词尾

例（20）和例（21）语义相同，可能是学生混用"又"和"也"的原因。

类型 8 的偏误句正确表达方式为：

a′ 总之，我作为一个喜欢听音乐的人，很喜欢听流行歌，我也很喜欢那种歌的所有的音乐。

b′ 他前天也来了，昨天又来了。

4. 类型 9："再"与"还"的混用

a ＊一个人的生活上还加一个人的话，就是组成共同的生活。

b ＊我去过三次北京，今年我再能去一次北京就好了。

c ＊这部电影，我再要看一遍。

d ＊老师，我不太清楚这个单词的意思，请还说明一次。

例 a，意思是"在一个人的基础上如果再加上一个人的话"，表示的是假设的重复，而且陈述的是一种客观的情况，并没有特别强烈的主观情感，因此应用表示假设重复的"再"，而不用"还"。

例 b，是重复义副词与能愿动词的位置和语义问题。句子表示希望"去北京"这一动作的再次重复且发生在将来，因此须用"还"。韩国语可译为：

（22）나는　　　　북경에　　　세번 가본 적이 있지만 올해 또 한 번 가면

　　　　我–话题格 北京–位格 三次 去过–连接词　　　今年 ddo 一次 去

　　　좋겠다 .

　　　希望–终结词尾

（23）나는　　　　　북경에　　　세번 가본 적이 있지만 올해 다시 한 번 가면

　　　　我–话题格 北京–位格 三次 去过–连接词　　　今年 dasi 一次 去

　　　좋겠다 .

　　　希望–终结词尾

（24）나는　　　　북경에　　　세번 가본 적이 있지만 올해 한 번 더 가면

　　　　我–话题格 北京–位格 三次 去过–连接词　　　今年 一次 更 去

　　　좋겠다 .

　　　希望–终结词尾

韩国语"다시（dasi）""또（ddo）"和"더（deo）"都可以在此语境中使用，且都位于能愿动词"–（으）면 좋겠다（eomieon joggetda，希望）"之前。学生受母语影响没有考虑重复义副词与能愿动词的位置，简单地认为动作的再次重复应该用"再"来表示，缺乏重复义词与能愿动词的搭配顺序意识，因而出现偏误。

例c，想表示希望"看电影"这一动作的再次重复且发生在将来，此时用"还"才是正确的。韩国语可译为：

（25）나는　　　이 영화를　　또 한번 보고 싶다.

　　　我–话题格 这 电影–宾格 ddo 一次 看　想–终结词尾

（26）나는　　　이 영화를　　다시 한번 보고 싶다.

　　　我–话题格 这 电影–宾格 dasi　一次 看　想–终结词尾

（27）나는　　　이 영화를　　한번 더 보고 싶다.

　　　我–话题格 这 电影–宾格 一次 deo 看　想–终结词尾

韩国语"다시（dasi）""또（ddo）"和"더（deo）"都可以在此语境中使用，且都位于表意愿的辅助动词"–고 싶다（go sipda）"之前。学生受母语影响没有考虑重复义副词与能愿动词的位置，简单地认为动作的再次重复应该用"再"来表示，缺乏重复义词与能愿动词的搭配顺序意识，因而出现了偏误。

类型9的偏误句正确表达方式为：

a' 一个人的生活上再加一个人，就是组成共同的生活。

b' 我去过三次北京，今年我还能去一次北京就好了。

c' 这部电影，我还要看一遍。

d' 老师，我不太清楚这个单词的意思，请再说明一次。

5. 类型10："重新"与"再""又"的混用

a★按照我的看法，社会应该再重视这个问题，给未来的父母提供对他们父母的角色的一种好的准备。

b★我那时重新感谢了父亲。

c★虽然现在他离我这儿很远，但是我总是觉得他看着我，重新决心。

上三例是"重新"与"再"或"又"混用的情况。例a，根据前后语境可以判断，句子想要表达的是"重视"这一动作的"再一次"重复，因此要用"重新"。例b和例c，此时不能用"重新"，"重新"通常修饰的是表示动作行为的动词。类型10的偏误句正确表达方式为：

a′ 依我看，社会应该重新重视这个问题，给未来的父母提供做一个好父母的学习条件。

b′ 我那时再一次感谢了父亲。

c′ 虽然现在他在离我这儿很远的地方，但是我总是觉得他在看着我，于是又有了决心。

（四）错 序

1.类型11："又""再"与能愿动词的语序

a★我想又买一本汉语词典了。

b★这件事，我再要考虑一下。

c★今天分手以后，我再可以见你一面吗？

d★我再想买一本汉语词典。

上举四个例句均为与能愿动词的语序问题。"又"与能愿动词共现时，要位于能愿动词前，而"再"与能愿动词共现时要位于能愿动词后。韩国语中，表意愿的辅助动词"－아／어／여 야하다（a/eo/ieo iahada）""－려고하다（rieogo hada）"等在句尾。例如：

（28）나는　　　그 일을　　다시 한번 생각해야 한다.

　　　我–话题格 那 事–宾格 dasi 一次 思考–应该–终结词尾

（29）나는　　　중국어 사전을　　또 사려고 한다.

　　　我–话题格 汉语 词典–宾格 ddo 买–打算–终结词尾

如上，韩国语重复义副词与能愿辅助动词连用时，能愿辅助动词都在句子的末尾，但是汉语中不同的重复义副词与能愿动词搭配语序不同。学生受母语影响，以及目的语知识不够扎实而产生了偏误。

类型 11 的偏误句正确表达方式为：

a′ 我又想买一本汉语词典了。

b′ 这件事，我要再考虑一下。

c′ 今天分手以后，我可以再见你一面吗？

d′ 我想再买一本汉语词典。

2. 类型 12："再"与否定副词的语序

a ★ 以后我<u>再</u>跟他<u>不</u>开玩笑。

b ★ 再唱完一首，就<u>再</u><u>不</u>唱了。

c ★ 我也<u>不</u><u>再</u>来了，永远也不来了。

"再"与否定词共现时，有时在否定词前，有时在否定词后。否定词在前，表示动作不重复或不继续下去；否定词在后，中间有时加"也"，有"永远不"的意思。韩国语的否定词"－지 않겠다（ji angetda）"在句子的末尾，且附着在动词后。汉语否定词则需要与<u>重复义副词</u>紧密相连。学生受母语影响，出现否定词与动词连用的情况。

类型 12 的偏误句正确表达方式为：

a′ 以后我不再跟他开玩笑。

b′ 再唱完一首，就不再唱了。

c′ 我再也不来了，永远也不来了。

二、数据分析及讨论

（一）基于 HSK 动态作文语料库的分析

首先我们看一下 HSK 动态作文语料库中韩国学生使用"又""再""重新"的基本情况。先看下表 6-1：

表6-1 HSK动态作文语料库"又""再""重新"的偏误情况

	偏误句数（例）		偏误类型及数量（例）		分布比例（%）	
又	总偏误 （47例）	重复义（12）	遗漏	1	25.5	8.3
			冗余	5		41.7
			误用	6		50
		其它义（35）	–	35	74.5	
再	总偏误 （53例）	重复义（22）	遗漏	6	41.5	27.3
			冗余	4		18.2
			误用	12		54.5
		其它义（31）	–	31	58.5	
重新	总偏误 （20例）	重复义（20）	遗漏	2	100	10
			冗余	0		0
			误用	18		90

比较"又""再""重新"三个副词，HSK动态作文语料库中，"再"和"有"的偏误句较多，分别有53例和47例，"重新"的偏误句较少，共20例。副词"又""再"，除了表达重复义，还具有其他语义，表示重复义的"再""又"的偏误句分别有22例和12例。

虽然语料总数不多，但是可总结出以下偏误类型特点：1.偏误类型集中在遗漏、冗余、误用三类。错序现象在HSK动态作文语料库中未见。2.三个副词，偏误类型分布呈现不同。"重新"和"再"的偏误集中在误用类，"又"的偏误主要在冗余、误用两类。具体可参考图6-1。

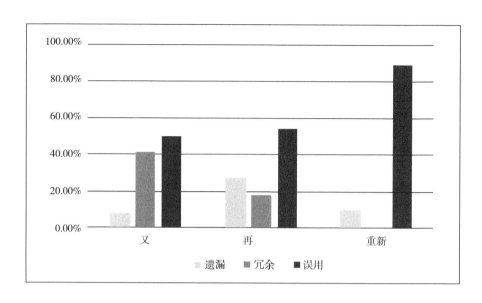

图 6-1：HSK 动态作为语料库中重复义副词偏误类型分布

（二）基于问卷调查的分析

我们对北京语言大学汉语学院不同年级韩国学生进行了两次小规模的问卷调查，了解了不同汉语水平的韩国学生在习得汉语重复义副词的偏误情况，修改、完善了问卷内容。问卷调查，共发放问卷 90 份，回收 90 份，其中有效问卷有 75 份（其中包括初级阶段学生问卷 28 份，中级阶段学生问卷 26 份，高级阶段学生问卷 21 份）。

我们以对北京语言大学 HSK 动态语料库中韩国学生习得汉语重复义词的偏误情况和韩汉重复义词对比研究为基础，设计了一份调查问卷。问卷设计了三种题型，分别是选择题、判断题和翻译题，共 31 道题。根据我们前期对韩汉重复义词之间差异的了解，韩汉语之间的重复义副词并不存在简单的一一对应或多对一、一对多的情况。因此，本文在设计问卷题目的时候主要从语义、语序和句法制约的角度考察母语对韩国学生的影响。一方面，主要通过选择题考察学生是否掌握了汉语中这四个词的语义，在分析时跟韩国语对应，看学生出现偏误时母语的对应情况如何，回答正确时母语又是否和汉语对应。这部分主要考察学生是否会出现混用的情况。另一方面，从语序和句法制约的角度考察。根据前期的了解，我们知道韩国语能愿辅助动词、否定副词等主要位于句尾，而且表达重复义的副词位置也较为灵活，对于时态的选择也较为自由。因此根据韩汉两种语言的差异，设计了翻译题和判断题来考察韩国学生是否会出现错序、误加、遗漏等情况。

测试卷分析结果如下：

1. "又""再""重新"与韩国语重复义副词"또（ddo）""다시（dasi）"及干扰项"도（do）"的对应连线题中，学生们均将"또（ddo）"对应为"又"，"다시（dasi）"对应为"再"和"重新"。

2. 我们共搜集了2325条与重复义表达相关的句子，其中正确的有1533例，占句子总数的65.94%，偏误句有792例，占句子总数的34.06%。

3. 分析792例偏误句发现，韩国学生在习得汉语重复义副词时主要出现四种偏误类型，分别是遗漏、冗余、误用和错序。其中误用类偏误最常见，占偏误句的55.56%，其次是错序类偏误，占偏误句的27.91%，相对而言，冗余和遗漏偏误数量较少，偏误占比分别为10.61%和4.92%。这与基于HSK动态作文语料库的分析大体相近，不同的是基于测试的分析，我们发现错序类偏误也比较常见，尤其是初级学习阶段。详细数据可参考表6-2。

表6-2 重复义副词15种偏误类型分布情况

偏误类型			偏误句（例）	分布比例（%）	
遗漏	类型1	"又"的遗漏	13	1.64	4.92
	类型2	"再"的遗漏	18	2.27	
	类型3	"重新"的遗漏	8	1.01	

续表

偏误类型			偏误句（例）	分布比例（%）	
冗余	类型4	"又"的误加	36	4.55	10.61
	类型5	"再"的误加	48	6.06	
误用	类型6	"又"与"还"的混用	109	13.76	55.56
	类型7	"又"与"再"的混用	122	15.40	
	类型8	"又"与"也"的混用	64	8.08	
	类型9	"再"与"还"的混用	82	10.35	
	类型10	"重新"与"再""又"的混用	63	7.95	
错序	类型11	"又""再"与能愿动词的语序	90	11.36	27.91
	类型12	"再"与否定副词的语序	139	17.55	

4.韩国学生使用汉语重复义副词的偏误情况大多随着学习者汉语水平的提升而呈现下降趋势，但偶有先降后升的情况，如类型3、类型6、类型10等。有的类型到中高级阶段也出现较多偏误，如类型6、类型7、类型8等。详见表6-3。

表6-3　重复义副词不同学习阶段偏误数量　　　　　单位：例

偏误类型	偏误句总数	初级阶段	中级阶段	高级阶段
类型1	13	8	4	1
类型2	18	14	2	2
类型3	8	6	0	2
类型4	36	14	14	8

续表

偏误类型	偏误句总数	初级阶段	中级阶段	高级阶段
类型 5	48	22	17	9
类型 6	109	54	18	37
类型 7	122	63	48	11
类型 8	64	22	22	20
类型 9	82	38	29	15
类型 10	63	27	17	19
类型 11	90	51	21	18
类型 12	139	94	23	22

三、教学启示

面向韩国学生的副词"又""再""重新"的教学需要重视以下几方面问题。

（一）注重重复义副词之间的辨析

从韩国学生的偏误情况来看，误用类偏误是最常见、最集中的。因此我们可以说，重复义副词之间的辨析是教学的重点及难点。《国际中文教育中文水平等级标准》的语法等级大纲中，副词"再""还""也"为一级语法点，"又"为二级语法点。也就是说，学生在初级阶段比较集中地接触到这几个副词，因此辨析教学应从初级阶段开始。

通过对上文韩国学生使用汉语重复义副词的偏误分析，发现韩汉两种语言重复义词在句中的语义与学生所预设的不一致、语序存在差异、句法制约不同时，学生的偏误率较高。但是语义和语序较为对应时，学生的偏误率就较低。因此，重复义副词之间的辨析，也可结合学生的母语进行。

吕叔湘等（1999）认为："又"表示一个动作（状态）重复发生，两个动作（状态）相继发生或反复交替[①]；"再"表示一个动作（或者一种状态）重复或者继续；"重新"表示从头另行开始或再一次[②]；"还"表示动作或状态持续不变，仍然[③]；"也"，表示两事相同。"再"和"又"表示的重复常常是动作中间有个停顿阶段，动作结束后才又开始的，即间断的延续；而"还"表示将来重复时中间常常没有停顿，即非间断的延续。也就是说，"再"表现的是"断"后之重复，即动作行为在一个阶段结束之后的重复；"还"表现的是"连"之延续，即动作行为不间断的延续。"又"还可以表示周期性的重复。此外，"再"和"又"可以作为一种表达时态的手段。[④]

很多教材讲解到"又"表示已然，"再"表示未然。初级阶段我们可以采用这个方法讲解，但要补充说明的是，这不是绝对的。陆俭明、马真（1999）认为[⑤]"又"用在陈述过去的事实时，既能表示重复，也能表示追加。"还"在陈述过去的事实时，不能表示重复，只能表示追加。"再"不能用于陈述过去的事实。用于说过去并未成为事实而只是一种虚拟假设的事情时，"再"既能用来表示重复，也能表示追加。用"还"则要受到限制。"又"不能用来表示重复，可以用来表示追加，但必须与"能"共现。用来说未来非假设的事情时，"再"和"还"都既能表示重复，也能表示追加。"又"一般不能用来说未来非假设的事。但在表示提醒性劝阻时和说到有规律性的重复情况时可以用。说未来假设的事，不管是表示重复还是追加，"再""还""又"都能用，只是"再"的使用频率更高。刘建华（2007）认为，"也"表示的是主体与其他事物发生或出现相同的动作行为或状态。

---

① 吕叔湘主编：《现代汉语八百词（增订本）》，560 页，北京，商务印书馆，1999。

② 同①，569 页。

③ 同①，221 页。

④ 同①，522 页。

⑤ 陆俭明、马真：《现代汉语虚词散论》，128~139 页，北京，语文出版社，1999。

"也"没有已然或未然的截然区分，因此也就没时态上的限制。[①]

（二）注重语序教学

汉语中"又""还""也"位于能愿动词之前，"再"位于能愿动词之后，语序较为固定。比较而言，韩国语重复义副词位置灵活。韩国语重复义副词与表示意愿的动词连用时，意愿动词可以位于重复义副词后，位于句尾，且重复义词与表意愿动词中间可以有其他成分。但汉语则不然，重复义副词与能愿动词之间通常不能有其他成分。

重复义副词与否定副词连用时，我们也要注意。韩国语中否定形式"－지 않겠다（ji angetda）"附着在动词后，从而导致学生对重复义副词与否定副词的连用较陌生。汉语的"再"与否定词连用时，否定词位于"再"前或"再"后都可，但要与"再"紧密连接使用。

（三）注重使用重复义副词时的语法制约

韩国语"다시（dasi）""또（ddo）"在对话中可以单独使用，但是汉语不存在表示重复的副词单独使用的情况。韩国学生在用汉语表达时，受母语影响，容易使句子成分缺失。另外，韩国语重复义副词都可以用在祈使句，而汉语的重复义副词中"重新""再"和"也"可以用在祈使句，"又"则不能。

附：测试卷

一、你觉得汉语中重复义副词"再""还""重新"和韩国语中的哪些词对应？（请连线）

再　　　　다시

又　　　　또

重新　　　도

---

① 刘建华：《副词"还、也、又、再"的重复义研究》，延吉，延边大学硕士学位论文，2007。

二、请选出正确的答案

1. 他说错了,( )说了一遍。

A. 再 B. 重新 C. 也 D. 又 E. 还

2. 他前天( )来了,昨天( )来了。

A. 再、再 B. 还、还 C. 也、也 D. 又、又 E. 重新、重新

3. 我去过三次北京,今年我( )能去一次北京就好了。

A. 再 B. 还 C. 也 D. 又 E. 重新

4. 我( )看了看这个礼物,越看越喜欢。

A. 再 B. 还 C. 也 D. 又 E. 重新

5. 我的话还没说完,你让他( )来一趟办公室。

A. 再 B. 还 C. 也 D. 又 E. 重新

6. 老师一次( )一次地告诉我们,要认真学习汉语。

A. 再 B. 还 C. 也 D. 又 E. 重新

三、判断正误并改正

1. 我也不再来了,永远也不来了。( )改正:

2. 我们下次又见吧。( )改正:

3. 这件事,我再要考虑。( )改正:

4. 我们重新决心,以后再也不做这样的事儿了。( )改正:

5. 以前我们努力学习,现在我们再努力学习。( )改正:

四、请将下面的句子翻译成汉语

1. 오늘 두 학생이 또 학교에 오지 않았다.

2. 세일 해서 (打折) 과자 하나 더 샀다.

3. 나는 중국어 사전을 또 사려고 한다.

4. 밥도 과일도 먹었다.

5. 나 다시 또 너를 만날 수 있겠니?

6. A: 큰 소리로 한번 읽어보세요. B: 다시요?

7. 오늘 저녁에도 또 냉면 (冷面) .

8. 그는 또 한 개 더 가졌다 .

9. 그 녀를 이 세상에서 다시 볼 수 없게 되었다 .

10. 다시 한 번 시도해 보는 게 어떠냐 ?

11. 그 영화는 정말 재미있어요 , 또 한번 봅시다 .

12. 선생님 , 그 단어를 잘 모르겠어요 , 다시 한 번 설명해 주세요 .

13. 어제 그를 만났고 오늘도 그를 만났다 .

14. 이 후에 다시는 그와 농담하 (开玩笑) 지 않겠다 .

15. 날씨가 아직은 많이 춥지 않다 .

16. 나는 가족 (家人) 이랑 같이 제주도 (济州岛) 에 다시 한 번 더 가고싶다 .

17. 나는 이 소설 (小说) 을 또 읽고 있다 .

18. 나는 오늘도 박물관에 가 보고 싶다 .

19. 나는 지금 아빠를 제일 좋아하고 , 아빠를 가장 존경 (尊敬) 해 .

20. 다시는 혼자서 여행가고 싶은 생각이 없다 .

第七章　动态助词"了"

汉语教学中"了"是一个非常重要又难讲的语法点。对韩国学生而言，无论学习时间的长短，也无论掌握汉语程度的高低，有关"了"的偏误在其所有病句中所占的比重都比较大。主要是因为助词"了"在实际语言表达中使用频率高，使用条件复杂。

助词"了"分为两类：一是动态助词"了"，二是语气助词"了"，这两类"了"在《国际中文教育中文水平等级标准》的语法等级大纲中属于初等一级。动态助词"了"强调动作或变化已经完成，语气助词"了"表示变化或出现新的情况。例如：

（1）今天做了一天的作业。（动态助词）

（2）春天了，桃花都开了。（语气助词）

有时"了"既表示动作或变化已经完成，又表示变化或出现新的情况。例如：

（3）今天的作业我做完了。

本章讨论的是动态助词"了"，语气助词"了"暂不讨论，也就是说例（1）和例（3）中的"了"是本次考察的主要对象。

本章主要以问卷调查为语料来源，采用相对静态的偏误分析法，探讨韩国学生学习汉语动态助词"了"的一些基本问题。

一、偏误类型

韩国学生习得汉语动态助词"了"时出现的偏误主要有冗余、遗漏、错序、误用四类。

（一）冗　余

1. 类型 1："没/没有 VO"与"了"

a ★ 他<u>没通知</u>了我。

b ★ 那本书我看完了，<u>还没有还图书馆</u>了。

c ★ 我<u>还没做完作业</u>了。

"V 了 O"的否定式"没/没有 VO"后面不能加"了"，但上举三个例句却加了"了"。类型 1 的偏误句正确表达方式为：

a′ 他没通知我。

b′ 那本书我看完了，还没有还图书馆。

c′ 我还没做完作业。

2. 类型 2："常常"与"了"

a ★ 每次来，他总是<u>点</u>了一瓶啤酒和一碟花生米。

b ★ <u>每到九月十日</u>，我们学校都举行了纪念活动。

c ★ 那个时候我们<u>每个周末都去爬山</u>了。

如果句子要表达是过去常常发生的，或者是有规律发生的事件，一般不用"了"。这类句子中通常有"常常""经常""时常""往往""不断""始终""一向""向来""从来""老（是）""总（是）""一直"等副词。这类副词主要表示事情、行为、动作发生的频率，其动作行为特点是相对静止、稳定，在相当长的一段时间内保持不变，因此其后不能用旨在表示完成的"了"。类型 2 的偏误句正确表达方式为：

a′ 每次来，他总是点一瓶啤酒和一碟花生米。

b′ 每到九月十日，我们学校都举行纪念活动。

c′ 那个时候我们每个周末都去爬山。

3. 类型 3：连动句与"了"

a ★ 上午我们<u>坐</u>了汽车<u>去</u>中日友好医院。

b ★ 他们想了办法解决这个问题。

c ★ 昨天我去了超市买东西。

连动句中，前一个动词后一般不能加"了"，此时"了"要加在第二个动词后。因此，类型 2 的偏误句正确表达方式为：

a′ 上午我们坐汽车去了中日友好医院。

b′ 他们想办法解决了这个问题。

c′ 昨天我去超市买了东西。

4. 类型 4：言说类动词与"了"

a ★ 他伸手接过去我的礼物说了："谢谢你"。

b ★ 他看了一会儿，转身对孩子们喊了："赶快排队！"

c ★ 他看着我，问了："你怎么想?"

言说动词后如果是"直接引语"，动词后面一般不能加"了"。言说类动词有，"讲、喊、回答、说、问"等。类型 4 的偏误句正确表达方式为：

a′ 他伸手接过去我的礼物说："谢谢你"。

b′ 他看了一会儿，转身对孩子们喊："赶快排队！"

c′ 他看着我，问："你怎么想?"

5. 类型 5：谓词性宾语与"了"

a ★ 他答应了毕业以后还要到农村来。

b ★ 跟他谈话以后，我发现了他是个很有意思的人。

c ★ 我们听到了家乡获得了大丰收，高兴极了。

句子中的宾语如果是谓词性的，或者是小句，谓语动词后通常不能加"了"。上举例 a 中宾语是动词短语"毕业以后还要到农村来"，例 b 和例 c 中的宾语是小句"他是个很有意思的人""家乡获得了大丰收"。可以带谓词性宾语的动词有"喜欢、发现、决定、答应、以为、希望""可以、能、要、愿意"等。只能带谓词性词语做宾语的动词不能与动态助词"了"同现；那些既能带体词性宾语又能带谓词性宾语的动词，当它带体词性宾语时，动态助词"了"可以出现；当它带谓词性宾语时，动态助词"了"一般不能出现。类型5的偏误句正确表达方式为：

　　a′ 他答应毕业以后还要到农村来。

　　b′ 跟他谈话以后，我发现他是个很有意思的人。

　　c′ 我们听到家乡获得了大丰收，高兴极了。

　　6. 类型6：心理动词与"了"

　　a ★我想念了过去在韩国的生活。

　　b ★看她说一口流利的汉语，我羡慕了。

　　c ★因为那件事儿我恨了他。

"爱""恨""羡慕""想念"等心理动词表示完成，通常也不用"了"。类型6的偏误句正确表达方式为：

　　a′ 我想念过去在韩国的生活。

　　b′ 看她说一口流利的汉语，我很羡慕。

　　c′ 因为那件事儿我恨他。

　　7. 类型7："正／正在／在"与"了"

　　a ★我们去幼儿园时，小朋友们<u>在</u>唱歌了。

　　b ★我到他宿舍得时候，他<u>正在</u>做运动了。

　　c ★我去找大卫，他<u>正在</u>宿舍写作业了。

"了"不能和"正／正在／在"等表进行或持续的副词共现。类型7的偏误句正确表达方式为：

　　a′ 我们去幼儿园时，小朋友们在唱歌。

　　b′ 我到他宿舍的时候，他正在做运动。

　　c′ 我去找大卫，他正在宿舍写作业。

　　在教学中发现，对韩国学生来说不是完全不了解"了"的主要语法功能——表示完成，但仍会出现诸如该用"了"时不用的遗漏偏误或不该用时却用的冗余偏误等问题。有趣的是，这些偏误在书面语中出现的情况往往比口语更为严重。

韩国语和汉语差异较大决定了韩国学生在学习动态助词"了"时更多地受到母语的负迁移作用，特别是在初学阶段，常常把动态助词"了"与韩国语中的过去时态相对应，以至泛化到凡是讲述过去发生的事情，动词后都用"了"，偏误类型1到类型7均属于这种情况。实际上，汉语动态助词"了"，类似于"态"（aspect）范畴，与"时"（tense）范畴无必然联系。"了"不仅可以用于表示过去完成，也可以用于表示将来完成。而且，即使在表示过去完成时，也因受到各种语法制约，有时并不能用"了"来表达。母语的规则是第二语言学习者的习惯性的语言规则，学习者往往按此规则进行内部编码，然后再将内部的母语编码结果转换为新的代码——第二语言，而此时由于语法规则的不同，转换成果也受相应的目的语语法规则的制约，就会出现不符合目的语语法规则的问题，这显然是母语负迁移因素的影响。

（二）遗 漏

动态助词"了"有一定的自由隐现性，这里主要讨论一定要用"了"的情况。

类型8：单音节动词表动作完成

a ★ 去年12月，我们到中国的首都北京。

b ★ 我前天晚上看一个特别有意思的电影。

c ★ 今天太忙了，都忘吃午饭。

以上三个例句，句子语义比较单纯，但偏误率较高。动词"到""看""忘"在句中均表示已完成，但学生们却遗漏了"了"。我们认为这是由于目的语知识的泛化引起的。随着语言水平的提高，学生们已逐渐意识到汉语中表"过去"动作并非一定要带"了"，可以用别的词替换，而处于此阶段的学生，词汇量的增加为其回避难点提供了可能的余地，但何处可省略，何处不能省略，用什么代替比较合适，仅靠他们掌握的知识还是勉为其难的。这是造成"了"的遗漏偏误的主观原因。另外，由于动态助词"了"本身的复杂性，使得汉语教材尚未作出科学而全面的解释。几乎所有的汉语教材都将动态助词"了"定义为"出现在动词后，主要表示动作的完成"，未能提示更详细的使用条件。与此同时教材中的练习也多为判断正误或完成句子等较单调、机械的形式，缺乏交际性强的情景练习。这是造成"了"的遗漏偏误的客观原因。

类型 8 的偏误句正确表达方式为：

a′　去年 12 月，我们到了中国的首都北京。

b′　我前天晚上看了一个特别有意思的电影。

c′　今天太忙了，都忘了吃午饭了。

（三）错　序

"了"的错序偏误主要有三种情况，即动词带双宾语时、动词带结果补语时、谓语为 VV 或 V 一下时。

1. 类型 9：动词带双宾语

a ★ 生日那天，我送他了一本书。

b ★ 同学借她了两本书。

c ★ 我也问老师了这个问题，老师让我们自己先思考。

动词带双宾语时，"了"应位于动词后宾语前。因此类型 9 的偏误句正确表达方式为：

a′　生日那天，我送了他一本书。

b′　同学借了她两本书。

c′　我也问了老师这个问题，老师让我们自己先思考。

2. 类型 10：动词带结果补语

a ★ 我用水把墙上的涂鸦擦了干净。

b ★ 这火真的看了清楚，原来是两个小孩儿下的。

c ★ 我已经想了明白，明天一定要抓住他。

动词后带结果补语时，"了"应位于结果补语后。因此类型 10 的偏误句正确表达方式为：

a′ 我用水把墙上的涂鸦擦干净了。

b′ 这次真的看清楚了，原来是两个小孩儿干的。

c′ 我已经想明白了，明天一定要抓住他。

3. 类型 11：谓语为 VV 或 V 一下

a ★ 他对我点点了头就走了。

b ★ 妈妈摸摸了我的头，还表扬了我。

c ★ 那位老农民给我们介绍一下了他家的生活情况。

谓语为动词重叠式或"V+一下"时，"了"位于动词重叠式中间或"一下"前。因此类型 11 的偏误句正确表达方式为：

a′ 他对我点了点头就走了。

b′ 妈妈摸了摸我的头，还表扬了我。

c′ 那位老农民给我们介绍了一下他家的生活情况。

含有动态助词"了"的句子，如果动词本身或句子成分较复杂，则还有如何正确调整语序的问题。

（四）误　用

类型 12：与"是……的"句混用

a ★ 我是昨天和朋友一起回来了。

b ★ 我们昨天是在全聚德吃了晚饭。

c ★ 那个花盆是孩子们踢球时碰摔了。

很多韩国学生在学习了助词"了"以后出现的一大问题是滥用"了"。这段话中最大的错误是将"了"和强调过去发生的事件的时间、地点、方式或目的的"是……的"结构混淆了。这是动态助词"了"的偏误中占比最高的。通过练习，应该让学生认识到，用"了"来叙述的句子一般是回答"你做什么了",而用"是……的"结构回答的是"什么时候、怎么、哪儿、为什么"等问题。

类型 12 的偏误句正确表达方式为:

a′ 我是昨天和朋友一起回来的。

b′ 我们昨天是在全聚德吃的晚饭。

c′ 那个花盆是孩子们踢球时碰摔的。

二、数据分析与讨论

本章的分析数据来自课堂测试,测试人数共有 42 人,皆为 HSK5 级及以上的韩国学生。测试题分为四种题型:一是判断正误并改正,共 48 道题;二是韩国语和汉语句子翻译,共 13 道题;三是韩国语和汉语短文翻译,共 1 道题(14 句);四是用汉语续写短文,共 1 道题,要求写 15 句左右。测试题中,句子内容均为过去发生的事情,也就是说,翻译题中的韩国语原文及判断题译为韩国语均表现为过去时态。测试共在 4 次课上完成(每次 1 个小时)。

通过测试我们共搜集了 3802 个句子,其中选取与动态助词"了"有关的 3260 个句子作为我们的研究对象。3260 个句子,其中正确句有 1892 句,正确率为 58.04%。偏误句有 1368 句,偏误率为 41.96%。偏误率之所以如此之高,我们认为和测试方式有关。一是我们的测试题型以翻译及续写形式为主,受试者受母语干扰会更大,错误率会更高;二是测试形式为一个小时课堂测试,跟在实际交际环境中的自然输出相比,课堂测试给被试者带来了更大的心理压力。

动态助词"了"的 12 种偏误类型的偏误率如表 7-1 所示。

表 7-1　动态助词"了"12 种偏误类型的偏误率

偏误类型			正确句（例）	正确率（%）	偏误句（例）	偏误率（%）	
冗余	类型 1	"没/没有 VO"与"了"	156	57.78	114	42.22	41.64
	类型 2	"常常"与"了"	187	68	88	32.00	
	类型 3	连动句与"了"	138	60	92	40	
	类型 4	言说类动词与"了"	197	75.77	63	24.23	
	类型 5	谓词性宾语与"了"	107	38.91	168	61.09	
	类型 6	心理动词与"了"	147	57.87	107	42.13	
	类型 7	"正/正在"与"了"	115	50	115	50	
遗漏	类型 8	单音节动词表动作完成	130	50	130	50	
错序	类型 9	动词带双宾语	116	47.93	126	52.07	49.05
	类型 10	动词带结果补语	96	40.62	152	59.38	
	类型 11	谓语为 VV 或 V 一下	155	65.13	83	34.87	
误用	类型 12	与"是……的"混用	90	32.03	191	67.97	

　　动态助词"了"的偏误类型主要有冗余、遗漏、错序、误用四类，其中误用类偏误率最高，占 67.97%，其次是遗漏与错序，相比较而言冗余类偏误较少，占 41.64%。

　　冗余类偏误率虽然较低，但其细类最为繁多，共有 7 小类。细看上文中提到的 12 种偏误类型，偏误率高达 50% 及以上的有类型 12 与"是……的"混用、类型 5 谓词性宾语与"了"、类型 10 动词带结果补语、类型 9 动词带双宾语、类型 7 "正/正在"与"了"、类型 8 单音节动词表动作完成等，其中偏误率最高的是类型 12，偏误率高达 67.97%；偏误率在 30%—49% 的有类型 1 "没/没有 VO"与"了"、类型 6 心理动词与"了"、类型 3 连动句与"了"、类型 11 谓语为 VV 或 V 一下和类型 2"常常"与"了";偏误率不足 30% 的只有一类,类型 4 言说类动词与"了"。以上数据也可结合图 7-1 理解。

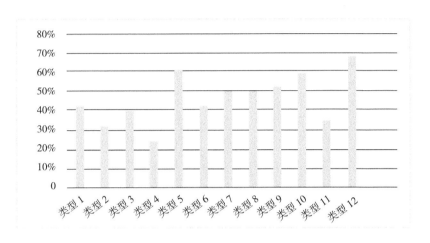

图 7-1　动态助词"了"12 种偏误类型的偏误率

测试题三和四主要是考察学生在语篇中使用"了"的情况。我们都知道,在语篇中如果动态助词"了"有上下文,也可以省略不说。但学生们在可用可不用的情况下使用"了"的比率高达 49%。下面我们看一下语料。

（1）去年春天,我家搬到了有院子的房子。以前一直租房住,现在终于买到了新房子,全家人兴奋不已。妈妈最开心。打开行李整理新家,我的任务是擦掉围墙上的涂鸦了。我打了井水上来,把涂鸦擦得干干净净。但是发生了奇怪的事情。第二天早上,睁开眼睛出来一看,昨天辛苦擦干净的涂鸦,全部都恢复了原来的样子。怪事儿,难道这是魔术围墙?真是奇怪。也没搞清楚是什么事儿,我再一次打来了水,擦干净了涂鸦,还让妈妈检查了一下。妈妈摸摸了我的头,还表扬我了。但是,奇怪的事情第二天也发生了。不知道是谁,<u>墙上画满了和昨天一样的涂鸦</u>。气死我了,我边擦涂鸦边暗暗决心了,今晚不睡觉望风。只要抓到了谁，就教训他。

在这个语篇中，斜体"了"可用，可不用，学生却都选择了使用。这些"了"前都是"动词＋结果补语"，此时一般都会省略使用"了"，但也不是绝对的。如"墙上画满了和昨天一样的涂鸦"中的"了"，前面是"动词＋结果补语"，但是"了"却不能省略，因为"画满涂鸦"是这个事件中需要强调的结果。因此我们认为，"了"的教学不能只限于句子层面。

三、教学启示

（一）强调"了"与韩国语过去时态的不同

1. 在教学基础阶段要准确讲解"了"的主要语法功能

动态助词"了"用在动词后主要表完成，语气助词"了"用在句末主要作用为肯定事态的变化及其成句作用。我们认为，初级阶段的教学重点要落在语法功能和句法位置上。中高级阶段应加强"了"的语义、语用功能内容的教学。目前我们对"了"的中级语法教学往往停留在语法的形式规则上，而忽视了"了"的语义、语用功能，因此"了"的偏误仍然层出不穷。

2. 强调与韩国语过去时态的不同

讲授"了"的时候一定要向学生强调，"了"不能与韩国语的过去时态"－았（at）/었（eot）－"等同。因为"了"不但可以用于过去已经发生的事情，而且也可以用于将来的事情、平常的事情。例如：

（2）我已经吃了午饭了。（过去已经发生的事情）

（3）我明天下了课就去找你。（将来的事情）

（4）我常常吃了午饭就在操场散步。（平常的事情）

有些语法书对"了"字句用法的解释非常详尽，学生们看了之后一头雾水、不得其解，同时可能还会产生畏惧。教师最好结合韩国语作对比，从学生母语角度进行"了"字句教学。在汉语教学中，尤其是语法教学中，如果能够正确认识韩国语和汉语间的共同特征与区别之处，进行正确的分析与比较，明了学生们容易犯错的地方和原因所在，对改善教学效果、提高教学质量都能起到事半功倍的作用。

（二）分散难点，循序渐进

韩国学生习得动态助词"了"时出现的偏误类型繁多，实际教学中不能一次性讲解完。上述 12 种类型，偏误率均较高，都属于教学重点。因此应考虑学生的习得顺序，由易到难循序渐进地讲解。建议初级阶段先掌握"了"字句的基本用法。我们还发现在讲授"了"这一语法点时过多解释无益，用反复操练的方式来帮助学生形成语感才是好办法。也就是说，通过强化练习掌握"了"的使用规则。

中高级阶段"了"的教学理应由易到难，由简到繁，由显性到隐性逐步深化，可以从形式到意义再到语义功能，侧重传授非形式化的内容。只有这样，才能卓有成效地大面积减少那些由语用、语义等隐性原因造成的"了"的使用中的偏误。这样的教学内容是这个阶段的学生可接受的，也是他们急于要掌握的。

（三）结合语篇进行讲解，培养语感

"了"何时出现、在哪儿出现，何时用"了"、何时不用"了"、何时可以省略，这些问题很棘手，也是汉语作为第二语言教学中的难点。解决这一问题的较好的方法是，结合语篇进行练习。通过语篇中的"了"的分析，使学生掌握"了"的实际用法，培养正确使用"了"的语感。有人提出培养"语感"是学习外语很重要的途径之一。在长期的对韩国语和汉语的教学中，我们意识到，通过让学生对比两种语言，加深对汉语语法的感性认识，同时阅读大量的篇章范文、坚持写作，提高学生使用语法的准确度，这些灵活多变的方法是行之有效的。

附：测试卷

一、判断正误并改错

1. 几年不见，她变得很漂亮了。（　）改正：

2. 他忽然改变了主意，不去上海。（　）改正：

3. 他本来就不太健康，发病以后，他的身体更弱。（　）改正：

4. 到北京才半年，我已经收到十来封信。（　）改正：

5. 明天你下了课后到我的办公室来一趟。（　）改正：

6. 我们已经掌握二百多个生词。（　）改正：

7. 圣诞节快要到，同学们都在准备礼物。（　）改正：

8. 真遗憾，这个月 30 日我们就要回国。（　）改正：

9. 前天我们到了北京，昨天他也来了。（　）改正：

10. 他说了一声"我走了"，就匆匆忙忙地跑出门去了。（　）改正：

11. 七点半我们吃完了晚饭了，八点就去教室自习。（　）改正：

12. 我们坐了汽车去中日友好医院。（　）改正：

13. 我们几个中两个到了北京学汉语，三个到了上海学汉语。（　）改正：

14. 现在我们开始了学翻译理论。（　）改正：

15. 我念了十分钟，就把那些生词都记住了。（　）改正：

16. 每次来，他总是点了一瓶啤酒和一碟花生米。（　）改正：

17. 我到他宿舍得时候，他正在做练习了。（　）改正：

18. 我们去幼儿园时，小朋友们在唱歌了。（　）改正：

19. 去年 12 月我们到中国的首都北京。（　）改正：

20. 每到九月十日，我们学校都举行纪念活动。（　）改正：

21. 我前天晚上看一个特别有意思的电影。（　）改正：

22. 他们欢迎了我们以后，先把那个地方的情况介绍介绍。（　）改正：

23. 老师给我们介绍一下学校的情况，介绍得很详细。（　）改正：

24. 他没通知了我。（　）改正：

25. 那本书我看完了，还没有还回图书馆去。（　）改正：

26. 大夫说我应该打了三天针，我已经打了两天了。（　）改正：

27. 别着急，你的病过了几天就会好的。（　）改正：

28. 去年九月我们刚来到了北京，他就到上海去了。（　）改正：

29. 学习刚刚开始了，还没什么困难。（　）改正：

30. 因为我刚刚到了北京，所以很想立刻去看天安门。（　）改正：

31. 我去的时候他刚吃了饭。（　）改正：

32. 他看了一会儿，转了身对孩子们说："咱们也排着队走。"（　）改正：

33. 他伸了手接过去我的礼物说了："谢谢你"。（　）改正：

34. 他们希望了我的汉语水平能很快地提高。（　）改正：

35. 跟他谈话以后，我发现了他是个很有意思的人。（　）改正：

36. 我看了信上的地址，就知道了那是我妹妹写的。（　）改正：

37. 我们听到了家乡获得了大丰收，高兴极了。（　）改正：

38. 附近的农民看见了工人们那样坚决地克服困难，都来帮忙。（　）改正：

39. 他答应了毕业以后还要到农村来。（　）改正：

40. 我亲眼看见了下雪了。（　）改正：

41. 我们在车下边向她喊了："一定要给我们写信啊！"（　）改正：

42. 有的时候，我们的老师给我们用韩国语翻译了那些句子。（　）改正：

43. 他们到了北京火车站的时候，天已经很黑了。（　）改正：

44. 到了北京的那个晚上，我怎么也睡不着。（　）改正：

45. 他对我点点了头就走了。（　）改正：

46. 那位老农民给我们介绍一下了他家的生活情况。（　）改正：

47. 他们想了办法解决这个问题。（　）改正：

48. 那天上午我们班学生坐了汽车到天坛去。（　）改正：

二、请把下列句子翻译成汉语

1. 북경은 건조해서 나는 늘 감기에 걸렸다.

2. 어제 저녁 나는 돌아 올 때 이미 버스가 없어서, 어쩔 수 없이 택시를 탔다.

3. 북경에 돌아가는 기차표를 사서 나는 무척 기쁩니다.

4. 그 화분은 아이가 공 차다가 깨뜨렸다.

5. 친구가 입원했으니까, 당신은 응당 찾아 가 봐야 합니다.

6. 결국은 내 욕심이 나의 마음을 상하게 했다.

7. 어머니의 맑은 눈이 연애시절 아버지를 홀딱 반하게 했다.

8. 그는 어머니가 안에서 문을 열지 못하도록 자물쇠를 채웠다.

9. 사랑은 부끄러움을 망각하게 만든다고 했다.

10. 도대체 무엇이 너를 이처럼 변하게 하였니?

11. 꿈 속에 나온 그 귀신은 여러날 동안 나를 두려움에 떨게 하였다.

12. 오늘 학교에 가지 않고 하루종일 집에만 있었다.

13. 내일 수업 끝난 다음에 병원 갔다 올 생각이다.

三、请把下面短文翻译成汉语

지난 봄, 우리 가족은 마당이 있는 집으로 이사를 했습니다. 셋방을 전전하던 끝에 처음으로 장만한 내 집이라서 우리집 식구들은 모두 들떠 있었습니다. 엄마가 누구보다 좋아했습니다. 이삿짐을 풀자마자 내게 주어진 일은 담장 가득한 낙서를 지우는 일이었습니다. 나는 깊은 우물에서 물을 퍼올려 낙서를 말끔히 지웠습니다. 그런데 이상한 일이 생겼습니다. 다음날 아침 눈을 비비고 나와 보니 내가 애써 지운 글씨들이 모두 되살아나 있었던 것입니다. 이상하다. 요술담장인가? 정말 알다가도 모를 일이었습니다. 나는 영문을 알지 못한 채 다시 우물에서 물을 길어 올려 낙서를 다 지우고 엄마한테 검사까지 받았습니다. 엄마는 머리를 쓰다듬으며 칭찬해 주셨습니다. 그러나 이상한 일은 다음 날에도, 그다음날에도 일어났습니다. 누군가 어제와 똑같은 낙서를 가득 해놓은 것입니다. 나는 낙서를 지우면서 누군지 잡히기만 하면 혼을 내 주리라 마음먹고 저녁내내 망을 보기로 했습니다.

四、请用汉语续写上题 "三"。

118

第八章　介词"向""往""朝"

表示动作方向的介词"向""往""朝"是韩国学生在初级汉语阶段就接触到的语言点。在《国际中文教育中文水平等级标准》的语法等级大纲中，"向"和"往"属于二级语法点，"朝"属于三级语法点。这三个介词学习起来貌似不太难，但观察学生的使用情况，掌握程度不够理想。

"向""往""朝"译成韩国语，可以有以下几种表达方式：

（1）你向／往／朝前看。

　　앞으로 보세요.

　　앞 쪽으로 보세요.

　　앞을 향해 보세요.

这三个韩国语句子语义相同，但是所使用的语法手段不同。汉语介词"向""往""朝"对应韩国语"–으로（euro）""–쪽으로（jjokeuro）""–을 향해（eul hianghe）"，但并非一一对应关系，另外，"向""往""朝"在语义及用法上相近但又不同，这在一定程度上给学习者造成困扰。

本章根据课堂小测试，分析韩国学生学习"向""往""朝"的过程中遇到的偏误，结合这三个介词的不同以及与韩国语的对比分析偏误原因，试图对韩国学生介词"向""往""朝"的教学提供一些思路。

介词"向"除了能介引动作的趋向以外，还可以介引动作的对象，本文暂不涉及后者。

一、偏误类型

（一）遗 漏

1.类型 1：方位词、处所词的遗漏

a＊他往我走过来。

b＊她不是故意往你洒的。

c＊你把雪球往他扔，他不会生气的。

"往"不能直接跟指人或物的名词组合，指人或指物的名词后必须跟表示方位、处所的词语。但"向"和"朝"不受这个限制。例如：

（2）他飞快地向我这个方向奔来。

（3）他飞快地向我奔来。

（4）他飞快地朝我这里奔来。

（5）他飞快地朝我奔来。

因此类型 1 的偏误句正确表达方式为：

a′ 他往我这里走过来。

b′ 她不是故意往你身上洒的。

c′ 你把雪球往他那儿 / 身上扔，他不会生气的。

2.类型 2：动词的遗漏

a＊往北京的飞机马上就起飞了。

b＊我如果继续往下的话时间就不够了。

c＊不要拐弯，往前 30 分钟就到了。

这类偏误主要是受母语干扰所致。在语篇中，韩国语省略成分的现象要比汉语多一些。韩国语经常省略主语，有时还可以省略谓语。如"여름에는 바다로!"这一句，句中只出现"夏天""大海"两个词，但不妨碍理解，意为"夏天我们得去大海"。汉语除了名词谓语句外，省略谓语句子通常不成立。"向""往"

在上例中均做介词，因此后面要有动词出现。类型2的偏误句正确表达方式为：

　　a′　往北京飞的飞机马上就起飞了。

　　b′　我如果继续往下说 / 写的话时间就不够了。

　　c′　不要拐弯，往前走 / 跑30分钟就到了。

（二）误　用

1. 类型3："向"和"往"的混用

a ★一只鸟往天空飞去。

b ★弯弯曲曲的小路往远方伸展。

c ★向上海飞的飞机几点起飞？

d ★昨天我向韩国寄了个快递。

e ★现在是往自由前进的年代。

f ★这箱苹果向少里说也有20公斤。

g ★我今天向城里跑了好几趟。

　　虽然"向""往"这两个词都是二级语法点，但是在教材中没有做很好的解释。根据北京语言大学《汉语语法点查询系统》[①]查询结果，介词"向"只有《登攀中级汉语教程》[②]（第一册）才有提及，并解释为："常与名词组合，在句子中作状语，引进动作对象，表示动作方向"。其他部分教材只在初级阶段以"向前走"等短语形式出现，没有详细说明其功能。关于介词"往"，有《HSK标准教程》[③]等五本教材提及，并解释为："常常用来指示方向"。可见，目前的汉语教材关于"向"和"往"的用法缺乏详细的说明，不利于学生学习、教师讲练，在教授过程中没有引起足够重视，这是导致学生对这两个词产生混淆的原因

---

　　① 该系统由北京语言大学姜丽萍教授研制。汉语语法点查询系统的数据来源：精选了117册 / 种汉语教材、大纲等的语法部分，方便检索9000余个语法项目、17000余个相关解释、47000余个例句以及相关图书出版、教材语法研究等信息。

　　② 杨寄洲主编：《登攀中级汉语教程》，北京，北京语言大学出版社，2017。

　　③ 姜丽萍主编：《HSK标准教程》，北京，北京语言大学出版社，2015。

之一。

"向""往"均与"方位名词、处所名词"组合在一起，在动词前做状语。当"向"和"往"后是方位词时，都表示动作的方向，一般可以自由互换。例如：

（6）咱们向前走＝我们往前走

（7）大家向东走，不要向南走＝大家往东走，不要往南走

当"向"和"往"后是处所词，介词"往"后一般是具体的地方、移动动作的预定的终点；而介词"向"更倾向于表示动作的方向。

（8）几个人把布袋往车上一扔就走了。

（9）他又往家里打了个电话。

（10）海边是密密的树林，一直向大海伸去。

（11）一条龙向天空飞去。

例（8）和例（9）中"往"后的处所名词"车""家"表示的是固定的、明确的目的地，是具体的地方，而例（10）和例（11）中"向"后的处所名词"大海""天空"不是固定的、明确的目的地，而是指出一个大致的方向。上例 a 和例 b 中的处所词"天空""远方"指示一个大致的方向，因此用"往"不成立，例 c 和例 d 中的处所词"上海"和"韩国"是较为具体的地方，因此用"向"不恰当。

"向"与表示目标意义的抽象名词组合在一起，表示动作努力的方向和目标，"往"没有此类用法。例如：

（12）带领学生向科学进军是老师义不容辞的责任。

（13）向快乐出发！

"往"与形容词或动词及"里"组合在一起，表示行为的发展方向或采取的方式，"向"没有此类用法。此结构中的形容词、动词限于少数几个单音节的，口语色彩比较浓。例如：

（14）我们要往好里想，别太伤心。

（15）往死里打，别手软。

"往"可以跟表示双向位移的数量词连用，而"向"没有这样的用法。例如：

（16）今年我往首尔就跑了五趟。

基于以上，类型3的偏误句正确表达方式为：

a′ 一只鸟向天空飞去。

b′ 弯弯曲曲的小路向远方伸展。

c′ 往上海飞的飞机几点起飞？

d′ 昨天我往韩国寄了个快递。

e′ 现在是向自由前进的年代。

f′ 这箱苹果向往里说也有20公斤。

g′ 我今天往城里跑了好几趟。

2. 类型4："朝"和"向""往"的混用

a★ 你朝办公室打个电话看看。

b★ 别什么东西都朝家里拿。

c★ 阿里一进教室，同学们都往他笑。

d★ 这一带的老房子门窗都是向东开的。

"往"的基本意义是移动，"朝"的基本意义是面对，因此面对某个方向移动，"往"和"朝"都能用。但只有面对没有移动的意思时，只能用"朝"，只有移动没有面对的意思时，只能用"往"。例如：

（17）大门朝南开。

（18）往报社寄稿件。

类型4的偏误句正确表达方式为：

a′ 你往办公室打个电话看看。

b′ 别什么东西都往家里拿。

c′ 阿里一进教室，同学们都朝着他笑。

123

d′ 这一带的老房子门窗都是朝东开的。

3. 类型 5："向""往"与"到"的混用

a ★ 到了秋天，大雁飞<u>到南边</u>。

b ★ 这是开<u>到春天</u>的火车。

c ★ 一架银色的飞机飞<u>到蓝天</u>。

d ★ 阿里走<u>到老师那里</u>。

"动词＋到＋处所"通常表示人或事物随动作到达某地，在此说话人想表达的是动作行为的方向，因此句子不成立。类型 5 的偏误句正确表达方式为：

a′ 到了秋天，大雁往 / 向南边飞去。

b′ 这是一辆开往 / 向春天的火车。

c′ 一架银色的飞机飞向蓝天。

d′ 阿里向老师那儿走去。

4. 类型 6："往"与"给"的混用

a ★ 他刚刚<u>给</u>家里打了个电话。

b ★ 他<u>给</u>报社寄了稿件。

c ★ 我<u>给</u>韩国寄了快递。

此类偏误是由目的语语法规则的过度泛化所致。学生对"给……打电话""给……寄快递"等固定搭配较熟悉，故他们习惯性地使用介词"给"。事实上"往……打电话 / 寄稿件 / 寄快递"与"给……打电话 / 寄稿件 / 寄快递"用法是不同的，"往"强调的是动作"打""寄"的方向，而"给"强调的是动作"打""寄"的对象。这在韩国语中也有体现。例如：

（19）그는　　　방금 집<u>으로</u>　전화를　　했다.

　　　他-话题格 刚刚 家-方向格 电话-宾格 打-过去时-终结词尾

　　　他刚往家里打了电话。

（20）그는　　　방금 가족<u>에게</u>　전화를　　　했다.

　　　他 - 话题格 刚刚 家人 - 对格 电话 - 宾格 打 - 过去时 - 终结词尾

他刚给家人打了电话。

（21）그는　　　신문사로　　　원고를　　　보냈다.

他 – 话题格 报社 – 方向格 稿件 – 宾格 寄 – 过去时 – 终结词尾

他往报社寄了稿件。

（22）그는　　　신문사 제작진에게 원고를　　　보냈다.

他 – 话题格 报社　编辑 – 对格 稿件 – 宾格 寄 – 过去时 – 终结词尾

他给报社编辑寄了稿件。

（23）나는　　　한국으로　　　택배를　　　보냈다.

我 – 话题格 韩国 – 方向格 快递 – 宾格 寄 – 过去时 – 终结词尾

我往韩国寄了快递。

（24）나는　　　한국에　　　있는　　　친구에게　택배를　　　보냈다.

我 – 话题格 韩国 – 位格 在 – 领属格 朋友 – 对格 快递 – 宾格 寄 – 过去

时 – 终结词尾

我给韩国的朋友寄了快递。

韩国语中，" – 로 / 으로（ro/euro）"表示方向，而" – 에게（ege）"表示对象。在此，" – 로 / 으로（ro/euro）"对应汉语的"往 + 处所词 + 打电话"，" – 에게（ege）"对应汉语的"给 + 对象 + 打电话"，两者不一样。

因此类型 6 的偏误句正确表达方式为：

a′ 他刚刚往家里打了个电话。

b′ 他往报社寄了稿件。

c′ 我往韩国寄了快递。

（三）错　序

类型 7："向""往"的错序

a ＾这条路往罗马通。

b ＊今年财政收入将向 10 万亿元迈。

c ★贵公司的设备后天将往威海运。

汉语中由"向"和"往"构成的介词结构有两个句法位置，一是作状语，二是补语。但是在韩国语中，由"—으로（euro）""—쪽으로（jjokeuro）""—향해（eul hianghe）"构成的成分都放在动词前，所以韩国学生在学习"向""往"的过程中容易受到母语干扰。韩国学生习惯性地把这两个介词放在动词前，忽略了"向"和"往"置于动词后的用法，因此出现了一些偏误。

由"向"和"往"与处所词组合，有时也可出现在一些单音节动词之后，充当补语成分。《现代汉语八百词》认为，可以在"向"前的动词有"走、跑、飞、奔、流、冲、通、飘、滚、转、推、倒、驶、划、射、转、杀、刺、投、引、推、偏、指、扑、伸、漂、迈、跨、面"等[1]，可以位于"往"前的动词限于"开、通、迁、送、寄、运、派、飞、逃"等[2]少数几个，其中"飞"和"通"是共同的。

"向/往+处所词"作状语和作补语时，语体色彩也有所不同。补语更多用于正式语体，状语更多用于非正式语体。例如：

（25）现在工资高了，一年大概能往家里寄2万块钱。

（26）真不知道这封信该往哪里寄。

（27）组织者把预订表格寄往170万个韩国家庭。

（28）真不知这封信寄往何处。

比较这四个例句，例（25）、例（26）偏向口语，例（27）、例（28）偏向正式语体。我们在北京语言大学BCC语料库进行了搜索，"寄往"用在"对话"语料的共18条，用于"报刊"语料的有747条。"寄往"虽用在了"对话"语料，但其语体偏正式。如"你给我们的明信片，寄往何方去了""藤条已寄往你家途中，请查收"等。

---

① 吕叔湘主编：《现代汉语八百词（增订本）》，506页，北京：商务印书馆，1999。

② 同①，480页。

类型 7 的偏误句正确表达方式为：

a′ 这条路通往罗马。

b′ 今年财政收入将迈向 10 万亿元。

c′ 贵公司的设备后天将运往威海。

二、数据分析与讨论

以下数据是作者在面向韩国学生的翻译课上通过测试获得的。测试题的第一题为选择题，共 12 题，主要考察的是学生对"向、往、朝"三个介词的辨析情况。测试题的第二题是翻译题，共 16 题，主要考察的是学生对"向""往""朝"三个介词的理解与综合运用能力。参加测试的同学共 54 人，其中中级汉语水平的学生有 28 人，高级汉语水平的学生有 26 人。

通过测试共搜集了 1512 例句子，其中有效句 1458 例（包括中级学生的语料有 756 例，高级学生的语料有 702 例），正确句有 798 例，占 54.73%，错误句有 660 例，占 45.27%。详见下表 8-1。

表 8-1 韩国学生习得介词"向""往""朝"的基本情况

学习水平	正确句（例）	正确率（%）	偏误句（例）	偏误率（%）	合计（例）
中级水平	379	50.13	377	49.87	756
高级水平	419	59.69	283	40.31	702
合计	798	54.73	660	45.27	1458

通过上表我们可以看到，韩国中高级汉语学习者，习得介词"向""往""朝"时的平均错误率为 45.27%，错误率较高。中级水平学生错误率接近半数，高达 49.87%，高级水平学生错误率无明显降低，也高达 40.31%。

下面我们来观察不同偏误类型的分布情况。

先看学生的遗漏偏误，翻译题 1—3 是测试学生遗漏方位词、处所词的题，翻译题 11—13 是测试学生遗漏动词的题，学生答题情况见表 8-2。

表8-2　韩国学生习得介词"向""往""朝"时的遗漏偏误

偏误类型	学习水平	正确句（例）		正确率（%）		偏误句（例）		偏误率（%）		合计（例）	
类型1: 方位词、处所词的遗漏	中级	12	33	14.29	20.37	72	129	85.71	79.63	84	162
	高级	21		26.92		57		73.08		78	
类型2: 动词的遗漏	中级	32	75	38.1	46.3	52	87	61.90	53.7	84	162
	高级	43		55.13		35		44.87		78	

相比较而言类型1的偏误率高于类型2，偏误率高达79.63%，类型二的平均错误率有53.7%，整体上遗漏类偏误率较高。

下面再看误用类偏误。误用类偏误分为四类，其中类型3和类型4是通过第一题选择题来考察的，类型5和类型6是通过翻译题4-10来考察的。学生答题情况如下：

表8-3　韩国学生习得介词"向""往""朝"时的误用偏误

偏误类型	学习水平	正确句（例）		正确率（%）		偏误句（例）		偏误率（%）		合计（例）	
类型3: "向"和"往"的混用	中级	92	175	54.76	54.01	76	149	45.24	45.99	168	324
	高级	83		53.21		73		46.79		156	
类型4: "朝"和"向/往"的混用	中级	81	169	57.86	62.59	59	101	42.14	37.41	140	270
	高级	88		67.69		42		32.31		130	
类型5: "向"与到的混用	中级	82	164	73.21	75.93	30	52	26.79	24.07	112	216
	高级	82		78.85		22		21.15		104	
类型6: "向"与"给"的混用	中级	68	137	80.95	84.57	16	25	19.05	15.43	84	162
	高级	69		88.46		9		11.54		78	

误用类偏误中，类型 3 和类型 4，也就是介词"向""往""朝"的辨析部分是学生错误率较高的类型。"向"与"到""给"的区别，虽然不太难，但到高级阶段也仍旧有两成左右的学生出现错误。

错序类偏误的正确率很低，有 27.78%，无论是中级水平的学生还是高级水平的学生，正确率不足一半，如表 8–4。

表 8–4 韩国学生习得介词"向""往""朝"时的错序偏误

偏误类型	学习水平	正确句（例）	正确率（%）	偏误句（例）	偏误率（%）	合计（例）	
类型 7："向""往"的错序	中级	12	14.29	72	85.71	84	162
	高级	33	42.31	45	57.69	78	
		45	27.78	117	72.22		

比较 7 种偏误类型，偏误率最高的是类型 1 和类型 7，分别是 79.63% 和 72.22%；其次是类型 2 和类型 3，分别是 53.7% 和 45.99%；再次是类型 4 和类型 5，分别是 37.41% 和 24.07%；类型 6 的偏误率最低，为 15.43%。

整体上随着学习水平提高偏误率将下降，但类型 3 不明显。也就是说"向"和"往"的区别，到了高年级尚未得到很好的解决。不同汉语水平学习者使用介词"向""往""朝"偏误类型分布情况详见下图 8–1。

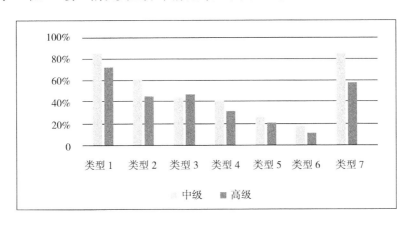

图 8–1 不同水平学习者介词"向""往""朝"偏误类型分布

三、教学启示

（一）重视介词"向""往""朝"的教学

前文我们也谈到，教材和教学不重视是学生使用介词"向""往""朝"时偏误率高的最根本原因。相比而言，对于介词"往"的重视程度要比介词"向""朝"高一些。根据北京语言大学《汉语语法点查询系统》查询，《HSK标准教程》等5本 [①] 教材把介词"往"列入语法点，但只有《登攀中级汉语教程》等1本教材把介词"向"列入语法点，没有一本教材把介词"朝"列为语法点。这三个介词，在教材中体现得少，因此在教学中也难以得到重视。教材和教学对"向""往""朝"这三个介词不重视，是导致留学生回避率和偏误率如此之高的最根本的原因。

我们建议将这两个词的用法分阶段、循序渐进地编入教材及课堂教学中。"向""往""朝"跟名词组合作状语的用法可在初级阶段先学，"向""往"与名词组合作补语的用法可在中级阶段再学。

（二）加强介词"向""往""朝"的对比教学

"向""往""朝"的混淆是学生出现偏误较多的类型之一。初级汉语第一阶段，我们可以先对比"向"与"往"的异同，到初级汉语第二阶段学习"朝"的时候进行三者的对比。到了中级阶段，学习"向""往"与名词组合作补语内容时，除了横向对比"向"和"往"的用法外，还可以做纵向对比，即对比"向＋名词"作状语和作补语时的异同。这样可以帮助学生对这三个词加以区分，以便准确并全面掌握它们的用法。

---

① 五本教材包括《HSK标准教程》（姜丽萍主编，北京，北京语言大学出版社，2015）、《博雅汉语》（徐晶凝、任雪梅编，北京，北京大学出版社，2005）、《成功之路》（邱军主编，北京，北京语言大学出版社2013）、《初级汉语课本》（鲁健骥主编，北京，北京语言大学出版社，2003）、《汉语教程》（杨寄洲主编，北京，北京语言大学出版社，2003）等。

附：测试题

请选出正确的答案（可多选）

一只鸟（　）天空飞去。

A. 向 B. 往

2. 弯弯曲曲的小路（　）远方伸展。

A. 向 B. 往

3. （　）上海飞的飞机几点起飞？

A. 向 B. 往

4. 昨天我（　）韩国寄了个快递。

A. 向 B. 往

5. 现在是（　）自由前进的年代。

A. 向 B. 往

6. 这箱苹果（　）少里说也有 20 公斤。

A. 向 B. 往

7. 我今天（　）城里跑了好几趟。

A. 向 B. 往 C. 朝

8. 你（　）办公室打个电话看看。

A. 向 B. 往 C. 朝

9. 别什么东西都（　）家里拿。

A. 向 B. 往 C. 朝

10. 阿里一进教室，同学们都（　）他笑。

A. 向 B. 往 C. 朝

11. 这一带的老房子门窗都是（　）东开的。

A. 向 B. 往 C. 朝

12. （　）四一直走就到邮局了。

A. 向 B. 往 C. 朝

二、请将下面句子翻译成汉语

1. 그는 나에게로 걸어왔다 .

2. 그녀는 일부로 당신에게 물을 흘린 것이 아니다 .

3. 네가 눈덩이를 그에게 던져도 그는 화를 내지 않는다 .

4. 가을이 되면 기러기는 남쪽으로 날아간다 .

5. 이것은 봄으로 달리는 기차입니다 .

6. 은색 비행기 한 대가 푸른 하늘로 날아간다 .

7. 알리는 선생님에게로 걸어갔다 .

8. 그는 방금 집으로 전화를 걸었다 .

9. 그는 신문사에 원고를 부쳤다 .

10. 나는 한국으로 택배를 보냈다 .

11. 베이징 (北京) 행 비행기가 곧 이륙합니다 .

12. 제가 계속 말해 내려가면 시간이 부족해요 .

13. 코너 돌지 말고 앞으로 30 분만 뛰면 도착해 .

14. 이 길은 로마로 통한다 .

15. 올해 재정수입은 10 조 (兆) 위안을 향해 나아갈 것이다 . (迈)

16. 귀사의 장비는 모레 웨이하이 (威海) 로 운송 (运) 될 것입니다 .

第九章　递加性多重状语语序

　　语序是现代汉语重要的语法手段之一，也是汉语作为第二语言教学的重点和难点之一。汉语与韩国语语序差异很大，韩国学生使用汉语时语序方面的偏误非常多，偏误类型也非常复杂。

　　递加性多重状语是指多项状语的几项之间没有主次之分，按一定的顺序依次修饰其后的谓语部分，每项状语在语义上都与中心语存在修饰关系。[①] 本章以分析 HSK 动态作文语料库与韩汉翻译语料库原始语料为基础，分析母语为韩国语的汉语学习者习得多重状语的认知特点。

一、偏误类型

　　从 HSK 动态作文语料库中发现，韩国学生在时间状语、否定状语、对象状语、助动词、语气状语"也"与其他状语排序中语序偏误大量出现，问题比较典型，除此以外还有其他一些偏误情况，但出现的数量不多。

（一）时间状语与其他状语共现语序偏误

　　时间状语在状语中占有很大的比例，涉及时间状语与其他状语组合的语序偏误问题也就最为常见。时间状语一般放在其他状语前，这是因为时间与谓语动词的联系不是很紧密，时间概念可以作为整句话的背景，时间语义范围统辖比较大，所以时间状语的位置可以放在离谓语动词较远的位置。大多偏误句将时间状语放在了其他状语之后。

　　1. 类型 1：时间状语和语气状语"也"

　　时间状语和语气状语的排序偏误，集中体现在时间状语和语气副词"也"

---

　　① 刘月华，潘文娱，胡铕：《实用现代汉语语法（增订本）》，523 页，北京，商务印书馆，2001。

的排序中。

a＊在世界各地的国家和地区依然存在着粮食不足的问题，所以我认为还需要重视增加产量的问题<u>也同时</u>不可忽视人们对健康的追求。

b＊我<u>也以前</u>很喜欢流行歌曲，可是现在觉得很久以前的歌曲也很好听。

c＊<u>我也将来</u>想当一个好的老师。

时间状语应该在语气状语"也"前。"也"是具有关联作用的语气副词，因为具有关联意义，所以在和时间状语排列时，应该放在时间状语后，连接后面的谓语。韩国学生之所以出现这类偏误，主要原因是母语的干扰。在韩国语中相当于汉语"也"的"도（do）"作为助词位于主语之后，如例 3 翻译成韩国语则是：

（1）나도 장래 훌륭한　　선생님이　되고 싶다.

　　我也 未来 优秀－领属格 老师－主格 成为 想－终结词尾

类型 1 的偏误句正确表达方式为：

a′ 在世界各地的国家和地区依然存在着粮食不足的问题，所以我认为还需要重视增加产量的问题同时也不可忽视人们对健康的追求。

b′ 我以前也很喜欢流行歌曲，可是现在觉得很久以前的歌曲也很好听。

c′ 我将来也想当一个好的老师。

2. 类型 2：时间状语和范围状语

a＊我认为乡村生活和城市生活的最大的差异是平稳和人情味，在城市不论大人还是孩子<u>都每天</u>要过忙忙碌碌的日子，在这忙中生活时，大家都容易忽视自己或者别人，并且渐渐变成麻木化的人了。

范围状语对谓语的限定更具体，比时间状语更接近谓语。所以时间状语放在范围状语的前面，放在离谓语更远的距离。

类型 2 的偏误句正确表达方式为：

a′ 我认为乡村生活和城市生活的最大的差异是平稳和人情味，在城市不论大人还是孩子每天都要过忙忙碌碌的日子，在忙中生活时，大家都容易忽视自己或者别人，并且渐渐变成麻木化的人了。

3. 类型 3：时间状语和地点状语

a ★ 那年他大学毕业后在<u>大企业开始</u>工作了。

b ★ 平时，我不太喜欢跟他一起吃饭，这是因为他<u>在饭桌上常常</u>批评我做了什么错事，我什么地方不好。

c ★ 他<u>从韩国刚</u>回来。

时间状语和地点状语之间的语序比较灵活，这三句中时间状语应该放在地点状语前，体现语义逻辑上动作发生的先后关系。因此类型 3 的偏误句正确表达方式为：

a′ 那年他大学毕业后开始在大企业工作了。

b′ 平时，我不太喜欢跟他一起吃饭，这是因为他常常在饭桌上批评我做了什么错事，我什么地方不好。

c′ 他刚从韩国回来。

4. 类型 4：时间状语和程度状语

a ★ 比如说在公共场所很多人抽烟以后乱扔烟头和烟灰引起了环境问题，特别是在人口密集的商业中心<u>容易常常</u>因吸烟者乱扔的烟头引起很大的火灾。

b ★ 农药会有害于人的健康，<u>甚至孕妇吃了以后</u>会生产不正常的孩子。

时间状语位置相对灵活，而程度状语一般都是限制修饰谓语的，与谓语的距离较近。

类型 4 的偏误句正确的表达方式为：

a′ 比如说在公共场所很多人抽烟以后乱扔烟头和烟灰引起了环境问题，特别是在人口密集的商业中心常常容易因吸烟者乱扔的烟头引起了很大的火灾。

b′ 农药会有害于人的健康，孕妇吃了以后甚至会生产不正常的孩子。

5. 类型 5：时间状语和对象状语

a ★ 他<u>对我曾经</u>说过一段话：对于你想干的事不要不算数，不要粗心大意，坚持到底。

在多项状语排列规则中，时间状语应该放在对象状语前面。

类型 5 的偏误句正确表达方式为：

a′ 他曾经对我说过一段话：你想干的事不要不算数，不要粗心大意，要坚持到底；好好地对待别人，千万不要亏待别人。

6. 类型 6：时间状语和方式状语

a ＊但是，非洲的贫困人们就靠一个鸡蛋每天活下去。

在时间状语和方式状语排序，时间状语应放在方式状语前。时间相对方式是离谓语语义较远的修饰状语，方式直接限定谓语，所以与谓语距离较近。

类型 6 的偏误句正确表达方式为：

a′ 但是，非洲的贫困人们每天就靠一个鸡蛋活下去。

7. 类型 7：时间状语和目的状语

a ＊他为了公司 20 多年来认真地干了活。

时间状语和目的状语在一起，通常时间状语在前，目的状语在后。当然，有时目的状语也可位于主语前。

类型 7 的偏误句正确表达方式为：

a′ 他 20 多年来为了公司认真地干了活儿／为了公司，他 20 多年来真人地干了活儿。

8. 类型 8：时间状语和时间状语

a ＊战争结束以后，他的父亲离不开失去妻子的悲痛，就不久也去世了。

b ＊小时候，我曾经有一段时间以为吸烟的人看起来很好看。

"不久"应该放在"就"前，"有一段时间"应该放在"曾经"前，表示时间上的递进关系。

类型 8 的偏误句正确表达方式为：

a′ 战争结束以后，他的父亲摆脱不掉失去妻子的悲痛，不久就也去世了。

b′ 小时候，我有一段时间曾经以为吸烟的人看起来很好看。

（二）能愿动词与其他状语共现语序偏误

能愿动词也叫助动词，在国际中文教材中称其为能愿动词，在本体研究中常称其为助动词。《国际中文教育中文水平等级标准》的语法等级大纲中共收入12个。按等级分类，初等有会、能、想、要、可能、可以、该、应该、需要；中等有得；高等有需。

在 HSK 动态作文语料库中，涉及能愿动词的多项状语语序偏误数量很多，所以将能愿动词从语气状语中拿出来单独讨论。

1. 类型9：能愿动词和对象状语

a ＊为了别人可以做一件事情时，我觉得可以实现真正和睦的社会。

b ＊回韩国后我最想做的第一个事儿是养狗，八月份以后我每天早上跟它可以跑跑步。

c ＊这除了环境污染之外，还给青少年会带来一个很不好的印象。

d ＊女性长期吸烟的话，以后给胎儿会造成不好的影响。

e ＊我上大学以后你的公司突然搬到光州，所以和您能一起过的时间减少了。

能愿动词和对象状语之间的语序偏误较常见，学生将能愿动词放在对象状语后面。"可以""能""会"都表示主语的一种情态语义指向，而"为了别人""跟它"等都是动作的对象，语义指向谓语，所以应将能愿动词放在对象状语的前面。

类型9的偏误句正确表达方式为：

a′ 可以为了别人做一件事情时，我觉得可以实现真正和睦的社会。

b′ 回韩国后我最想做的第一个事儿是养狗，八月份以后我每天早上可以跟它跑跑步。

c′ 这除了环境污染之外，还会给青少年带来一个很不好的印象。

d′ 女性长期吸烟的话，以后会给胎儿造成不好的影响。

e′ 我上大学以后你的公司突然搬到光州，所以能和您一起过的时间减少了。

2.类型 10：能愿动词和方式状语

a ★ 那么<u>怎么要做</u>，才能彼此尊重？

b ★ 这样一来，有钱人<u>一边能</u>吃绿色食品、不担心自己的健康，一边能帮助挨饿的人。

c ★ 因为他<u>一个人可以</u>喝水，很安静，很方便，他感到满意。

d ★ 所以我们拿<u>自己的钱应该</u>救他们的命。

能愿动词应该在方式状语前。能愿动词"要""能""可以""应该"表示主语的一种情态，而"怎么""一边""一个人""拿自己的救命钱"则是描述动作的，描述人的状语应该在描述动作的状语前。前者离主语更近，后者离谓语更近。

类型 10 的偏误句正确表达方式为：

a′ 那么要怎么做，才能彼此尊重？

b′ 这样一来，有钱人能一边吃绿色食品、不担心自己的健康，一边能帮助挨饿的人。

c′ 因为他可以一个人喝水，很安静，很方便，他感到满意。

d′ 所以我们应该拿自己的钱救他们的命。

3.类型 11：能愿动词和程度状语

a ★ 为了农产品我们<u>应该更要</u>发展科学，发明出既不会危害人们的健康，也不会让人挨饿的产品。

因为"更"修饰"应该"的程度，强调"应该"的程度，所以程度副词"更"应该放在能愿动词"应该"前。

类型 11 的偏误句正确表达方式为：

a′ 为了农产品我们更应该要发展科学，发明出既不会危害人们健康，也不会让人挨饿的产品。

（三）对象状语与其他状语共现语序偏误

在 HSK 动态作文语料库中涉及介词短语的多项状语语序偏误数量非常多，介词短语做状语，大多表示对象，有的表示目的，还有的表示协同。韩国学生在对介词短语做状语的使用上问题比较严重。

1. 类型 12：对象状语和地点状语

a ＊ 本人要对这问题在下面进行浅析。

地点状语和对象状语组合，地点状语应该在对象状语前。

类型 12 的偏误句正确表达方式为：

a′ 本人要在下面对这问题进行浅析。

2. 类型 13：对象状语和程度状语

a ＊ 我为她非常担心，不过没有事情为她做，只能在她身边待着。

程度状语和对象状语组合，程度状语应该在对象状语前面。"非常"表示主语的一种情态，"为她"表示动作的对象，指向主语的程度状语应该放在对象状语前。

类型 13 的偏误句正确表达方式为：

a′ 我非常为她担心，不过没有事情为她做，只能在她身边待着。

（四）否定状语与其他状语共现语序偏误

否定状语语序偏误在 HSK 语料库中出现的频率很高。否定状语的使用规则，汉语和韩国语存在较大的不同。韩国语位于动词前的否定状语位置较为固定，而汉语中"否定"修饰语根据管辖范围的不同可以前移。正是这种不同，使韩国学生使用否定状语的时候产生负迁移，容易放在最贴近谓语的位置。汉语中否定词是根据否定的范围来决定它的位置的，而且否定的是其后面的成分。

1. 类型 14：否定状语和对象状语

a ＊ 反过来，吸烟者也是应该养成好的抽烟习惯，给周边的人不添麻烦，不扔抽完的烟，在青少年面前尽量不抽烟。

b★我借学习忙的理由来向你们没有表示一点儿的感谢之心。

c★既然这样，我们把保护地球的责任不能推迟到任何问题后面。

d★我的爸爸妈妈：我给您们几乎没写过信，这次才写信，觉得很不好意思。

e★我和哥哥已经长大了，以后的日子你们为我们别操心。

否定词应该在介词短语前。由"给""把""为"构成的对象状语和否定状语组合时，否定状语应该放在对象状语前。学生按韩国语习惯将否定词放在了谓语前最近的位置。

类型 14 的偏误句正确表达方式为：

a′ 反过来，吸烟者也应该养成好的抽烟习惯，不给周围的人添麻烦，不扔抽完的烟，在青少年面前尽量不抽烟。

b′ 我借学习忙的理由没有向你们表示一点儿的感谢之心。

c′ 既然这样，我们不能把保护地球的责任推迟到任何问题后面。

d′ 我的爸爸妈妈：我几乎没给你们写过信，这次才写信，觉得很不好意思。

e′ 我和哥哥已经长大了，以后的日子你们别为我们操心了。

2. 类型 15：否定状语和方式状语

a★世界人民都有自己的人权，我们是一样的人，互相不帮助的话，我们的前面只有灭亡的路。

对方式进行否定，应该将否定词放在方式状语的前面。学生将否定副词放在了方式状语后，紧挨谓语位置，这是韩国语负迁移造成的。

类型 15 的偏误句正确表达方式为：

a′ 世界人民都有自己的人权，我们是一样的人，不互相帮助的话，我们的前面，只有灭亡的路。

3. 类型 16：否定状语和能愿动词

a★我们应该不让自己的国家成为青少年吸烟者最多的国家，也要多加注意以防因烟头发生火灾以及环境污染问题。

在此否定的是态度，否定状语应该在所修饰的状语前，也就是说否定副词应该放在能愿动词前。学生还是将否定词放在了紧挨谓语位置，这是因韩国语负迁移所致。

类型 16 的偏误句正确表达方式为：

a′ 我们不应该让自己的国家成为青少年吸烟者最多的国家，也要多加注意以防因烟头发生火灾以及环境污染问题。

（五）范围状语与其他状语共现语序偏误

范围状语的语序偏误集中体现在对"都"的使用上。"都"是一个常使用的范围状语，"都"的语义前指，要放在修饰词的后面。偏误产生的原因一般是误把"都"放在了修饰词前而造成的。

类型 17：语气状语和范围状语

a ★ 总之，过去人说这样的话："一年只有太阳，一天也没有下雨，世界就变沙漠。"我们也一样，只是顺利过的话，我们都就成了个弱者而没有意义。

在汉语中，语气状语大多放在其他状语前面。语气指向主语，范围指向谓语发生的范围，所以语气应该在范围前。

类型 17 的偏误句正确表达方式为：

a′ 总之，过去人说这样的话："一年只有太阳，一天也不下雨，世界就变（成）沙漠。"我们也一样，只是顺利过的话，我们就都成了个弱者而没有意义。

二、数据分析与讨论

通过语料库的分析，我们发现在多重状语的语序偏误主要集中在时间状语、语气状语（能愿动词）、对象状语、否定状语、范围状语之间的顺序，共有 17 类偏误。其他表描写动作者的状语、协同状语、描写动作的状语偏误现象不太明显。

为了进一步观察韩国学生习得多重状语特点情况，我们以语料库中的偏误类型为基础，设计了问卷。问卷共包括 44 个翻译题，每个偏误类型设计了 2 个题，共设计了 34 个句子，另外还加了 10 个干扰句，以闭卷的形式让学习者翻译成汉语。具体设计问卷时，为了避免低年级学习者因不懂词汇意义而影响句式表达，尽可能选择了常用易懂的词汇，部分词汇还标注了对应的汉语词。测试对象为北京语言大学汉语学院二、三、四年级韩国留学生各 20 人。

（一）测试结果及分析

测试结果如表 9-1、表 9-2、表 9-3、表 9-4 和表 9-5。

表 9-1　时间状语与其他状语共现时的偏误率

偏误类型		测试卷序号	偏误率（%）		
			初级	中级	高级
类型 1	时间状语和语气状语"也"	句 1	26	18	15
		句 2	30	20	12
类型 2	时间状语与范围状语	句 3	12	8	5
		句 4	10	8	6
类型 3	时间状语和地点状语	句 5	32	12	4
		句 6	36	26	8
类型 4	时间状语和程度状语	句 7	26	20	18
		句 8	30	26	18
类型 5	时间状语和对象状语	句 10	36	28	20
		句 11	36	20	20
类型 6	时间状语和方式状语	句 12	38	32	18
		句 13	34	26	12

续表

偏误类型		测试卷序号	偏误率（%）		
			初级	中级	高级
类型 7	时间状语和目的状语	句 14	4	2	0
		句 15	0	0	0
类型 8	时间状语和时间状语	句 16	20	16	8
		句 17	6	2	2
平均值			24.5	16.6	10.6

表 9-2 能愿动词与其他状语共现时的偏误率

偏误类型		测试卷序号	偏误率（%）		
			初级	中级	高级
类型 9	能愿动词和对象状语	句 19	42	36	20
		句 20	38	25	25
类型 10	能愿动词和方式状语	句 21	20	10	6
		句 22	12	8	2
类型 11	能愿动词和程度状语	句 24	38	36	12
		句 25	38	30	28
平均值			31.3	24.2	15.5

表 9-3　对象状语与其他状语共现时的偏误率

偏误类型		测试卷序号	偏误率（%）		
			初级	中级	高级
类型 12	对象状语和地点状语	句 27	23	21	18
		句 28	15	15	26
类型 13	对象状语和程度状语	句 30	18	2	2
		句 31	12	10	2

表 9-4　否定状语与其他状语共现时的偏误率

偏误类型		测试卷序号	偏误率（%）		
			初级	中级	高级
类型 14	否定状语和对象状语	句 33	38	30	20
		句 34	12	4	0
类型 15	否定状语和方式状语	句 36	32	24	6
		句 37	12	10	6
类型 16	否定状语和能愿动词	句 38	8	2	0
		句 39	8	0	0
平均值			18.3	11.7	5.3

表 9-5　语气状语和范围状语共现时的偏误率

偏误类型		测试卷序号	偏误率（%）		
			初级	中级	高级
类型 17	语气状语和范围状语	句 41	24	20	12
		句 42	28	12	12
平均			26	16	12

通过以上数据我们可以看到如下特征：一是，能愿动词与其他状语共现时的偏误率最高，其次是时间状语和范围状语与其他状语共现的情况，否定状语和对象状语与其他状语共现时错误率较低。二是，学生们的偏误率随着学习时间的增多逐渐减少，然而时间状语与对象状语共现、能愿动词与对象状语共现、能愿动词与程度状语共现、地点状语与对象状语共现、否定状语与对象状语共现时，高年级学生的偏误率仍较高。

表9-1至表9-5中多重状语共现类型归纳见表9-6。

表9-6 韩国学生多重状语偏误率排序

偏误类型		初级学生偏误率（%）	中级学生偏误率（%）	高级学生偏误率（%）	平均值（%）
类型9	能愿动词和对象状语	40	31	23	31.3
类型11	能愿动词和程度状语	38	33	20	30.3
类型5	时间状语和对象状语	36	24	20	26.7
类型6	时间状语和方式状语	36	29	15	26.7
类型4	时间状语和程度状语	28	23	18	23.0
类型1	时间状语和语气状语"也"	28	19	14	20.3
类型3	时间状语和地点状语	34	19	6	19.7
类型12	对象状语和地点状语	19	18	22	19.7
类型17	语气状语和范围状语	26	16	12	18
类型14	否定状语和对象状语	25	17	10	17.3
类型15	否定状语和方式状语	22	17	6	15
类型10	能愿动词和方式状语	16	9	4	9.7
类型8	时间状语和时间状语	13	9	5	9
类型13	对象状语和程度状语	15	6	2	7.7
类型2	时间状语和范围状语	11	8	6	8.3

续表

偏误类型		初级学生偏误率（%）	中级学生偏误率（%）	高级学生偏误率（%）	平均值（%）
类型 7	时间状语和目的状语	10	2	2	4.7
类型 16	否定状语和能愿动词	8	1	0	3

（二）讨　论

1.韩国学生习得递加性多重状语语序过程中出现的偏误率较高，偏误类型也比较多，但随着学习时间的增多、汉语水平的提高，偏误率也逐渐降低。

由于我们的调查是有针对性的问卷调查，而且调查形式是翻译，因此与自然语料相比偏误率会高一些。根据上面表格中的数据我们可以看出，韩国学生多重状语习得过程中，能愿动词与对象状语共现、能愿动词与程度状语共现是错误率最高的，其次是时间状语与对象状语共现、时间状语与方式状语共现、时间状语与语气状语共现。具体偏误率如图 9-1 所示。

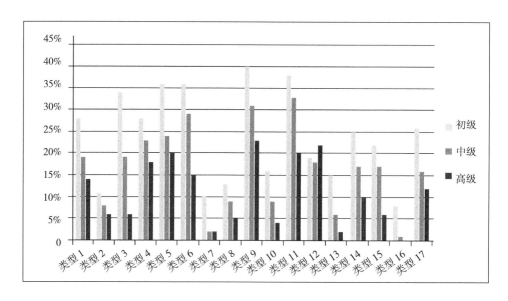

图 9-1　韩国不同汉语水平学习者多重状语偏误情况

2.不同的学习阶段所学习难点有所不同。

习得多重状语时，初级水平学生经常出现的偏误类型为：类型 9 ＞类型 11 ＞类型 5、类型 6 ＞类型 3 ＞类型 4、类型 1 ＞类型 17、类型 14 ＞类型 12 ；中级水平学生经常出现的偏误类型为：类型 11 ＞类型 9 ＞类型 6 ＞类型 5 ＞类型 4 ＞类型 3、类型 1 ＞类型 12 ＞类型 15、类型 14 ＞类型 16 ；高级水平学生经常出现的偏误类型为：类型 9 ＞类型 12 ＞类型 11 ＞类型 5 ＞类型 4 ＞类型 6 ＞类型 1 ＞类型 17 ＞类型 14。

3.母语的干扰是偏误形成的主要原因。

第二语言学习者对目的语学习初始掌握不熟时，常常会依赖母语知识，尤其是在这两种语言具有相近的语言规则时，学习者常倾向于用母语的语言规律代替目的语相应的规律。中介语理论研究表明，学生受母语负迁移的影响，一般学习程度越深影响越小，所以母语的负迁移主要出现在韩国学生学习汉语的初级阶段。母语的负迁移就是指学习者将母语的语法知识、语言规律、语言习惯、文化背景带到目的语的学习当中而形成的偏误。汉语是孤立语，因此语序对汉语有至关重要的作用，而韩国语是黏着语，有着多样和灵活的语序。汉语状语可分为限制性状语和描写性状语。限制性状语主要由副词、时间名词、处所名词、介词短语等来担任，从各个方面对中心语加以限制，其语义又可以分为表示语气和估计的，表示时间的，表示处所、空间、路线、方向的，表示目的、依据、关涉、协同的，表示对象的，表示否定、程度、数量、范围的。描写性状语可以分为两类，描写动作的和在意念上描写动作者的。韩国语的状语一般由副词和谓词、体词加附粘成分连接词尾构成，韩国语的状语翻译成汉语后有时会成为补语，因此学生在此会出现偏误。

另外，学习者也常出现对目的语知识难点的回避现象。学生学习第二语言本身就存在一定的困难，而目的语的难点就更让学生感到困扰。汉语的语法知识多样复杂，更有许多母语者都弄不清楚的难点，状语中多项状语的排序就是其中之一。因此，多项状语就会成为留学生们出现偏误的知识点，学生很难对这样枯燥且复杂的语法点提起兴趣，由于多项状语排序的灵活性，在练习的时候学生反复出现错误，总是不能结合句子具体语境去理解，这样经常性的错误就会使学生产生放弃的念头，采取回避的学习态度。

最后，目的语的"化石化"现象也不可忽视。"化石化"现象大多出现在中高级阶段，是指学生在学习过程中熟练掌握中介语，不能将其过渡到目的语的现象。中介语言一般不能达到目标语言的程度，学生学习到一定阶段就会产生固化，无法提高。一般学生在初级阶段形成的固化错误，再带到中高级阶段就会成为"化石化"难点，学生比较难以改正。例如，韩国学生多项状语句中会出现"把字句"和"被字句"的语序偏误，此类问题韩国学生一直弄不清楚，直到学习的高级阶段仍然会出现"你放哪儿我的书包了？"的句式偏误。

三、教学启示

基于韩国学生习得汉语多重状语的语序偏误，在对外汉语教学中，教师要重视语序教学的作用，要做好汉韩两种语言的对比研究，使学生积极转移正迁移，尽量避免负迁移。

（一）采用对比教学法

教师在进行语法教学，尤其是像多重状语这样的难点语法教学中，不应该单纯用简单的理论知识进行讲解，而是教学要使用一些有效的教学方法。我们的教学目的不仅仅是让学生明白这个语法的知识点，更重要的是要让学生正确地去使用。讲解的时候，要避免模糊性的语言，给出正确的语言规则后，应告诉学生哪些容易出现偏误，然后进行大量的练习使学生适应汉语语序的正确形式。

进行对比教学时我们要着力于两方面。一是对比母语和目的语多重状语的排序区别，二是对比汉语多重状语中典型例句的正确和错误的区别。比如，教师通过对汉语和韩国语句子成分、状语的类型及多重状语排序的不同分析出学生可能出现偏误，对这样的不同进行针对性的练习。韩国学生在多重状语连用时最常出现时间状语、关联状语、范围状语、对象状语、否定状语的偏误。通过汉语和韩国语的语序对比我们知道，韩国语中对象状语一般放在情态状语之前，因此韩国学生按照韩国语多项状语的语序来表述汉语就会出现偏误。另外在教学过程中，教师也要经常对比多项状语的典型例句的正确和错误形式，根据大量的对外汉语资源筛选便于我们使用的例句，让学生有意识地对应正确句子自己总结规则、自己造句，然后老师再来讲解，起到举一反三的作用。这样的方法能使教学内容不那么枯燥，并且学生能够主动地去运用汉语思维思考。

（二）教材中明确多重状语知识点

学生对多重状语感到困难有很大一部分原因是学习的教材中缺少多重状语语序的知识点，教材并没有合理地安排这一教学难点。因此，在学习的初级阶段，对状语进行教学时就应该让学生知道多重状语的存在以及多重状语语序的重要性。教材的知识点可分散在不同的语法点，如副词、介词短语、能愿动词等。课后习题的编写要能帮助学生理解知识及巩固知识，应当是与语法点的内容与特点相匹配的有代表性的练习题。

（三）运用循序渐进的原则

教师教授时应该让学生有个循序渐进的学习过程，从对语言点的解释再到学生的理解，学生怎样运用、是否很好地掌握了语法点，这都应该是一个从简单到复杂的过程。如果教师教学的安排是将这一知识点所有的内容与语法形式、语法规则、使用情况等都集中讲给学生，那么教授的效果就不会很好，不利于学生消化如此复杂的知识，甚至产生放弃的念头。如在向韩国学生讲多重状语时，教师在初级阶段就告诉学生状语的各种构成和多重状语的排序，那么就会使学生对于抽象的语法感到困惑，丧失学习的兴趣，所以初级阶段教师应该告诉学生最简单和最常出现的状语成分，然后对两重状语如何排序进行讲解，再到三重状语、四重状语及以上的状语如何进行排序，让学生逐渐体会和理解多项状语的排序规则。

附：测试卷

请把下面的韩国语翻译成汉语。

1. 나도 옛날 에운동을 무척 좋아했다.

2. 나도 장래 의사가 되고 싶다.

3. 중국에서 우리는 매우 바쁘게 지낸다.

4. 한국에서는 여자들은 매일마다 화장을 한다.

5. 그는 대학 졸업 후 은행에서 일하기 시작했다.

6. 중국인들은 늘 길 거리에서 담배를 피운다.

7. 우리는 중국에서 늘 일본인으로 여겨지기 쉽다.

8. 그는 국내에서도 나쁜 짓만 하더니, 중국에 와서는 담배까지 피우기 시작했다.

9. 그는 매일 중국어 공부를 한다.

10. 그는 나에게 이런 말을 한 적 있다.

11. 철수는 어제 수업시간에 선생님한테 예의 없는 행동을 했다.

12. 그는 매일 물 한잔으로 살와왔다.

13. 이 물건들은 그가 어제 자전거로 옮겨온 것이다.

14. 그는 20 여년간 회사를 위하여 열심히 일해왔다.

15. 작년 한 해 목표 달성을 위하여 사원들은 각고의 대가를 지불했다.

16. 한동안 담배를 피우는 사람이 쿨하다고 생각한 적 있다.

17. 어릴 적 한동안 우표 수집을 각별히 즐겼다.

18. 북경은 스모크 현상이 아주 심하다.

19. 다른 사람을 위하여 일을 할 수 있을 때 나는 행복을 느꼈다.

20. 오늘부터 우리는 매일 그와 운동을 할 수 있다.

21. 그는 혼자서 물을 마실 수 있다.

22. 우리는 자신의 기술로 다른 사람을 도와야 한다.

23. 오늘 그는 아침도 먹지 않은 채 학교로 갔다.

24. 후대를 위하여서라도 우리는 더욱더 환경 보호에 나서야 한다.

25. 부모님을 위하여 우리는 더욱더 열심히 공부해야 한다.

26. 오늘 그는 배드민톤 치러 체육장에 갔다.

27. 지금부터 이 문제에 대하여 해석을 하겠다.

28. 내일 행사에 관하여 110 강의실에서 설명회가 있다.

29. 이교수님 강의가 끝난후 우리는 커피숍에 갔다.

30. 나는 그 사람때문에 엄청 걱정하고 있다.

31. 선생님은 그에게 각별한 관심을 보였다.

32. 동생은 이 소식을 듣고 울음보를 터뜨렸다.

33. 최대한 애들 앞에서 담배를 피우지 않는다.

34. 오래동안 당신한테 편지를 쓰지 않았군요.

35. 허리가 아파서 오래 앉아 있을 수 없다.

36. 서로 돕지 않으면 친한 친구라고 말할 수 없다.

37. 개인의 명의로 출판하지 않으면 나는 동의치 않겠다.

38. 우리는 강의실에서 담배를 피워서는 안된다.

39. 학교 측에서 그들에게 귀국을 허락해서는 안된다.

40. 나의 컴퓨터는 또 고장나고 말았다.

41. 부모님들 앞에서 우리 모두는 아이가 되고 말았다.

42. 이렇게 공부하고나서 우리 모두는 시험을 보는 기계가 되고 말았다.

43. 그는 여전이 그곳에서 견지하고 있다.

44. 내일 또 하루종일 수업이 있다.

第十章　趋向补语"起来"

趋向补语是韩国学生学习汉语的难点之一，尤其是趋向补语的引申用法。趋向补语"起来"使用较频繁，其引申用法十分复杂。

刘月华（1998）指出，趋向补语"起来"的语义可分四种。[①]

趋向意义，表示由低处向高处移动，立足地可在低处，也可在高处。例如：

（1）太阳升起来了。

（2）请你把头抬起来。

结果意义，一是表示接合以至固定，二是表示突出、隆起。例如：

（3）把衣服缝起来。

（4）肚子鼓起来了。

状态意义，表示进入一个新的状态。例如：

（5）我立刻又得意起来。

（6）广播又响了起来。

特殊用法，一是表示从某方面说明、评论人或事物，二是表示引进说话人的一种看法。例如：

（7）饺子吃起来好吃，包起来很麻烦。

（8）想起来人生不过如此。

动词"起来"译成韩国语是"일어나다（ileonada，起来）"，而与"일어나다（ileonada）"相应的汉语形式则并非"起来"一种。例如：

（9）자리에서　　일어나다.

　　作为 – 处所格 起来 – 终结词尾

　　从座位站起来。

---

① 刘月华：《趋向补语通释》，341 页，北京，北京语言文化大学出版社，1998。

（10）아침 일찍 <u>일어났다</u>.

　　早晨 早　　起来－过去时－终结词尾

　　早上起得很早。

就如上举两个例句，韩国语动词"일어나다（ileonada）"在句中作谓语，译成汉语有时是"站起来"，有时是"起"。韩国语句子成分中没有补语，因此韩国学生在用汉语表达时常把"起来"只当作谓语使用。

汉语趋向补语"起来"在韩国语中的对应形式复杂。"起来"表示进入一个新的状态时，可以与"－기 시작하다（gi sijakhada，开始）"对应，但大多时候对应是零形式，即没有具体表现形式。例如：

（11）太阳升起来了。

　　해가　　　　떴다.

　　太阳－主格 升－过去时－终结词尾

（12）把衣服缝起来。

　　옷을　　　　깁었다.

　　衣服－宾格 缝－过去时－终结词尾

（13）饺子吃起来好吃，包起来很麻烦。

　　만두는　　　먹을 때는　　　맛나지만　　만들기가 번거롭다.

　　饺子－话题格吃 时候－话题格 好吃－连接词包－主格麻烦－终结词尾

也就是说，学生很难在自己的母语中找到和补语"起来"对等或相似的成分，这无疑给学生学习这一语法点带来一定难度。

本章围绕趋向补语"起来"，考察韩国学生在习得过程中遇到的问题，并以此为基础，为教学提出一些建议。

一、偏误类型

韩国学生习得趋向补语"起来"时出现的偏误类型主要有冗余、误用、遗漏、错序等四类。

（一）冗 余

冗余类偏误有两种情况，一是本不该用"起来"，而学生却用了的情况，二是"来"要省略，却用了的情况。

1. 类型 1："起来"的冗余

a＊随着汉语水平的提高，我逐渐发觉起来了，汉语很好听，像音乐一样。

b＊考上大学以后，和很多吸烟的朋友打交道，我的这种看法也逐渐变起来了。

c＊这件事幸亏你提醒起来，我几乎忘了。

d＊看到贵公司的招聘广告，我决定马上报名起来。

以上四个例句都是误加"起来"的情况，其导致偏误的原因主要是目的语知识不扎实而导致的过度泛化。学生把他所学的不充分的、有限的目的语知识，套用在新的语言现象上，结果产生偏误。上面四个例句所要表达的语义，与趋向补语"起来"无关联。随着学生掌握的目的语知识越来越多，他们便会用更多的目的语语法规则进行推论，但是语言的生成并不是仅由一条规则决定的，而是同时受多种规则的制约。如果学生掌握的目的语知识不全面，就会造成过度使用某一条或某几条规则而忽略其他规则的现象，从而造成偏误。但通常这种情况会随着学生汉语水平的提高得到解决。

类型 1 的偏误句正确表达方式为：

a′ 随着汉语水平的提高，我逐渐发觉，汉语很好听，像音乐一样。

b′ 考上大学，和很多吸烟的朋友打交道后，我的这种看法也逐渐变了。

c′ 这件事幸亏有你提醒，我几乎都忘了。

d′ 看到贵公司的招聘广告，我决定马上报名。

2. 类型 2："来"的冗余

a＊我突然想起来小的时候，我当兵的时候爸妈流眼泪。

b＊在公司里我常常想起来你们，并且想像你们的一生太不容易。

c ★ 想起来爸爸妈妈那时候的痛苦，我的心也疼起来呢。

d ★ 那天，我又想起来了爸爸、妈妈，差点儿哭了。

类型 2 都是动词"想"和趋向补语"起来"组合的情况。学生只知道"起来"与"想、记"等表示思维活动的动词组合在一起表示某种结果，但对其句法制约了解不多。"V 起来"后若有宾语，我们通常会把宾语放在"起"与"来"中间，如"想起小时候来""想起你们来"等，然而当"SV 起 O 来"后有后续句时，"来"常常会省略。因此，类型 2 的偏误句正确表达方式为：

a′ 我突然想起小的时候，看着即将要当兵的我，爸妈流下了眼泪。

b′ 在公司的时候，我常常想起你们，觉得你们走过来的一生太不容易。

c′ 想起爸爸妈妈那时候的痛苦，我的心也跟着一起疼起来。

d′ 那天，我又想起了爸爸、妈妈，差点儿哭了。

（二）误　用

误用情况主要有三类，一是"起来"与"出来"的混用，二是"起来"与"来"的混用，三是"起来"与"上来 / 上去"的混用。

1. 类型 3："起来"与"出来"混用

a ★ 他们三个和尚想了半天，终于想起来了一个好主意。

b ★ 我就是那个小妹，你想出来了吧？

c ★ 过了一段时间慢慢发展现在的程度人们才想出来绿色食品的重要性。

"想起来"所涉及的事情是曾经知道的，宾语经常是人或事物；"想出来"所涉及的事情是不曾存在或不知道的东西，宾语经常是"办法、方法、主意"等。类型 3 的三个偏误句均为"起来"与"出来"混用的情况。例 a，根据上下语境，可以判断想起来的是"不曾存在"或"以前不知"的好主意；例 b 中想表达的信息是，听话人过去认识"我"，只是现在忘记了；例 c 中人们过去是知道"绿色食品的重要性"的，因此不能用"出来"。

类型 3 的偏误句正确说法为：

a′ 他们三个和尚想了半天，终于想出来一个好主意。

b′ 我就是那个小妹，你想起来了吧？

c′ 过了一段时间才慢慢发展现在的程度，人们才想起来绿色食品的重要性。

类型 4："起来"与"上来/上去"混用

a ★ 两个绳子刚刚能碰<u>起来</u>，接不<u>上</u>。

b ★ 我喜欢做饭时白米里掺<u>起来</u>一些黑米。

c ★ 手指上缠<u>起</u>绷带。

d ★ 记得报名表上要写<u>起</u>填表日期。

例 a 和例 b 中"碰"与"掺"表示"聚集"。在"聚集"类动词后，"上"表示"接触"，"起来"表示"接合"。二者相比较，"起来"比"上"接合得更牢固一些，因此例 a 的表达不太合适。另外，"起来"所涉及的事物不分主次，"上"所涉及的事物往往一个是整体或主要的，另一个是部分或次要的。例 b 中"白米"是主要的，"黑米"是次要的，因此用"起来"不合适。"缠"属于捆绑类动词，"起来"与"上"均可在捆绑类动词后出现，但受句式制约。像"把 +O+V捆绑 + 补语趋向"格式，"起来"就不能进入，因此例 c 是错误的。例 d 中"填表"时要用"填上、写上"，不能用"填起来、写起来"。

基于以上，类型 4 的偏误句正确说法为：

a′ 两个绳子刚刚能碰上，接不起来。

b′ 我喜欢做饭时白米里掺上一些黑米。

c′ 手指上缠上绷带。

d′ 记得报名表上要写上填表日期。

3. 类型 5："起来"与"来"的混用

a ★ 每一句话，在他听<u>起来</u>都那么好笑。

b ★ 在父母想<u>起来</u>，北京是一个特别远的地方。

c ★ 在我看<u>起来</u>，说汉语像唱歌。

句式"在……V来"，用于直接引出某人的看法、想法等，动词一般为"想、听、看"等。如"在他看来"的意思是"他认为"，后面通常引出某人的一种看法。此时"来"不能替换成"起来"。"V起来"有类似语义功能，可引出说话人的一种看法或表示从某方面着眼。例如：

（14）看起来大有大的难处，小有小的好处。

（15）说起来似乎容易，做到就很不简单了。

类型5的偏误句正确说法为：

a′ 每一句话，在他听来都那么好笑。

b′ 在父母想来，北京是一个特别远的地方。

c′ 在我看来，说汉语像唱歌。

（三）遗　漏

遗漏有两种情况，一是因补语"起来"的残缺造成的偏误；二是因与补语"起来"密切相关的成分的残缺造成的偏误。

1. 类型6："起来"的遗漏

a ★他们想从哪里跌倒就从哪里爬。

b ★跟着唱，想着那首歌的歌词，这样听着流行歌，我的心情兴高采烈了。

c ★同学们突然鼓掌了，纷纷过来祝贺我。

上述三个例句是单纯缺失趋向补语"起来"的情况。例a应该是"爬起来"，表示从低处向高处的移动。例b主要是遗漏"起来"，同时有其他偏误。"兴高采烈"不能做谓语，可以用"高兴"，原句是说一种心情的变化，应用"高兴起来"。例c中"鼓掌"后应该加"起（来）"，表示状况的变化。

类型6的偏误句正确说法为：

a′ 他们想在哪里跌倒就从哪里爬起来。

b′ 跟着唱，想着那首歌的歌词，这样听着流行歌，我就会高兴起来。

c′ 同学们突然鼓起掌来，纷纷过来祝贺我。

2. 类型 7：其他成分的遗漏

a ★ 刚到美国时，每一个美国人看起来坏人，我不放心。

b ★ 对看起来年轻人，可以让他提出身份证，而且十一点后不能买。

上两例是"起来"的特殊用法的偏误。"V 起来"后的成分一般是谓词性的，不能由名词充当，应加上动词"是"或"像"。介词"对"要求他的宾语是名词性的，所以要再加上"的"，使之变成"的"字短语，做"对"的介词宾语。

类型 7 的偏误句正确说法为：

a′ 刚到美国时，每一个美国人看起来都像坏人，很不放心。

b′ 对看起来像未成年的人，可以让他提供身份证，而且十一点后就不能买。

（三）错　序

错序指因为句子成分位置错置造成的偏误类型。错序偏误有两个类型，一是"起来"与宾语的位置；二是"起来"与否定词的位置。

1. 类型 8：与宾语的位置

a ★ 人们开始用农药起来了。

b ★ 庙没有了，三个和尚都互相吵架起来了。

c ★ 她不愧是一个勇敢的女性，经常艰难的工作挑起来。

d ★ 有时候生活得不认真，就把父亲的背影想起来。

上述四个例句均是述宾结构的宾语与"起来"错序。例 a 的宾语是"农药"，没有修饰词，要放在"起"后"来"前。例 b 中谓语"吵架"是离合词，此时"起来"要放在离合词中间。例 c 和例 d 中，受事成分都在动词前。这两句中受事成分"工作""背影"前都有修饰成分"艰难的""父亲的"，因此受事成分可位于"起"和"来"的中间，或也可位于"起来"的后面。

基于以上，类型 8 的偏误句正确说法为：

a′ 人们开始用起农药来了。

b′ 庙没有了，三个和尚都互相吵起架来了。

c′ 她不愧是一个勇敢的女性，经常挑起艰难的工作来／经常挑起来艰难的工作。

d′ 有时候生活得不认真，就想起父亲的背影来／就想起来父亲的背影。

2. 类型 9：否定副词的位置

a ★ 我怎么也<u>不</u>想起来我让你们快乐的事情。

b ★ 那时我太累了，头都<u>不</u>抬起来了。

c ★ 不应该怕危险，要在家里<u>不</u>藏起来。

上述三例均涉及否定词的位置。"起来"表示结果义时，可能形式是"V不起来"，因此例 a 和例 b 不正确。例 c 情况有些不同。不及物动词"藏、躲、隐蔽、掩盖、蒙"等"隐藏"类动词一般不构成可能式"V不起来"。在这里"不"否定的是人的意志，因此在"要"前。

因此，类型 9 的偏误句正确说法为：

a′ 我怎么也想不起来我让你们快乐的事情。

b′ 那时我太累了，头都抬不起来了。

c′ 不应该怕危险，不要在家里藏起来。

二、数据分析及讨论

HSK 动态作文语料库的韩国学生语料中，"起来"在句中做趋向补语的句子共 564 句，其中偏误句 86 句，正确句子 478 句，偏误率为 15.25%。

（一）四类"起来"的使用情况

上文中我们也曾提到，刘月华（1998）把趋向补语"起来"的语法意义分为四类：[①] ①趋向意义；②结果意义；③状态意义；④特殊用法。HSK 动态作文

[①] 刘月华：《趋向补语通释》，341 页，北京，北京语言文化大学出版社，1998。

语料库的韩国学生语料中，这四种"起来"的使用情况见表 10-1。

表 10-1　HSK 动态语料库韩国学生使用"起来"情况

意义类型	中介语合计（例）	正确句（例）	偏误句（例）	偏误率（%）
趋向意义	30	27	3	10
结果意义	135	117	18	13.33
状态意义	160	121	39	24.38
特殊用法	239	213	26	10.88
合计	564	478	86	15.25

从表 10-1 我们可以看到。四种"起来"中，偏误率最高的意义类型是状态意义，其次是结果意义，特殊用法与趋向意义偏误率较低。

下面我们将分别分析四种意义的使用情况。

1. 状态义"起来"的使用情况分析

表示状态意义的"起来"在动词后表示进入并持续新的动作或状态，在形容词后表示进入新状态并且程度渐深。状态义"起来"前的谓语中心语，可根据语义类别分四类。

①与语言或声音相关的词，如说、唱、聊天、议论、喊、哭、笑等。

②表示动作行为的词，如跑、写、吃、抽（烟）、穿、学、准备、抬、举、看等。

③表示心理或思维活动的词，如想、回忆、得意、喜欢、思考等。

④形容词，如多、大、快、热闹、明亮、容易等。

根据这四种分类，韩国学生习得状态义"起来"情况如下表 10-2。

表 10-2　韩国学生习得状态义"起来"情况

谓语语义类型	中介语合计（例）	正确句（例）	偏误句（例）	偏误率（%）
语言/声音	37	33	4	12.12
动作行为	32	23	9	28.13
心理/思维	16	15	1	6.25
形容词	75	50	25	33.33
合计	160	121	39	24.38

从表 10-2 我们可以看到，韩国学生在习得"起来"状态意义时，"形容词 + 起来"的偏误率最高，其次是"动作动词 + 起来"，再次是"语言/声音类动词 + 起来""心理/思维类动词 + 起来"偏误率则低些。

2. 结果义"起来"使用情况分析

结果义可分为两种，一是表示物体与物体的链接、结合以至固定，二是表示突出或隆起。结果义"起来"的谓语中心语，可根据语义类别分为 11 类。[①]

①连接、聚合类，如连、缝、联系、加、合、归纳、缩、折、卷、集中、积累等。

②捆绑、封闭类，如捆、绑、包、围、包围、抱、堵、密封等。

③收存、隐蔽类，如收、存、放、留、藏、躲、盖等。

④关押、逮捕类，如关、抓、扣等。

⑤思维活动类，如想、记、回忆等。

⑥燃烧、引惹类，如点、烧、燃烧、引、惹等。

⑦多方参与或完成的动作行为，如吵、斗、打、闹事、讨论、辩论等。

⑧陈列、修饰类，如摆、陈列、晾、装饰、打扮、装扮等。

⑨建造、承担类，如建、造、盖、安装、做、办、搞、承担、建立、树立、

---

① 刘月华：《趋向补语通释》，346 页，北京，北京语言文化大学出版社，1998。

成立等。

⑩表示社会活动或精神活动，如发动、动员、开展、发展、成长、振作类等。

⑪突出、隆起类，如胖、肿、鼓、碰、撞、挺等。

根据这11种分类，韩国学生习得结果义"起来"情况见表10-3。

表10-3　韩国学生习得结果义"起来"情况

谓语语义类型	中介语合计（例）	正确句（例）	偏误句（例）	偏误率（%）
连接 / 聚合	13	9	4	30.77
捆绑 / 封闭	2	2	0	0
收存 / 隐蔽	6	4	2	33.33
关押 / 逮捕	8	8	0	0
思维活动	65	56	9	13.85
燃烧 / 引热类	8	6	2	25
多方参与或完成	5	5	0	0
陈列 / 修饰	2	2	0	0
建造 / 承担	6	6	0	0
社会 / 精神活动	18	17	1	5.56
突出 / 隆起	2	2	0	0
合计	135	117	18	13.33

从表10-3我们可以看到，韩国学生习得"起来"的结果意义时，"收存隐藏类动词＋起来""连接聚合类动词＋起来""燃烧引热类动词＋起来"的偏误率高，"思维活动类动词＋起来""精神/社会活动类动词＋起来"的偏误率也略

高，其他类偏误率为零。

3. 特殊用法"起来"的使用情况分析

特殊用法"起来"的表达主要有以下两种。[①]

①用于从某方面说明，评论人或事物。此时"起来"前的动词多是表示实在意义的，如说、笑、吃、跑、看等。

②趋向补语后引进说话人的一种看法。此时动词多与感官有关，如看、想、说等。

根据这两种分类，韩国学生习得特殊用法"起来"情况见表10-4。

表10-4 韩国学生习得特殊用法"起来"情况

谓语语义类型	中介语合计（例）	正确句（例）	偏误句（例）	偏误率（%）
说明 / 评论	55	48	7	12.73
引进看法	184	165	19	10.33
合计	239	213	26	10.88

从表10-4我们可以看到，韩国学生习得"起来"的特殊用法时，两种类型偏误率都不太低。

4. 趋向义"起来"的使用情况分析

我们按照表示趋向意义的"起来"前面的动词所表达的意义不同可将动词分类3。

①自身运动的动词，如飞、站、跳、坐、爬、漂等。

②肢体动作动词，如抬（头）、举（手）、直（腰）等。

③使物体改变位置的动词，如搬、抬、提、背、举、吹、刮等。

根据这3种分类，韩国学生习得趋向义"起来"情况见表10-5。

---

① 刘月华:《趋向补语通释》，371页，北京，北京语言文化大学出版社，1998。

表 10-5　韩国学生习趋向义"起来"情况

谓语语义类型	中介语合计（例）	正确句（例）	偏误句（例）	偏误率（%）
自身运动	23	21	2	8.7
肢体动作	0	0	0	0
使改变位置	7	6	1	14.29
合计	30	27	3	10

从表 10-5 我们可以看到，语料中没有发现"肢体动作动词 + 起来"类；韩国学生习得"起来"的趋向意义时，"使物体改变位置的动词 + 起来"类句子偏误率较高，相比之下"自身运动动词 + 起来"类句子偏误率较低。

（二）偏误类型分布

为了获得更全面的数据，基于前面的偏误类型我们设计了一份调查问卷。问卷调查包含三个部分，从题目的难易度出发，选择以下编排顺序：第一部分是选择题，共 9 题；第二部分是排序题，共 6 题；第三部分是翻译题，共 12 题。以上偏误类型至少出现三次，为了保证韩国学生能完全了解题目的要求，问卷用韩国语说明。问卷调查由学生课上独立完成，做题时间为一个小时，可用词典。

因复合趋向补语的引申用法到中级阶段才学习，因此调查对象为达到中高级汉语水平的韩国学生。问卷共发放 60 份，收回有效问卷 60 份，其中中级水平学生卷 32 分，高级水平学生卷 28 份。

通过问卷共搜集 1620 例语料，其中与"起来"相关部分使用正确的有 1104 例，正确率为 68.15%，错误的有 516 例，偏误率 31.85%。不同偏误类型的偏误情况见表 10-6。

表 10-6 韩国学生习得"起来"偏误类型分布

偏误类型		学习水平	正确句（例）		正确率（%）		错误句（例）		错误率（%）		合计（例）	
类型1	"起来"的冗余	中级	60	136	62.5	75.56	36	44	37.5	24.44	96	180
		高级	76		90.48		8		9.52		84	
类型2	"来"的冗余	中级	78	158	81.25	87.78	18	22	18.75	12.22	96	180
		高级	80		95.24		4		4.76		84	
类型3	与"出来"混用	中级	48	115	50	63.89	48	65	50	36.11	96	180
		高级	67		79.76		17		20.24		84	
类型4	与"上来/上去"混用	中级	45	98	46.88	54.44	51	82	53.22	45.56	96	180
		高级	53		63.1		31		36.9		84	
类型5	与"来"混用	中级	35	74	46.46	41.11	61	106	53.54	58.89	96	180
		高级	39		46.43		45		53.57		84	
类型6	"起来"的遗漏	中级	50	116	52.08	64.44	46	64	47.92	35.56	96	180
		高级	66		78.57		18		21.43		84	
类型7	其他成分的遗漏	中级	80	160	83.33	88.89	16	20	16.67	11.11	96	180
		高级	80		95.24		4		4.76		84	
类型8	与宾语的位置	中级	55	118	57.29	65.56	41	62	42.71	34.45	96	180
		高级	63		75		21		25		84	
类型9	否定词的位置	中级	57	129	59.37	71.67	39	51	40.63	28.33	96	180
		高级	72		85.71		12		14.29		84	

观察表 10-5 可发现，误用类偏误率最高，其次是错序类偏误，遗漏类和冗余类偏误率相对低一些。偏误率最高的是类型 5 与"来"混用，其次是类型 4 与"上来 / 上去"混用，类型 3 与"出来"混用、类型 4 与"上来 / 上去"混用和类型 6 "起来"的遗漏。整体上，随着汉语水平的提高偏误率趋下降，但是类型 5 与"来"混用不太明显，到了高级阶段偏误率仍然很高。如图 10-1 所示。

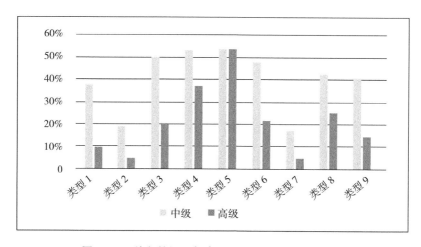

图 10-1　趋向补语"起来"9 种偏误类型的偏误率

综合以上分析，我们将韩国学生习得趋向补语"起来"的特点及相关问题总结如下。①"起来"的四种语义中，偏误率最高的是状态意义，结果意义次之，特殊用法与趋向意义偏误率较低。②韩国学生在习得"起来"的状态意义时，"形容词＋起来"的偏误率最高，"动作动词＋起来"次之。③习得"起来"的结果意义时，"收存隐藏类动词＋起来""连接聚合类动词＋起来""燃烧引热类动词＋起来"的偏误率高，"思维活动类动词＋起来""精神 / 社会活动类动词＋起来"的偏误率也较高。④习得"起来"的特殊用法时，说明 / 评论及引进看法两种类型偏误率都不低。⑤习得"起来"的趋向意义时，"使物体改变位置的动词＋起来"类句子偏误率较高。⑥偏误类型上，误用类偏误率最高，错序类偏误次之。⑦偏误率最高的是类型 5 与"来"混用，其次是类型 4 与"上来 / 上去"混用、类型 3 与"出来"混用、类型 8 与宾语的位置和类型 6"起来"的遗漏。这些应成为趋向补语"起来"教学的重点。

三、教学启示

（一）完善教材中的解释

目前教材对"起来"的解释只是部分语义及用法。很多教材只是初级阶段对"起来"的部分用法进行讲解，到了中高级阶段就不再提及，使得学生对"起来"的理解和使用也停留在相对简单的初级阶段。

相比而言，《HSK 标准教程》是对"起来"这一语法点解释最详细的教材。该教材分别在第四册（下）[①]和第五册（下）[②]提到"起来"，说明了四种用法：一是动词，可用在动词后面做趋向补语或可能补语，表示动作的方向从下到上。二是如果用在动词"想"后，引申表示从记忆中寻找出以前的人或事。这是"起来"的特殊用法中的第二种用法，三是"动词＋起来"表示由分散到集中。四是"动词＋起来"也可表示由显露到隐蔽。这四种用法中，第一是趋向用法，其余是"起来"的结果义用法。前面我们曾分析，对学生而言偏误率最高的是状态义用法，但教材中未提及。

《博雅汉语》[③]分别在初级起步篇（1）、中级加速篇（1）、中级加速篇（2）提到趋向补语"起来"。

《博雅汉语》初级起步篇（1）提到，复合趋向补语宾语的位置和简单趋向补语相同，如"V 起 O 来"。但事实上并不能一概而论。在中级加速篇（1）讲解"起来"状态意义时说，用在动词后表示动作完成，并有持续下去的意思，用在形容词后表示某状态开始发展，且程度继续加深。这一表述也不够全面。中级

---

①　姜丽萍主编：《HSK 标准教程》（第四册下），北京，北京语言大学出版社，2015。

②　姜丽萍主编：《HSK 标准教程》（第五册下），北京，北京语言大学出版社，2015。

③　徐晶凝、任雪梅：《博雅汉语》，北京，北京大学出版社，2005。

加速篇（2）将"想起来"作为一个词组进行讲解。这种讲解方法容易使学生误以为宾语统一放在"想起来"后面。课文中很少出现述宾结构加"起来"的用法，使得学生对宾语的位置印象不深。该教材缺乏对趋向补语"起来"结果意义的讲解，而且使用量很少，不容易让学生掌握这个语法点。

以上两套教材都没有说明"起来"与其他相近趋向补语的区别，也没有说明"起来"的语序问题，但这些恰恰是学生最容易出错的点。

（二）教学中要循序渐进

趋向补语"起来"的语法问题很繁杂，建议进行分层教学。

初级阶段先将最基本最常用的语法点讲清楚，然后随着学生汉语水平的提高，逐渐将"起来"的语法点由简到繁地螺旋式地讲解给学生。初级阶段可分两次讲"起来"的趋向义和状态义。对韩国学生来说这两种语义相对好理解，有较固定的对应形式。此外，初级阶段要注重增加"起来"复杂用法（如"起来"带宾语的各种情况、与否定词的顺序等）在课文中的复现率。

中级阶段教"起来"的结果义及特殊用法。"起来"的结果义问题也比较复杂，建议分两次讲解。中级阶段也要注重增加"起来"的复杂用法（如结果意义所搭配的各类动词，特殊用法的各类句型等）在课文中的复现率。通过加强语言输入刺激，有助于学生产生语感，使其熟能生巧。

一个阶段的学习结束后，需要归纳总结有关"起来"的使用规则，提高对"起来"这一语法点的系统认识。同时要提供丰富的练习，使学生对语法点的理解变成主动的输出。练习内容要全面，不能只针对其中某一语义或句法功能，否则会导致学生仅仅掌握某几个引申用法，而对其他引申用法的认识处于不清晰状态。

（三）教学中要关注"起来"的误用和错序问题

上文也提到，误用类偏误是韩国学生习得"起来"过程中最常见的现象。

因此教学过程中一定要讲清楚"起来"与"出来""上来/上去""来"等趋向补语之间的不同并进行足够的练习。另外，"起来"与宾语、否定状语的位置问题也要多强调。对韩国学生而言，汉语的语序问题始终是学习语法过程中遇到的最棘手的问题。

附：测试题

一、请选择合适的词语（可多选）

1. 他们三个和尚想了半天，终于想（　　）一个好主意。

A. 起来 B. 出来

2. 我就是那个小妹，你想（　　）了吧？

A. 起来 B. 出来

3. 现在人们才想（　　）绿色食品的重要性。

A. 起来 B. 出来

4. 两个绳子刚刚能碰上，接不（　　）。

A. 起来 B. 上来

5. 手指上缠（　　）绷带。

起（来）B. 上（来）

6. 记得报名表上要写（　　）填表日期。

起（来）B. 上（去）

7. 每一句话，在他听（　　）都那么好笑。

A. 起来 B. 来

8. 在父母想（　　），北京是一个特别远的地方。

A. 起来 B. 来

9. 在我看（　　），说汉语像唱歌。

A. 起来 B. 来

二、排序

1. 开始 人们 起来 用了 农药

2. 和尚 三个 互相 都 吵架 起来 了

3. 挑 艰难 的 她 经常 工作 起来

4. 我 不 我 让 你们 怎么 也 想 起来 快乐 的 事情

5. 我 头 起来 了 都 抬 不

6. 不 在 家里 藏 要 起来

三、请将下列韩国语翻译成汉语

1. 중국어 수준이 향상됨에 따라 나는 점차 중국어가 매우 재미있다는 것을 깨달았다 .

2. 네가 일깨워 줘서 다행이었었어, 나는 거의 다 잊어버렸거던 .

3. 귀사의 구인광고를 보고 바로 지원하기로 결정했습니다 .

4. 중국에서, 나는 항상 너희들을 생각한다 .

5. 엄마 손을 생각하면 내 마음도 함께 아파온다 .

6. 그날 나는 또 엄마 생각이 나서 울 뻔했다 .

7. 그들은 항상 넘어진 곳에서 다시 일어난다 .

8. 기분이 안 좋을 때 팝송을 들으면 나는 기분이 좋아진다 .

9. 친구들이 갑자기 박수를 치며 와서 나를 축하해 주었다 .

10. 처음 미국에 왔을 때 모든 미국인이 나쁜 사람처럼 보여서 불안했다 .

11. 미성년자로 보이는 사람에게는 신분증을 점검해야 한다 .

12. 그는 중국인처럼 보이지 않고 한국인처럼 보인다 .

第十一章　比较句

比较是语言中普遍存在的语义范畴。韩国语和汉语中在比较这一语义范畴都有很丰富的表达形式，韩国语最常用的是格助词"－보다（boda）""－와 같다（wa gatda）"等。汉语除了介词"比"以外还有"跟……相比""比起……（来）""Ａ＋形容词＋于＋Ｂ""没有""不如""跟……一样／相同"等。

本章拟对以韩国语为母语，汉语水平为初、中、高级的留学生习得比较句中出现的偏误进行较详尽的描写与分析。通过分析，了解韩国人学习汉语比较句时产生的偏误是多方面心理因素影响的结果，并且认识对韩国学生比较句教学的重点所在。

一、偏误类型

韩国人习得汉语比较句时产生偏误是多方面因素影响的结果，主要由母语知识的干扰、目的语知识的干扰、其他外语知识的干扰及语法"空缺"所引起。

（一）母语知识的干扰

掌握一门外语，实际上是在不断消除母语负面迁移，逐步减少中介语现象，向地道的目的语靠近的一个连续的过程[①]。把汉语当作第二语言学习的学习者大多是成年人。成年人逻辑思维能力较强，善于推理、概括，这同样表现于语言学习过程中。学习者将会有意识无意识地把母语和目的语这两个不同的语言系统加以比较，寻求异同。这一过程中其母语的语言知识与经验，对汉语的学习和应用会产生各种正负面影响。

---

① 徐子亮：《汉语作为外语教学的认知理论研究》，364 页，北京，华语教学出版社，2000。

韩国语表示性质、程度差别的比较句主要用比较格助词"－보다（boda）AP/VP"。它在很多情况下与汉语介词"比"基本对应，所不同的是他们各自在句子中的位置。韩国语的"－보다（boda）"放在被比较项的后面；而汉语的"比"总是放在被比较项的前面。比较事物、形状异同的比较句在韩国语中经常用"－와/과 같다/같지 않다（wa/guagatda/gatjianda）、－와/과 마찬가지다（wa/guamachangajida）、－와/과 다르다（wa/guadareuda）、－와/과 비슷하다（wa/gua biseuthada）、－만큼 AP/VP（mankeomAP/VP）、－처럼 AP/VP（cheoreomAP/VP）、－만큼……AP/VP 지 않다/못하다（mankeom……AP/VPjianda/mothada）、－처럼……AP/VP 지 않다/못하다（cheoreom……AP/VPjianda/mothada）、－와/과 마찬가지로 AP/VP（wa/gwamachangajiroAP/VP）"等形式，这些形式的语法语义也跟汉语的"和/跟/与……不同/不一样/不相上下、与/跟/和……没什么不同/没多少差别/差别不大、与/跟/和……差别很大、比不上/赶不上/不如"相近。但二者毕竟属于完全不同的语系，他们在句子中存在对应的一面的同时还存在不对应的一面。若学习者对与韩国语不对应的汉语规则不太了解或运用不熟练，就很容易误以为这些规则跟母语的某些规则相同或相似而任意用母语规则类推，偏误由此产生。

1. 副词的误用

（1）类型1："有点儿"的误用

a ★这间屋子比那间<u>有点儿</u>大。

b ★我的衣服的颜色比你的<u>有点儿</u>深。

c ★小王比小明<u>有点儿</u>胖。

这类偏误主要来自母语知识的干扰。韩国语中副词修饰动词，只能位于动词前做状语。例如：

1）이 방은　　　저 방보다　　　조금　크다.

这房间–话题格 那 房间–比较格 有点儿大–终结词尾

但汉语不然，若想用"比"比较性质、程度的差别，高低存在的差异，一定要在谓词后面加上补语成分，也就是要用"X比Y+AP/VP+一点/一些/一点点""X比Y+评价项+很多/得多/多了/很""X比Y评价项+数量词"等格式。如果想在"X比Y+AP/VP+一点/一些/一点点"格式的谓词前加副词，只能用"稍微、稍稍、稍、更、还、更加"等，其他副词不能出现。所以类型1的偏误句正确表达方式为：

a′ 这间屋子比那间屋子大一点。

b′ 这件衣服的颜色比你的深一点。

c′ 小王比小明胖一点。

（2）类型2："更"与"得"字补语

a ★今天比昨天<u>更</u>喝。

b ★雨今天比昨天<u>更</u>下。

c ★我的脸今天比昨天<u>更</u>肿。

这类偏误多出现于初、中级汉语水平学生。韩国语的"더（deo）"和汉语的"更"是相互对应的副词，但用于比较句时有一定的差别。韩国语的"더（deo）"在比较句中可以修饰一般的动作动词，而汉语不行。其实我们仔细观察就可以发现，韩国语的"더（deo）"修饰动作动词也只是在表层结构，在深层结构中"더（deo）"修饰的是其后省略的形容词"많다（manda，多）"。请看下例：

2）a 오늘은　　어제보다　더 마셨다.

　　今天–话题格 昨天–比较格 更 喝–过去时–终结词尾

b ＊오늘은　　어제보다　　마셨다.

　　今天–话题格 昨天–比较格 喝–过去时–终结词尾

c 오늘은　　어제보다　더 많이 마셨다.

　　今天–话题格 昨天–比较格 更 多　喝–过去时–终结词尾

3）a 비가　　오늘은　　어제보다　　더 내린다.

　　雨–主格 今天–话题格 昨天–比较格 更 下–终结词尾

b＊비가　　오늘은　　　어제보다　　내린다.

　　雨－主格 今天－话题格 昨天－比较格 下－终结词尾

c 비가　　오늘은　　　어제보다　　더 많이 내린다.

　　雨－主格 今天－话题格 昨天－比较格 更 多　　下－终结词尾

例2）、例3）中的 b 均不成立，a 和 c 成立，且语义相同。可见，"더（deo）"修饰的是其后省略的形容词"많다（manda，多）"，而不是动词"마셨다（masieotda，喝）""내린다（nerinda，下）"。

汉语的"更"只能修饰心理动词、表示能力和愿望的动词性结构、另外还有动词"有"，一般不能修饰动作动词，其他类动词就要靠"得"字补语。例如：

1）我比他更喜欢唱歌。

2）我比他更能说。

3）我比他更希望成功。

4）我比他更有才能。

所以类型 2 的偏误句正确说法为：

a′ 今天喝得比昨天多。

b′ 雨今天下得比昨天大。

c′ 我的脸今天肿得比昨天厉害。

（3）类型 3：数量短语的位置

a＊我比他 5 厘米更高。

b＊小王比我一个小时更早来了。

c＊今年煤炭生产量比去年 10 万吨更多。

d＊我比他更高 5 厘米。

e＊小王比我更早来了一个小时。

f＊今年煤炭生产量比去年更多 10 万吨。

例 a 至例 c 是完全按照韩国语的格式套用而成的，韩国语中数量短语和副词"더（deo）"组合在一起，位于动词前。例如：

4）그는　　　　나보다　　5센치 더 크다.

他–话题格 我–比较格 5 厘米 更 高

例 d 至例 f 比甲类稍"进步"了一些，学习者已经掌握了"在汉语比字句中数量词组只能出现在谓词的后面"这一规律，并运用到实际中，但学习者还未了解韩国语副词"더（deo）"可以跟表示确切数量的数量词组或"一点儿、一些"等副词共现在比较句中，但汉语的"更"不能跟表示确切数量的数量词组共现在比较句中，此时只能用"还"代替。因此，类型 3 的偏误句正确说法为：

a′ 他比我还高 5 厘米。

b′ 小王比我还早来了一个小时。

c′ 今年煤炭生产量比去年还多 10 万吨。

（4）类型 4："更／还"与"多"

a ★ 小明个子很矮，弟弟比小明更高。

b ★（昨天雨下得不大）今天下得比昨天还大。

c ★ 她长得很一般，不过今天看起来比以前更漂亮了。

韩国语的"훨씬（huolssin）"是表示程度深的副词，有时跟汉语"更"对应。例如：

5）小明은　　　　키가　　　아주 작다.　　　　하지만 동생은

小明–话题格 个子–主格 很　　矮–终结词尾 但　　弟弟–话题格

그보다　　훨씬 크다.

他–比较格 更 高–终结词尾

在汉语中，虽然形容词后面加"多"跟形容词前面加"更""还"都表示程度深，但在意思表达上还有些区别①。如果强调 X 和 Y 都具有同一形容词所表示

---

① 陆俭明：《"对外汉语教学"中的语法教学》，载《语言教学与研究》，2000（3）。

的性质，但 Y 在程度上要超过 X，那么就在形容词前面加上"更"或"还"①；如果只强调 X 具有形容词所表示的性质，并不强调 Y 也具有那种性质，那么就采用形容词后面加上"多"的办法来表示程度深。如上面类型 4 的偏误句正确表达方式应为：

　　a′ 小明个子很矮，弟弟比小明高得多。

　　b′ （昨天雨下得不大）今天下得比昨天大得多。

　　c′ 她长得很一般，不过今天看起来比以前漂亮得多。

　　2. 成分的省略

　　（5）类型 5：省略比较项

　　a ★ 看书比电影更好。

　　b ★ 对你来说，穿这件衣服比那件更合适。

　　c ★ 穿那双鞋比这双更好。

　　测试中这类句子出现四处，其中三处省略了韩国语比较项的动词，一处没有省略，结果没有省略的句子全部答对，省略比较项动词的句子偏误率是 10%，其中初级占 50%、中级占 33.3%、高级占 16.7%。可见母语知识对目的语学习的干扰的确很大，而这种干扰随着目的语水平的提高而逐渐减弱。

　　无论是汉语还是韩国语，"比"字句都由比较项、被比较项和评价项构成。充当比较项和被比较项的可以是名词，也可以是动词、形容词及动词性短语。

　　当比较项、被比较项是动宾关系的动词性短语时，韩国语比较项中的 V 可以省略，例如：

　　6）a 영화를　　보는　　　것보다　　　　　소설을　　보는 것이 낫다

　　　　电影–宾格 看–领属格 形式名词–比较格 小说–宾格 看–领属格 形式名

　　　　词–主格 好–终结词尾

---

　　① 其实"更"和"还"在表意上还有一些细微的差别。"更"表示被比较对象已有了一定的程度，比较对象在这程度上比被比较对象要高一层；而"还"表示被比较对象在程度已经够高了，是说话人认为很满意或很不满意，但比较对象在程度上超出被比较对象。

    b 영화보다　　소설을　　보는　　　것이　　　　　　낫다

    电影–比较格 小说–宾格 看–领属格 形式名词–主格 好–终结词尾

7) a 이 신을　　신는　　　것보다　　　　저 신을　　신는 것이 더 예쁘다

    这鞋–宾格 穿–领属格 形式名词–比较格 那鞋–宾格 穿–领属格 形式名词–主

    格 更美–终结词尾

    b 이 신보다　　저 신을　　　신는　　　　것이　　　　　　낫다

    这 鞋–比较格 那 鞋–宾格 穿–领属格 形式名词–主格 美–终结词尾

汉语不能这样省略，这大概是韩汉两种语言的组合规则不同的缘故。韩国语的谓语位于句子的最后，每一个句子成分靠词尾跟谓语保持各种句法关系，所以有两个相同的动词谓语，可省略其中的一个，而汉语则是没有形态变化的语言，它的动词谓语在句中支配"比"字前后的句子成分，所以即使有两个相同的动词谓语，也不能省略其中的一个。所以类型 5 的例 a 至例 c 正确说法为：

a′ 看书比看电影更好。

b′ 对你来说，穿这件衣服比穿那件更合适。

c′ 穿那双鞋比穿这双更好。

再看看这一组例句。

d ★ 我们学的跟他们学的课本一样。

e ★ 我收到的跟小王收到的礼物一样。

f ★ 我吃的跟妹妹吃的冰激凌没什么差异。

这是比较事物、形状异同的比较句，韩国语中如果比较项、被比较项是"V– 领属格 +N"形式的偏正词组，比较项的名词成分 N 可以省略，如：

8) a 우리가　　배운　　　교과서는　　　너희가　　　배운　　　　교과서와

    我们–主格 学–领属格 课本–话题格 你们–主格 学–领属格 课本

    같지않다.

    不同–终结词尾

　b 우리가　　배운　　것은　　　　　　너희가　　배운　　교과서와

　我们-主格 学-领属格 形式名词-话题格 你们-主格 学-领属格 课本

　같지 않다.

　不同-终结词尾

这两句韩国语句子均成立，语义也相同。但汉语不能如此省略，汉语要求比较项的名词成分一定要出现，被比较项的名词成分倒可以省略。因此偏误例 d 至例 f 正确说法为：

　d′ 我们学的课本跟他们学的（课本）一样。

　e′ 我收到的礼物跟小王收到的（礼物）一样。

　f′ 我吃的冰激凌跟妹妹吃的（冰激凌）没什么差异。

3. 拒绝"比"字句的比较句

（6）类型 6："比"和"跟……相比""比起"

　a★我比漂亮的女人喜欢心地善良的女人。

　b★我比英语更想学汉语。

　c★我比新疆更希望去西藏。

韩国语比较性质、程度的差别、高低，通常都用比较格助词"－보다（boda）"来表示。请看下例：

　9）나는　　월급이　　높은　　일보다　　뜻 깊은　　　일을

　我-话题格 收入-主格 高-领属格 事-比较格 意义 深-领属格 事-宾格

　더 좋아한다

　更 喜欢-终结词尾

这种情况汉语却不能用"比"字句来表示。"比"字句只能用于主体的比较，不能用于受事成分的比较。"★我比漂亮的女人更喜欢心地善良的女人"从深层结构分析，其比较项和被比较项是受事成分，当然不能用"比"字句表达这一语义了。我们还发现，这类句子评价项大都是 [+ 心理动词] 或"能愿动词 + 动词"形式，表示主体对两种事物感情、态度的比较。类型 6 的偏误句正确说法为：

a′ 跟漂亮的女人相比，我更喜欢心地善良的女人。

b′ 跟英语比较，我更想学汉语。

c′ 比起新疆，我更希望去西藏。

（7）类型7："比"与先后比较

a ★ 比电影先看原作吧。

b ★ 我比苹果先吃橘子。

c ★ 你比甜的先尝咸的，好吗？

韩国语中，这类动作先后的比较也能用比较格助词表示，例如：

10）나는 　　 사과보다 　 귤을 　　 먼저 먹겠다.

　　　我-话题格 苹果-比较格 橘子-宾格 先　吃-未来时-终结词尾

汉语则不然。这类句子的特点是，语义上表示两种动作的先后比较，而且谓语是同一个动词。这类情况汉语只能分别表述，例如：

a′ 先看原作，然后再看电影吧。

b′ 我先吃橘子，然后再吃苹果。

c′ 你先尝咸的，然后再尝甜的，好吗？

4. 比较句的否定形式

（8）类型8："比"与"不比"

a ★ 这个公寓<u>比</u>那个公寓不小。

b ★ 他说汉语说得<u>比</u>我不流利。

c ★ 我的历史成绩<u>比</u>小王不好。

先看看韩国语比较句的否定形式。

11）이 방은 　　　 저 방보다 　　 작지 않다.

　　　这 房间-话题格 那 房间-比较格 小-不-终结词尾

这是韩国语比较句的否定形式之一，韩国语的比字句中谓语的否定形式有两种，即"－지 않다（jianda）"与"－시 못하다（jimothada）"。汉语比较句的否定形式一般也有两种，即"没有""不比"。"不比"有两种意义，一是两个比较

对象在程度上一样，另一是两个比较对象在程度上有差别。当比字句的谓语是积极意义时，句子表示比较对象在程度上不及或等于被比较对象；当谓语表示消极意义，句子表示比较对象在程度上等于或超过被比较对象。"没有"表示比较对象不及被比较对象。至于"没有"与"不比"的区分使用，对韩国学生来说并不是难点，因为韩国语的"－지 않다（jianda）"就与"不比"相对应；"－지 못하다（jimothada）"就与"没有"相对应。类型8的偏误句正确说法为：

a′ 这个公寓不比那个公寓小。

b′ 他汉语说得没有我流利。

c′ 我的历史成绩没有小王好。

值得注意的是，在口语中，如果形容词谓语表示说话人所不希望的性质或状态，那么，"不"既可以放在"比"字之前，也可以放在"比"字之后，两种句式是等价的。[①] 例如：

他不比你丑 = 他比你不丑

我不比你弱 = 我比你不弱

我不比你慢 = 我比你不慢

（9）类型9："故意"与"没有"

a ★ 他故意写得没有我大。

b ★ 他故意吃得没有小王多。

c ★ 小王故意抢得没有我快。

在韩国语比字句中"일부러（ilbureo，故意）、고의적으로（goijeokeuro，故意）"等副词可以在否定形式前出现，例如：

12）그는 일부러　　나보다　　곱게 쓰지 않았다 .

　　　他－话题格 故意 我－比较格 好看 写　　没有－过去时－终结词尾

汉语则不然。汉语中副词"故意"不能与比字句的否定形式共现，这类情况汉语只能用肯定句表示。类型9的正确说法为：

---

① 李大忠：《"使"字兼语句偏误分析》，载《世界汉语教学》，1996（1）。

a′　他故意写得比我小。

b′　他故意吃得比小王少。

c′　小王故意抢得比我慢。

5. 评价项的性质

（10）类型10：评价项为"是"

a ★他比我<u>是</u>吝啬鬼。

b ★小王比我<u>是</u>富人。

c ★毛毛比你<u>是</u>淘气包。

作为比字句的评价项可以是形容词、动词及形容词短语、动词短语、主谓短语。不过在汉语中如果评价项的中心词是判断动词"是"，一般句子不成立。如：

13）★他比我是。

14）★他比我是坏人。

15）★这件衣服比那件是红的。

韩国语却可以。当评价项是"N+이다（ida，是）"形式的动词短语，并且N具有[+人]、[+程度]等语义特征，韩国语判断动词"이다（ida）"可以出现在比较句中。例如：

16）그는　　　나보다　　바보다.

　　　他-话题格 我-比较格 笨蛋 是

17）그는　　　나보다　　미인이다.

　　　他-话题格 我-比较格 美人 是

18）그는　　　나보다　　샌님이다.

　　　他-话题个 我-比较格 书呆子 是

19）그는　　　나보다　　효자다.

　　　他-话题格 我-比较格 孝子 是

所以，类型10的偏误句正确说法为：

a′ 他比我吝啬 / 他是比我吝啬的人。

b′ 小王比我富 / 小王是比我富的人。

c′ 毛毛比你淘气 / 毛毛是比你淘气的人。

（二）目的语知识的干扰

在第二语言学习过程中，人们常常会自动地总结出一些不完全正确的规则加以运用，或将所学到的不充分的、有限的目的语的语法规则，类比套用，不适当地扩大了规则的使用范围，从而造成目的语语内规则的过度泛化，因而产生偏误。

（11）类型11：评价项中的"很"

a ★ 小张比我<u>很</u>漂亮。

b ★ 我说日语比说英语<u>很</u>流利。

c ★ 他做事比你<u>很</u>认真。

韩国学生之所以在"比"字句的形容词谓语前边加上"很"，仅从汉语内部着眼，是由于类推造成的过度泛化。学生在初级阶段就知道在性质形容词前边加"很"等程度副词是很自由的，在形容词谓语前加上"很"等更是自由的（在没有对照句存在的时候，谓语形容词前加上"很"等甚至是带有强制性的）。以教材《汉语教程》[①]为例，第一课就教学生"我很忙"，并强调如果是一般叙述句，性质形容词前一定要加"很"等程度副词，否则就是语法错误。学生把这种观念或习惯不加区别地用于形容词作谓语的"比"字句，就容易很自然地在这些形容词谓语前加"很"等程度副词，偏误由此而产生。在这里"更、更加、还、稍、稍微、略微"则不受此限制。那是因为它们能表示比较，而且也都可用来说明两项事物之间的比较，而"很"等都不含有比较的意味。所以只有"更、更加、还、稍、稍微、略微"能用于"比"字句来表示程度深。类型11的偏误句正确说法为：

a′ 小王比我漂亮。

① 杨济洲等编：《汉语教程》，北京，北京语言文化大学出版社，1999。

b′ 我说日语比说英语流利。

c′ 他做事比你认真。

（12）类型 12："很"与"有 +N"

a ★ 小王比小李<u>很有意见</u>。

b ★ 顺姬比我<u>很有脾气</u>。

c ★ 小明比我很有学问。

这类偏误出自高级汉语水平学生。据测试后调查，出自学习成绩很好的 2 名学习者。其实偏误原因就在于有限目的语知识的泛化。汉语中具有评价色彩的很多名词可以进入以下变换：

地位高 → 很有地位

学问大 → 很有学问

脾气大 → 很有脾气

意见多 → 很有意见

学习者就是因为掌握了这类变换之后把其这类变换无条件地套用在比较句中，从而导致偏误。其实在汉语中当"有 +N"进入比字句的评比项时，是有一定条件的。也就是一般"有 +N"必须隐含积极意义的评价色彩时，其比字句才能成立，不过要省略"很"。例如[①]：

小王比小李有教养

小王比小李有眼光

小王比小李有地位

类型 12 的偏误句正确说法为：

a′ 小王比小李意见多。

b′ 顺姬比我脾气大。

c′ 小明比我有学问。

---

① 邹韶华：《"比"字句的积极性特征》，见中国语文杂志社编：《语法研究和探索（六）》，223 页，北京，语文出版社，1992。

（三）其他外语知识的干扰

大多以韩国语为母语的学习者在中学期间或多或少接触过英语。在他们的意识中存在汉语的语法结构与英语比较相似，韩国语的语法结构与日语比较相似等观念，这导致一些习得者习惯用英语的一些格式套用汉语。

（13）类型 13：被比较项的位置

a ★ 地球很大<u>比月球</u>。

b ★ 我妹妹两岁小<u>比我</u>。

c ★ 这件大衣不一样<u>跟那件大衣</u>。

这类的偏误率并不是很高，并且只限于初级学习者。这类偏误的特点是持续时间不长，一般到初级后阶段就自然消失。比起比较熟悉的母语，其他外语所造成的干扰和影响不可能太大、泛化涉及面不可能太广。汉语比较句基本语序是"比较项 + 被比较项 + 评价项"，类型 13 的偏误句正确说法为：

a′ 地球比月球大。

b′ 我妹妹比我小两岁。

c′ 这件大衣跟那件大衣不一样。

（四）语法"空缺"

戴庆夏、关辛秋（2002）曾谈到，母语和目的语语法差异有两种：一种是某一语法范畴或语法结构关系，目的语和母语都有，但语法形式不同；另一种是某一语法范畴或语法结构关系，目的语有而母语没有。后者我们称为语法"空缺"。[①]

以韩国语为母语的第二语言学习者在习得韩国语中缺少的目的语语法即汉语语法的某一格式时，要不断进行填补，头脑中必须经历一个"从无到有"的过程。在语言输出机制中填补一个新的格式，这涉及整个结构系统的变化，因而要

[①] 戴庆夏，关辛秋：《第二语言习得中的语法"空缺"》，载《语言教学与研究》，2002（5）。

有多倍的练习与巩固，难度较大。如果刺激的量不够，就很难植入新格式。在语法输出时，如果缺少某一格式，习得者在使用目的语时，常常是回避使用这一格式，该说的不说或是出现偏误。

韩国人习得汉语比较句时也存在语法"空缺"问题。以韩国语为母语的学习者习得汉语过程中最大的语法"空缺"其实是述补结构，所以掌握汉语的述补结构难度较大。而汉语的程度比较句在很多情况下恰恰都要用述补结构表达，这就成了学习者习得的难点。

（14）类型14：状中结构与述补结构

a★小王比我<u>快点做</u>。

b★小王比我<u>快做一点</u>。

c★小明比你<u>详细地写了</u>。

这类情况汉语要用述补结构表示，但对母语为韩国语的学习者来说述补结构是一个语法"空缺"，于是他们只好用韩国语的结构来套用或自己随便造一些句子。这类偏误主要来自初级阶段。类型14的偏误句正确说法应为：

a′ 小王比我做得快／小王做得比我快。

b′ 小王比我做得快一些／小王做得比我快一些。

c′ 小明比你写得详细／小明写得比你详细。

（15）类型15："不如"与"没有"[①]

a我<u>不如</u>弟弟健康。

b小王长得<u>不如</u>小李漂亮。

c这间屋子<u>不如</u>那间亮堂。

在教学中我们发现，每当遇到表达这类句子时韩国学习者经常采用以下两种句式。

---

① 类型15与类型16是因语法"空缺"出现的回避使用某些格式现象。这类虽然不是偏误，但我们在文中简单提一下，想为教学提供些依据。

句式1 　　　　　　　　　句式2

我的健康不如弟弟 　　　　　我没有弟弟健康

小王长相不如小李 　　　　　小王长得没有小李漂亮

这间屋子亮度不如那间 　　　这间屋子没有那间亮堂

这是因为在韩国语中虽有与"不如"相近的"못하다（mothada）"，但韩国语中的"못하다（mothada）"只能做谓语，不能与名词结合做状语，也就是说在韩国语中"X不如Y AP"类句式属于语法空缺。所以，当韩国语为母语的学习者要表达相应语义时，想不到"X不如Y AP"格式。附带要说明的是，"不如"句子里比较方面的形容词多是具有积极意义的。有时虽然在某些句子里会出现消极意义的形容词，但说话人也是从积极方面考虑的。

（16）类型16：比较项中N的省略

a 我的孩子比你的聪明。

b 我们班的学习者比你们班的活跃。

c 你的部下比我的能吃苦。

汉语中两个比较项是"N_n+N"形式的名词性偏正词组时，如果N是N_n的晚辈、下级、学习者等亲属关系，比较项的N可以省略。例如：

我的孩子比你的孩子聪明 　　　　　　我的孩子比你的聪明

你的部下比我的部下能吃苦 　　　　　你的部下比我的能吃苦

我们班的学习者比你们班的学习者活跃　我们班的学习者比你们班的活跃

但韩国语不行，在韩国语与"（你／我／他）的"相对应的"–（의）것（ui-geut）"只能用于东西或动物，绝不能用于人。所以当韩国语为母语的学习者表达这一语义时，大多只会用格式"N1+N 比 N2+N+AP/VP"。例如：

20）a * 우리 반 학생은 　　　당신 반 것보다 　　활동적이다.

　　　我们 班 学生–话题格 你们 班 的–比较格 活跃–终结词尾

　　b 우리 반 학생은 　　　당신 반 학생보다 　　활동적이다.

　　　我们 班 学生–话题格 你们 班 学生–比较格 活跃–终结词尾

要解决好这类语法"空缺"问题，没有捷径，只能加倍练习与巩固，让大脑受到大量刺激，使新的格式在习得者的大脑中占有一定空间。

二、数据分析与讨论

我们在上文中虽然围绕着四个原因描写和分析了韩国学习者习得汉语比较句的偏误情况，其实我们也知道，偏误原因之间相互交叉，不能用一个原因来解释。

本章以北京语言大学中介语语料库为基础，再加上作者在教学过程中遇到的偏误，设计了一个涵盖韩国语比较句各种形式的测试卷，让学习者把韩国语翻译成汉语。测试卷包括 38 个句子，韩国语比较句的每一形式至少出现两次。受试者为北京语言大学汉语学院一、二、三年级共 120 名韩国留学生，其中包括一年级 40 名、二年级 40 名、三年级 40 名。

上文所说的 14 类偏误句所占的比率如表 11-1。

表 11-1　韩国学生习得比较句偏误情况

偏误类型		偏误率（%）			
		初级	中级	高级	平均值
类型 1	"有点儿"的误用	15	5	2.5	7.5
类型 2	"更"与"得"字补语	20	12.5	2.5	11.7
类型 3	数量短语的位置	7.5	2.5	2.5	7.5
类型 4	"更"与"多"	25	10	7.5	14.2
类型 5	省略比较项	15	10	5	10
类型 6	"比"和"跟……相比""比起"	100	98	95	98
类型 7	"比"与先后比较	60	40	30	43.3
类型 8	"比"与"不比"	22.5	7.5	0	10

续表

偏误类型		偏误率（%）			
		初级	中级	高级	平均值
类型 9	"故意"与"没有"	100	95	95	97
类型 10	评价项为"是"	27.5	20	7.5	18.3
类型 11	评价项中的"很"	7.5	0	0	3
类型 12	"很"与"有+N"	0	0	5	1.6
类型 13	被比较项的位置	5	0	0	0.2
类型 14	状中结构与述补结构	5	0	0	0.2

综合以上分析，我们将韩国人习得汉语比较句的特点及相关问题总结如下。

第一，偏误类型 6"比"和"跟……相比""比起"、类型 9"故意"与"没有"、类型 7"比"与先后比较类是韩国语为母语的习得者问题比较集中的地方，到了高级阶段以后，偏误率也非常高。

第二，类型 10 评价项为"是"、类型 4"更"与"多"、类型 2"更"与"得"字补语其中、类型 5 省略比较项、类型 8"比"与"不比"的偏误率也不低，教学中要引起重视。

第三，偏误率通常与学习者水平成反比例，但类型 12"很"与"有+N"除外。

第四，类型 11 评价项中的"很"、类型 13 被比较项的位置、类型 14 状中结构与述补结构，到了中高级阶段偏误率为 0，说明中高级阶段已基本得到解决。

第五，偏误原因中，受到母语干扰的现象最多。母语的类型在学习者习得汉语比较句过程中有较大影响。但是从总体上看，确定具体语境中究竟该用哪一个格式是学习者习得过程中的难点所在。

三、教学启示

基于以上情况我们认为，面向韩国学生的比较句教学应注意以下几个方面。

（一）"比"字句和"跟/和/同/与……相比""比起……"之间的不同

"比"字句和"跟/和/同/与……相比""比起……"的区别使用是韩国学生学习汉语比较句中遇到的难点之一。韩国语比较性质、程度的差别、高低，通常都用比较格助词"－보다（boda）"来表示。但这种情况，汉语却不能用"比"字句。"比"字句只能用于主体的比较，不能用于受事成分的比较。"＊我比漂亮的女人更喜欢心地善良的女人"，从深层结构分析，其比较项和被比较项是受事成分，我们当然不能用"比"字句表达这一语义了。另外，这类句子评价项大都是 [＋心理动词] 或"能愿动词＋动词"形式，表示主体对两种事物感情、态度的比较。

教学过程中，应注意比较句各类句型的特点，详细讲授不同句型的使用条件，以便学生理解、记忆。

（二）比较项和被比较项的省略规则

"比"字句由比较项、被比较项和评价项构成。充当比较项和被比较项的可以是名词，也可以是动词、形容词及动词性短语。当比较项、被比较项是动宾关系的动词性短语时，韩国语比较项中的 V 可以省略，但汉语不能这样省略，如例句（10）、例句（11）。

比较事物、形状异同的比较句，韩国语中如果比较项、被比较项是"V－领属格＋N"形式的偏正词组，比较项的名词成分 N 可以省略，但汉语不能如此省略，汉语要求比较项的名词成分一定要出现，被比较项的名词成分倒可以省略，如上例句（12）。

汉语中两个比较项是"Nn+N"形式的名词性偏正词组时，如果 N 是 Nn 的晚辈、下级、学习者等亲属关系，比较项的 N 可以省略。但韩国语不行，在韩国语与"（你 / 我 / 他）的"相对应的"-（의）것（uigeut）"只能用于东西或动物，绝不能用于人。所以当韩国语为母语的习得者表达这一语义时，大多只会用格式"N1+N 比 N2+N+AP/VP"，如例句（20）。

讲授比较项和被比较项的省略问题时，我们应重视两种语言的比较，可以围绕容易出现偏误的几个类型，加强具有针对性的练习。

（三）韩国语比较格助词"- 보다（boda）"的使用范围

韩国语中，这类动作先后的比较也能用比较格助词"- 보다（boda）"表示。汉语则不然，语义上表示两种动作的先后比较，而且谓语是同一个动词，这类情况汉语只能分别表述，一般用关联词"先……然后……"。

附录：测试卷

把下列句子翻译成汉语

（1）이 방은 저 방보다 조금 크다.

（2）小王은 小李보다 의견이 많다.

（3）우리 애는 당신네 애보다 똑똑하다.

（4）그의 생김새는 아주 보통이다. 그러나 오늘은 훨씬 예뻐보인다.

（5）나의 옷 색은 너 것보다 약간 짙다.

（6）小王은 小李보다 고집이 세다.

（7）小王은 小李보다 예쁘지 못하다.

（8）（어제 비가 많이 내리지 않았음）오늘은 어제보다 훨씬 많이 내렸다.

（9）小王은 小明보다 조금 뚱뚱하다.

（10）지구는 달보다 크다.

（11）나의 건강은 동생보다 못하다.

（12）小明은 키가 아주 작다. 하지만 동생은 小明보다 훨씬 크다.

（13）오늘은 어제보다 더 마셨다 .

（14）동생은 나보다 2 살 작다 .

（15）이 코트는 저 코트와 같지 않다 .

（16）올해 석탄 생산량은 작년보다 10 만톤 더 많다 .

（17）비가 오늘은 어제보다 더 내렸다 .

（18）영화보다 원작을 먼저 보라 .

（19）그는 일을 나보다 더 참답게 한다 .

（20）小王은 나보다 한 시간 일찍 왔다 .

（21）나의 얼굴이 오늘은 어제보다 더 부었다 .

（22）나는 사과보다 귤을 먼저 먹겠다 .

（23）나는 영어보다 일어를 더 유창하게 한다 .

（24）그는 나보다 5cm 더 크다 .

（25）너 단 것보다 짠 것을 먼저 먹는 것이 어떠니 ?

（26）小张은 나보다 훨씬 예쁘다 .

（27）이 아파트는 저 아파트보다 작지 않다 .

（28）毛毛는 너보다 개구장이다 .

（29）그는 일부러 나보다 크게 쓰지 않았다 .

（30）그는 중국어를 나보다 유창하게 하지 못한다 .

（31）小王은 나보다 부자다 .

（32）小王은 일부러 나보다 빨리 빼앗지 않았다 .

（33）나의 역사 성적은 小王보다 못하다 .

（34）그는 고의적으로 小王보다 많이 먹지 않는다 .

（35）그는 나보다 깍쟁이다 .

（36）小王은 나보다 조금 빨리 만들었다 .

（37）小明은 너보나 상세하게 썼너라 .

（38）우리반 유학생은 너희반 유학생보다 활발하다 .

第十二章　“是……的”句

“是……的”句是现代汉语里特别常见的一个句式，人们在日常会话中经常用到，也是学者们讨论较多的句式之一。学术界对“是……的”句式的研究颇多，有人把“是……的”归为“是”字句，也有人把“是……的”独立出来。本章赞成把“是……的”独立出来。刘月华等（2001）提出了有“的”的“是”字句和“是……的”句区分的四个基准[①]：如果“的”前是不带其他成分的单纯的动宾短语，那么“的”就不能移到宾语之前，就是“是字句”，否则是“是……的”句；遇到同形异构的情况，则可以根据上下文观察主语和宾语是否有同一关系来排除歧义，如果“是”不能省略，是“是字句”，否则是“是……的”句；如果在“的”后可以添加与主语有同一关系的中心语，是动词“是”＋“的”字结构的“是字句”，不能添加就是“是……的”句；否定式用“不是……的”来表示的是“是字句”，否定词在“是……的”里出现就是“是……的”句。

“是……的”句分为两类，一是动词谓语“是……的”句。在结构上“是”经常出现在谓语前，有时也出现在主语前，“的”经常出现在句尾，有时也出现在谓语动词之后，宾语之前。在语义上，说话人要突出表达的重点并不是动作本身，而是与动作有关的某一方面，如时间、处所、方式、施事、受事等。例如：

（1）他是两点半出去的。

（2）是小王告诉我的。

（3）今天中午我们是吃的饺子。

二是指带“是……的”句标志的一部分动词谓语句和形容词谓语句。在此“是”和“的”都表示语气。这类句子多用来表示说话人对主语的评议、叙述或描写，全句往往带有一种说明情况、阐述道理、想使听话人接受或信服的肯定语

[①]　刘月华，潘文娱，故辉：《实用现代汉语语法（增订本）》，775 页，北京，商务印书馆，2001。

气。例如：

（4）猴子是很聪明的。

（5）他们的文化生活是相当丰富的。

（6）这个问题，我们也是很注意的。

《国际中文教育中文水平等级标准》的语法等级大纲指出，"是"字句是一级语法项目，"是……的"句（一）是二级语法项目，"是……的"句（二）是四级语法项目。本章只围绕上述第二种"是……的"句进行分析，考察对象确定在中高级水平的韩国学生。

一、偏误类型

在 HSK 动态作文语料库中，"是……的"偏误句总共为 2629 条，其中韩国学生的偏误为 913 条，所占比重为 34.73%。在这 913 条中有 874 条我们所谈的"是……的"句，占 90% 以上。

韩国学生习得该"是……的"句的过程中出现的偏误，其类型包括遗漏、冗余、错序、误用四类。

（一）遗　漏

1.类型 1：遗漏"的"

a ★按照我的意见，这是不对。

b ★每个人都对自己说："这是不得已。"

c ★当然那丈夫是无罪。

d ★从法律上来看，"安乐死"是违法。

e ★我认为学汉语是可以分为 3 个阶段。

上述五个例句中韩国留学生都出现了"的"的缺失，句子是不完整的。例 a、例 b、例 c、例 d、例 e 中，如果去掉其中的"是"句子也是成立的，但是语义变轻了，语气没有那么强硬了。类型 1 的偏误句正确说法为：

a′ 按照我的意见，这是不对的。

b′ 每个人都对自己说："这是不得已的。"

c′ 当然那丈夫是无罪的。

d′ 从法律上来看，"安乐死"是违法的。

e′ 我认为学汉语是可以分为 3 个阶段的。

在实际语料中发现，这一类偏误主要集中在以下几种情况。

1）句子结构复杂，更容易出现遗漏"的"的情况。例如：

（7）＊这噪声是对自己有好处，可以带来好多钱，比如说建筑工程，汽车、电器等。

（8）＊人们都知道用化肥和农药是对人体有害而且破坏环境。

（9）＊他们也给了我美丽的友情，我也是非常爱他们。

（10）＊我也知道他的天性是喜欢帮助人。

（11）＊但是这样的病，人一定要死的这样的病是肯定会给人很大的痛苦。

（12）＊三位和尚中的一位是每天都要到山底下自己挑水喝，但他越来越生气了。

上述六个例句中"是"表示语气。例（7）中，动词"有"前面还有修饰成分"对自己"；例（8）中，"是"后面是复杂的连动结构"对身体有害而且破坏环境"；例（9）和例（10）的"是"后面是述宾结构；例（11）和例（12）的主语"病""一位"前都有修饰成分。也就是说，上述六个例句结构均较复杂，句子多用来表示说话人对主语的评议、叙述或描写，全句往往带有一种说明情况、阐述道理、想使听话人接受或信服的肯定语气，此时学生只关注"是"后面出现的动词性成分，忽视后面的谓语动词还需要语气助词"的"。如要把例句改通顺，则应在句尾加上语气助词"的"。

2）句尾出现语气助词"呢、吗、吧"时，更容易出现遗漏"的"的情况。例如：

（13）＊你能想象会是怎么样吗？

（14）★虽然不同的国家民族，但是对流行歌曲的共同感受不就是一样吗？

（15）★我的意见是对吗？

一句话的语气主要决定于语调，语气词虽然与"是……的"句的使用并没有直接的关系，可是如果学生漏用句尾的"的"，就失去"是……的"句本身的作用。这类偏误尤其比较多地出现在表示疑问语气的句子中。例（13）至例（15）的正确说法为：

（13）′你能想象会是怎么样的吗？

（14）′当时原来的和尚可能是高兴的吧。

（15）′虽然不同的国家民族，但是对流行歌曲的共同感受不就是一样的吗？

（16）′我的意见是对的吗？

3）否定句中更容易出现遗漏"的"的情况。例如：

（17）★代沟的问题不是不能解决的，而是不容易解决。

（18）★但是世上呢，不是能一个人生活。

（19）★反过来子女也先想一想父母的立场以后，主张自己的意见的话，这代沟不是值得成为问题。

"是……的"句的否定形式有两种：一种是在"是"前加"不"，构成"不是……的"句，它的否定范围是整个句子；另一种是在"是……的"句中间加上否定形式的词语，否定的是"是……的"句的内部成分。所以上三句的正确说法为：

（17）′代沟的问题不是不能解决的，而是不容易解决的。

（18）′但是世上呢，是不能一个人生活的。

（19）′反过来子女也先想一想父母的立场以后，主张自己的意见的话，这代沟是不值得成为问题的。

2.类型2：遗漏"是"

a★一个人决定另一个人的生命是不妥的，而且没有道德的。

b★所以让他们早点儿死去的话，我觉得合理合法的。

c ＊ 无论从宗教上还是法律上都无法接受的。

d ＊ 我想人生的最后一刻也是很美的，要珍惜的。

上述五个例句中缺少的是"是"。五个例句都是对客观事实的一种描述，并且带有主观的评价态度。这类偏误出现的原因是，韩国学生按照母语习惯，用韩国语的表达方式来使用汉语的动词。韩国学生把"是……的"句的"是"和"是……的"句内部动词都认知为"－이다（ida）"。例 a、例 b、例 c、例 d 中的"的"去掉句子也成立，但去掉以后不再是"是……的"句，语气显得没有那么强硬。类型 2 的偏误句正确说法为：

a′ 一个人决定另一个人的生命是不妥的，而且是没有道德的。

b′ 所以让他们早点儿死去的话，我觉得是合理合法的。

c′ 无论从宗教上还是法律上都是无法接受的。

d′ 我想人生的最后一刻也是很美的，是要珍惜的。

我们发现学生在使用"是……的"句时，若主语前出现较为复杂的修饰成分，或者"是……的"句内部结构比较复杂时就很容易遗漏"是"，这一点跟上面遗漏"的"的情况类似。例如：

（20）＊城市生活，乡村生活都"有利有弊"的。

（21）＊这些内容大部分看报纸或者看电视所知道的。

（22）＊人的生命当然不是可以随便乱弄的，是宝贵的，也非常重要的。

这三个例句结构均较复杂，有的谓语本身就是成语，有的谓语前出现表程度或时间的状语，有的谓语是联动结构。当句子结构复杂时，学生们更容易遗漏"是"。

"是……的"通常在句中起加强语气的作用。例如：

（23）a 全世界上的人们都平等。

　　　b 全世界的人们都是平等的。

b 句相对于 a 句来说语气更强，而且带有一种陈述语气，说话人向听话人表达自己的观点，并且希望能对听话人造成一定的影响。

基于以上，例（20）至例（22）正确说法为：

（20）' 城市生活，乡村生活都是"有利有弊"的。

（21）' 这些内容大部分是看报纸或者看电视所知道的。

（22）' 人的生命当然不是可以随便乱弄的，是宝贵的，也是非常重要的。

3.类型3：遗漏"是"和"的"

a ★ 我爸时代的人要懂现在的时代不同。

b ★ 这件事对以前的我来说不可想象。

c ★ 全世界的人们都平等。

d ★ 我认为绿色食品随着追求更好的生活的人的要求出现。

e ★ 我看流行歌曲是有好处，也有缺点。

上述例句中韩国学生在该用"是……的"句的时候却没有用。五个例句都是对现实现象的描述、主观评价。例 a 中的"不同"、例 b 中的"不可想象"、例 c 中的"平等"、例 d 中的"出现"、例 e 中的"缺点"是句子里想要突出的重点，因此加上"是……的"会使句子思路清晰突出重点，使听话人能够明白说话人想要表达的意思。上述例句应改为"是不同的、是不可想象的、是平等的、是随着追求更好生活的人的要求出现的、是有缺点的"。这样才更符合语境，符合作者的观点。因此，类型3的偏误句正确说法为：

a' 我爸时代的人要懂现在的时代是不同的。

b' 这件事对以前的我来说是不可想象的。

c' 全世界的人们都是平等的。

d' 我认为绿色食品是随着追求更好的生活的人的要求出现的。

e' 我看流行歌曲是有好处的，也是有缺点的。

（二）冗　余

类型4：冗余"是"和"的"

a ★ 他们的行为是真笨的。

b＊这时，找中国朋友或老师，这样问题<u>是</u>就差不多能解决<u>的</u>。

c＊我想现在开发研究"绿色食品"<u>是</u>比解决挨饿问题更重要<u>的</u>。

例 a 中"是真笨的"应改为"真笨"，因为副词"真"本身就可以表示强调并且带有主观评价的色彩，加上"是……的"会显得冗余。例 b 中"是已经差不多解决了的"应改为"就差不多解决了"，因为"解决"这个动作还没有完成，不能对这个动作结果进行描述评议。例 c 中"是比挨饿问题更重要的"应改为"比挨饿问题更重要"。

类型 4 的偏误句的正确说法为：

a′ 他们的行为真笨。

b′ 这时，找中国朋友或老师，这样问题就差不多能解决。

c′ 我想现在开发研究"绿色食品"比解决挨饿问题更重要。

（三）错　序

1. 类型 5："是"的位置

a＊人的天性<u>是本来爱犯懒</u>的。

b＊两代人之间存在的"代沟"问题<u>是在我们这个社会里</u>不能避免的。

c＊这时，找中国朋友或老师，这样问题<u>是已经差不多解决了</u>的。

d＊<u>这是跟自己的成长环境</u>有关的。

e＊吃非绿色食品<u>是对身体</u>有害的。

f＊我的观点是，不能指出哪个<u>是应该占第一位</u>的。

g＊我以为我们面临的这个问题<u>是用高科技</u>可以解决的。

上述七个例句中"是"都用错了位置。"是……的"句式中，"是"应该放在想要突出的成分前面。例如：

（23）a 吃非绿色食品是对身体有害的。

b 吃非绿色食品对身体是有害的。

说话人若想要突出的是"有害"，那例（23）b"对身体是有害的"明显比例（23）a "是对身体有害的"更合适。

类型 5 的例 a 中 "本来"是语气副词做状语、例 b 中的 "在我们这个社会里"是介词短语做状语、例 c 中 "已经"时间副词做状语、例 d 中 "跟自己成长环境"介词短语做状语、例 e 中 "对身体"介词短语做状语、例 f 中 "应该"能愿动词做状语、例 g 中 "用高科技"方式短语做状语。上述七例中，"是"要放在这些状语的后面。也就是说，类型 5 的偏误句正确说法为：

a′ 人的天性本来是爱犯懒的。

b′ 两代人之间存在的 "代沟"问题在我们这个社会里是不能避免的。

c′ 这时，找中国朋友或老师，这样问题已经差不多是解决了的。

d′ 这跟自己的成长环境是有关的。

e′ 吃非绿色食品对身体是有害的。

f′ 我的观点是，不能指出哪个应该是占第一位的。

g′ 我以为我们面临的这个问题用高新技术是可以解决的。

2. 类型 6："是"的错序及遗漏 "的"

a ★ 想法<u>是各个人</u>都不一样。

b ★ 所以说 "代沟"这问题<u>是两辈都努力的话</u>可以解决。

c ★ 流行歌曲<u>是已经跟我们的</u>生活在一起。

上述例句中韩国学生没掌握好 "是"在句中的位置，并且句尾少了 "的"。例 a 中的 "是各个人都不一样"应改成 "各个人想法都是不一样的"，例 b 中的 "是两辈人都努力的话可以解决"应改为 "两辈人都努力的话是可以解决的"，例 c 中的 "是已经跟我们的生活在一起"应改为 "已经是跟我们的生活在一起的"。

类型 6 的偏误句正确说法为：

a′ 想法各个人都是不一样的。

b′ 所以说 "代沟"这问题如果两辈都努力的话是可以解决的。

c′ 流行歌曲已经跟我们的生活是在一起的。

3.类型 7：否定词的位置

a ＊从 1992 年开始出现汉语热，我也<u>是不</u>例外的。

b ＊现代用电脑交朋友的事<u>不是</u>特别的。

c ＊我想最好的善行<u>是不</u>那么高尚的。

上述例句中学生对"是……的"句的否定使用不是很恰当。例 a 中的"我也是不例外的"应改为"我也不是例外的"，因为这里的否定词"不"应该否定全句"是例外的"。例 b 中"不是特别的"应改为"是不特别的"，因为"不是特别的"后面缺失宾语，所以在这里不合适。例 c 中"是不那么高尚的"应改为"不是那么高尚的"，因为这里的"不"需要否定的是"是那么高尚的"。因此类型 7 的偏误句正确说法为：

a′ 从 1992 年开始出现汉语热，我也不是例外的。

b′ 现代用电脑交朋友的事是不特别的。

c′ 我想最好的善行不是那么高尚的。

（四）误　用

1.类型 8：与"是"字句混用

a ＊我初次接触到汉语这种语言，我真<u>是</u>兴奋不已<u>的</u>。

b ＊那时学汉语，对我来说，<u>是</u>非常难的一件大事<u>的</u>了。

c ＊我在韩国上学时专业<u>是</u>经贸<u>的</u>。

d ＊最重要的是改变自己的想法，为了别人让步一下，这也<u>是</u>为了自己<u>的</u>。

e ＊孩子的死亡率<u>是</u> 25％<u>的</u>。

以上五个例句都应该用"是"字句来表达，在这里学生是把"是"字句与"是……的"句混淆了。"是"字句中的"是"不可以省去。如例 c，"经贸"是名词，很明显这个句子是"是"字句。类型 8 的偏误句正确说法为：

a′ 我初次接触到汉语这种语言，我真是兴奋不已。

b′ 那时学汉语，对我来说，是非常难的一件大事。

c′ 在韩国上学时，我的专业是经贸。

d′ 最重要的是改变自己的想法，为别人让步，这也是为自己。

e′ 孩子的死亡率是25%。

2. 类型9：与"了"混用

a ★ 不过，一个人的生活上再加一个人的话，就是<u>组成共同生活的</u>。

b ★ 该市政府制定与吸烟有关的规定的时候，写"公共场所"这个词的理由<u>是考虑到公众利益的</u>。

c ★ 后来大部分人都<u>是戒烟的</u>。

d ★ 城市的气氛<u>是跟乡村完全不一样的</u>。

上述五个例句中韩国学生是把"了"和"是……的"混淆了。例a中"就是组成共同生活的"应该改为"就组成了共同生活"、例b中的"是考虑到公共利益的"改为"考虑到了公共利益"、例c中的"都是戒烟了"应该改为"都戒烟了"。因为例a、例b、例c中强调的是一种完成，而我们讨论的"是……的"句倾向于表示说话人对主语的评议、叙述或描写。

类型9的偏误句正确说法为：

a′ 不过，一个人的生活上再加一个人的话，就组成了共同生活。

b′ 该市政府制定与吸烟有关的规定的时候，写"公共场所"这个词的理由考虑到了公众利益。

c′ 后来大部分人都戒烟了。

d′ 城市的气氛跟乡村完全不一样了。

二、数据分析及讨论

（一）基于HSK动态作文语料库的分析

基于HSK动态作文语料库的定量分析，我们搜集韩国学生使用本章讨论的"是……的"句时的偏误句共874例，偏误类型分布如表12-1。

表 12-1　韩国学生"是……的"句偏误类型分布

偏误类型			偏误句（例）	偏误分布（%）	
遗漏	类型 1	遗漏"的"	496	56.75	93.48
	类型 2	遗漏"是"	305	35.13	
	类型 3	遗漏"是"和"的"	14	1.6	
冗余	类型 4	冗余"是"和"的"	4	0.46	
错序	类型 5	"是"的位置	26	2.97	3.65
	类型 6	"是"的错序及遗漏"的"	3	0.34	
	类型 7	否定词的位置	3	0.34	
误用	类型 8	与"是"字句混用	19	2.17	2.63
	类型 9	与"了"混用	4	0.46	

通过表 12-1 的数据我们可以看出，韩国学生习得"是……的"句过程中出现的偏误主要集中在"遗漏"，其中遗漏"的"和遗漏"是"的现象最为普遍。

（二）基于问卷调查的分析

进行问卷调查的主要目的，一是想考察韩国学生对"是……的"的理解，二是想考察韩国学生对"是……的"句知识掌握程度和运用能力，三是想考察韩国学生习得"是……的"句时的母语影响因素。

本次调查的对象是北京语言大学的韩国学生共 101 名。参考他们学习汉语的时间和年级等因素，将被试的 101 名学生分为两组：把学习汉语的时间为 2—3 年的二年级和三年级学生分为中级组，此组共 47 名学生；把学习汉语的时间为 4 年以上的 4 年级学生分为高级组，此组共 54 名学生。本文从 101 份的问卷中选取了有效问卷80份^①进行了数据分析。调查时间为2014年11月。

测试卷共有6种题型：第一种是汉韩翻译，观察韩国学生表达汉语词语时，所采用的相应的韩国语词，重点考察学生对"是""的"和"是……的"的理解；第二种是判断对错并翻译，共有15道题，例句均选自HSK动态作文语料库；第三种是选择题，共有10道题；第四种是翻译题，共有7道题；第五种是选择题，选择"是……的"句的语法特征，所提供的5种选项选自刘月华等（2001）的《实用现代汉语语法》^②，拟通过此题了解韩国学生对"是……的"句式的掌握情况；第六种是对"是……的"句的自我评价，可以对比自我评价与"是……的"句调查结果之间的异同。

1.韩国学生对"是""的""是……的"的认识

在学习第二语言的时候，许多学生在母语思维的基础上认知和学习第二语言。从语言类型学角度看，韩国语是黏着语。韩国语的基本语序是SVO。韩国语的语法关系主要是靠助词来体现，确定句子成分依靠助词。在问卷里设计了8个汉语词语：两个副词、三个形容词以及"是""的""是……的"。如表12-2。

表 12-2　学生认知中的"是""的""是……的"与韩国语的对应形式　　　单位：人

类别		中级（共40）	高级（共40）
是	-이다（ida）	26	32
	-은/는（eun/neun）	10	3
	-은……이다（eun……ida）	0	1
	그렇다（geureohda）	4	4

① 有效的问卷的标准：对每一个问卷项目回答了6题以上的，并语法错误不影响到分析的问卷。共101个问卷中在中级组排除了7个，在高级组排除了14个。

② 刘月华，潘文娱，故韡：《实用现代汉语语法（增订本）》，772页，北京，商务印书馆，2001。

续表

类别		中级（共40）	高级（共40）
的	– 의 (ui)	31	38
	– 것 (geos)	8	1
	其他①	1	1
"是……的"	– 이다 (ida)	10	13
	– 은……– 이다 (eun……ida)	13	12
	– 은……– (인) 것이다 (eun……ingeosida)	10	12
	其他②	2	3

从上表可看出，大多韩国学生将"是"理解为"– 이다（ida）"，还有一些学生把它理解为"– 은 / 는（eun/neun）"。在韩国语中"– 이다（ida）"和"– 은 / 는（eun/neun）"都是用于体词后的助词，"– 이다（ida）"使体词具有动词词性，"– 은 / 는（eun/neun）"可以与主语、状语等多种句子成分组合，表示话题、强调、对比等多种语义。对于"的"，大多学生认为与韩国语领属格助词"– 의（ui）"相对应，还有一些学生认为可以译为"– 이다（ida）"。对"是……的"，学生们的认识比较分散，有的学生认为对应为"– 이다（ida）"，有的学生认为对应为"– 은（eun）……– 이다（ida）"，有的学生认为对应为"– 은（eun）……–（인）것이다（ingeosida）"。这说明，韩国学生一般将"是……的"看作与"是"相近的强调句式。

---

① "– 적"（名词化组词），"– 하는 /– 한"（表示动态的组词）。

② "했었다."（表示过去时态的），"이것의"[指示词"이（这）"+"– 것 의（的）"]，"바로"（表示动作发生得连续，具有强调的功能），"– 가 맞다"（主格"– 가"+表示肯定的"맞다"）。

2. 对"是……的"句语义的认识

为考察韩国学生对此句式的理解程度，提供 5 个选择项让学生选择正确的说明。问卷所提供的"是……的"句的特点说明是从《实用现代汉语语法》[①]中选择的，其内容如下：①"是……的"表示所属、存在。②"是……的"句一般用于这种场合：动作已在过去发生或结束，重点并不是动作本身，而是与动作相关的时间、处所、方式、行为者、对象等。③"是……的"句可以单独省略"的"字。④"是……的"多用来表示说话人对主语的评议、叙述或描写，全句往往带有一种说明情况、阐述道理、想使听话人接受或信服的肯定语气。⑤"是……的"句后可以带时态助词"了""着""过"。

韩国学生关于"是……的"句语义说明选择的情况如表 12-3。

表 12-3 韩国学生对"是……的"特点了解情况　　　单位：人

汉语等级	选择①	选择②	选择③	选择④	选择⑤	总人数
中级	24	19	13	15	4	40
高级	28	26	6	23	1	40

正确答案应该是②与④，但无论是中级组学生还是高级组学生，半数以上的人还选择了①，说明学生对"是……的"句的理解有误。部分学生还选择了③，说明对"是……的"句句法特点的了解也有误。

我们认为，学生对"是……的"句的错误理解跟母语的负迁移有一定的关系。韩国学生回答的①②③与偏误类型中的"遗漏现象"有关；②④与偏误类型中的"冗余现象"有关；①⑤与偏误类型中的"误用现象"有关。根据调查结果，"遗漏现象"的偏误比其他类型多。

3. "是……的"句习得情况

测试题三"选择正确的选项（可多选），并将其翻译成韩国语"是以考察"是""的"及"是……的"遗漏或冗余为目的设计的。通过问题的选项暗示被试

[①] 刘月华，潘文娱，故铧：《实用现代汉语语法》，771~774 页，北京，商务印书馆，2001。

者考察的具体点，让被试者有目的选择并翻译。考察结果如表 12-4。

表 12-4　韩国学生习得"是……的"句遗漏／冗余类偏误总体情况　　　单位：例

题号	中级组（40 名）		高级组（40 名）	
	错误句数	正确句数	错误句数	正确句数
三-1	24	16	16	24
三-2	10	30	7	33
三-3	32	8	30	10
三-4	16	24	7	33
三-5	16	24	4	36
三-6	12	28	7	33
三-7	14	26	16	24
三-8	19	21	19	21
合计	143	177	106	214

通过表 12-4 可以判断，韩国学生习得"是……的"句时偏误率较高，总体偏误率为 38.91%，其中中级组的偏误率为 44.69%，高级组的偏误率为 33.13%。这个数据与 HSK 动态作文语料库定量分析数据较一致。

测试题二"判断下列强调句的正误，并改正"是结合第二章偏误分析结果而设定的。主要针对出现偏误最多的四个因素设计出了 12 个问题：题 1—3 考察的是"是"的遗漏问题以及对学生"是"的隐现情况的认知；题 4—6 考察的是"的"的遗漏及对学生"的"的省略情况的认知；题 7—9 主要考察"是……的"的遗漏问题；题 10—12 考察的是"是……的"句冗余问题。

下面是测试题二的偏误数据：

表 12-5　韩国学生习得"是……的"句遗漏 / 冗余类偏误具体情况

等级 偏误类型		题号	偏误句数（例）				偏误率（%）	
			中级组		高级组		中级组	高级组
类型 2	遗漏"是"	二 -1	33	78	17	63	65	52.5
		二 -2	28		31			
		二 -3	17		15			
类型 1	遗漏"的"	二 -4	21	72	20	49	60	40.83
		二 -5	26		17			
		二 -6	25		12			
类型 3	遗漏"是"和"的"	二 -7	7	31	3	23	25.83	19.17
		二 -8	13		14			
		二 -9	11		6			
类型 4	冗余"是"和"的"	二 -10	14	35	18	37	29.17	30.83
		二 -11	13		10			
		二 -12	8		9			

根据以上的结果可见，韩国学生习得"是……的"句有两个特征：一是类型 1 遗漏"的"和类型 2 遗漏"是"的偏误率较高，类型 3 遗漏"是"和"的"、类型 4 冗余"是"和"的"的偏误率相对低一些。二是类型 1、类型 2、类型 3，中级组和高级组之间存在较大差距，说明随着汉语水平的提高该问题逐步得到解决；类型 4，高级组的偏误率反而比中级组高，说明该问题在此学习阶段均没有得到很好的重视。

测试题二的第 13—15 题、测试题三的第 9—10 题以及测试题五的 1—3 题是主要考察学生错序情况的题。如表 12-6。

表 12-6 韩国学生习得 "是……的" 句错序类偏误情况

等级 偏误类型		题号	偏误句数（例）				偏误率（%）	
			中级组		高级组		中级组	高级组
类型 5	"是" 的位置	二 –13	13	33	7	15	27.5	12.5
		二 –14	11		3			
		二 –15	9		5			
类型 6	"是" 的错序及遗漏 "的"	三 –9	21	36	10	13	45	16.25
		三 –10	15		3			
类型 7	否定词的位置	五 –1	13	38	7	23	31.67	19.17
		五 –2	18		11			
		五 –3	7		5			

观察上表 12-6 可以发现，错序类偏误的偏误率要比遗漏类偏误低一些。三个错序类偏误中，整体上类型 6 "是" 的错序及遗漏 "的" 的偏误率最高，其次是类型 7 否定词的位置，相对而言类型 5 "是" 的位置的偏误率低一些。另外，随着汉语水平的提高，偏误率下降。

测试题五的第 4—13 题是主要考察学生错序情况的题，其中第 4—8 题主要考察学生混用 "是……的" 句和 "是" 字句的情况，第 9—13 题主要考察学生混用 "是……的" 与 "了" 的情况。见表 12-6。

表 12-7　韩国学生习得"是……的"句误用类偏误情况

等级 偏误类型		题号	偏误句数（例）		偏误率（%）	
			中级组	高级组	中级组	高级组
类型8	与"是"字句混用	五-4	14	7		
		五-5	11	3		
		五-6	15	10	31.5	19
		五-7	18	15		
		五-8	5	3		
			63	38		
类型9	与"了"混用	五-9	13	7		
		五-10	19	15		
		五-11	13	6	26	16.5
		五-12	0	0		
		五-13	7	5		
			52	33		

　　韩国学生习得"是……的"句时误用类偏误也不低，类型8与"是"字句混用的偏误率要比类型9与"了"混用高一些。同样，随着汉语水平的提高，误用类偏误率也随之下降。

　　总结9个偏误类型，整体上偏误率都比较高，无论是中级阶段还是高级阶段，偏误率均在10%以上。平均偏误率最高的是类型2遗漏"是"和类型1遗漏"的"，这两种情况在教学中一定要多讲多练。另外还要注意的是类型4冗余"是"和"的"，高级和中级一样偏误率很高，说明教学中没有受到重视。类型6"是"的错序及遗漏"的"，在中级阶段错误率较高，也要引起重视。具体叫参考图12-1。

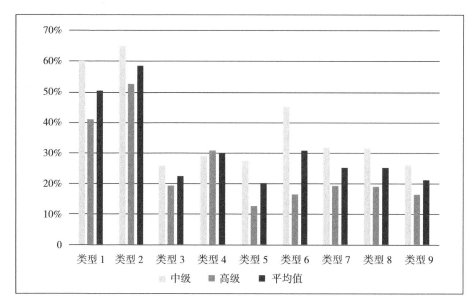

图 12-1　韩国学生习得"是……的"句 9 种偏误类型偏误率

通过对测试卷的分析，我们发现韩国学生在习得"是……的"句时很多情况下是迁移母语知识。具体表现可归纳以下两种：一是借用母语理解"是……的"的语义：韩国学生习得"是……的"句时，常常有与母语对应的倾向，经常把韩国语的话题格对应为"是"，把韩国语判断词"－이다（ida）"对应为"的"，同时认为"是……的"和"是"字句差不多，都表示某种判断。二是受母语语序的影响：韩国语是 SVO 型语言，表示判断的词语及否定词经常在句子末尾。韩国学生受母语干扰，不太容易掌握"是"的位置及否定词位置。

三、教学启示

（一）教材中补充相关知识点

目前有关"是……的"句教学，大多集中在前文所述第一种"是……的"句，关于我们在本章主要讨论的第二种"是……的"句介绍较少，有的教材甚至没有提及。我们发现实际使用中，第二种"是……的"句的使用远比第一种多。

如《成功之路》①中，只简单地讲解了"是……的"句的三个知识点：①"是……的"，常用来表达对一个已经发生了的动作的相关信息进行强调，比如时间、地点、方式、对象、目的等。"是"要放在需要强调和说明的部分之前，"的"一般放在句尾。②如果"是……的"中的动词后面带宾语，宾语是名词时，可以放在"的"后面，也可以放在"的"的前面。宾语是代词时，一般放在"的"的前面。③"是……的"的否定形式为"不是……的"。以上三点均涉及第一种"是……的"句，和我们讨论的第二种没有关系。

再如《尔雅中文》②综合教材，在初级阶段提到"是……的"句的几种强调的表达方式：①强调动作发生的时间；②强调动作发生的地点；③强调动作的方式；④强调动作的目的；⑤在肯定句中，"是"可以省略。否定形式为"不是……的"，正反形式为"是不是……的"。该教材到中级阶段仍未把第二种"是……的"句列入语法之中。

（二）正确引导学生理解和使用

通过分析我们发现韩国学生对"是……的"句的了解不足，由此产生的偏误较多。目前韩国学生一般将"是……的"看作与"是"相近的强调句式，因此"的"的遗漏现象较多。"是……的"句，多用来表示说话人对主语的评议、叙述或描写，全句往往带有一种说明情况、阐述道理、想使向听话人接受或信服的肯定语气。可通过用"是……的"句和没有用"是……的"句对比的方法来加深对"是……的"句的理解。如：

（24）a 这个问题是可以解决的。

　　　 b 这个问题可以解决。

① 邱军主编：《成功之路》，北京，北京语言大学出版社，2008 年。

② 魏新红主编：《尔雅中文》，北京，北京语言大学出版社，2013 年。

（25）a 这道题是很简单的。

　　　b 这道题很简单。

（26）a 那样的事情是绝对不会发生的。

　　　b 那样的事情绝对不会发生。

对比 a 句和 b 句，a 句带有说明情况、阐述道理、想使听话人接受或信服的肯定语气在其中，经常用在口语中。这一点我们也可以结合交际场景进行进一步讲解。例如：

（27）经理：这个问题是可以解决的，你再想一想。

　　　员工：好的，我再试试其他方案。

（28）同学 1：这道题我真的不会，你快告诉我答案吧。

　　　同学 2：这道题是很简单的，你再自己好好想想吧。

（29）妈妈：出门的时候千万别忘了带身份证和钱包。

　　　儿子：你放心，那样的事情是绝对不会发生的。

如此，教师可以结合语境使学生了解"是……的"句（二）多用来表示说话人对人、事物或事件的主观评价，往往带有陈述语气。

（三）总结"是……的"句的句法特点

1. 句子成分的完整

要使韩国学生明白"是……的"句中"是"和"的"是可以同时去掉的。不可以只去掉"是"或者"的"。但是同时去掉"是"和"的"以后语义就有所不同。

2."是"的位置

要让韩国学生知道"是……的"句中的"的"，一般出现在句尾，而"是"的位置比较灵活。要注意观察句子中想要强调的部分是什么，一般情况下"是"放在表达愿望或描述性词的前面。

3. 能愿动词或否定副词

"是……的"句通常用在说话人表达自己的观点并想要听话者信服时使用的，是带有一定语气的动词谓语句或形容词谓语句。

4. 强调说话人的看法或态度

该句式可以是肯定的，也可以是否定的。如"这个问题是可以解决的""这个问题是不能解决的""这道题是很简单的""这道题是很不简单的"。要提醒学生否定词一般是放在"是"后面，组成"是不……的"。

5. 与"是"字句的不同

要让留学生知道"是"字句中的"是"和"的"去掉后句子是不成立的。"是……的"句中"是"和"的"可以同时去掉，去掉后句子仍成立，只是句义有所改变。另外，当留学生用"是……的"描述过去或现在发生的事情时，容易把"是……的"句和"了"混淆，这一点也要强调说明。

汉语"是……的"句是个常见的句式。但是在对外教学中"是……的"句语义解释起来抽象，学生不好理解，而且语法复杂，是教学难点。除了基本语义及语法讲解，我们一定要注重练习，从简单句开始入手，逐渐扩展为复杂句，通过练习来巩固相关知识点。

附：测试卷

一、将下面的汉语词或格式翻译成韩国语

例示：吃 [먹다]

1. 好像 [   ]

2. 是 [   ]

3. 的 [   ]

4. 是……的 [   ]

5. 关于 [   ]

6. 重要 [   ]

7. 差不多 [   ]

8. 美丽 [   ]

二、判断下列强调句的正误，并改正

1. 他在农村长大的（   ）改正：

2. 这是一种偏见，不对的（   ）改正：

3. 其实，他是帮助我的。（   ）改正：

4. 我对"代沟"的看法是这样（   ）改正：

5. 你能想象会是怎么样的吗？（   ）改正：

6. 人和人一起生活是又有义务又有权利。（   ）改正：

7. 你们也是很好的吧！（   ）改正：

8. "绿色食品"是对身体好的。（   ）改正：

9. 全世界上的人们都是平等的。（   ）改正：

10. 他们的行为是真笨的。（   ）改正：

11. 找中国朋友或老师，这样问题是就差不多能解决的。（   ）改正：

12. 我想现在开发"绿色食品"是比解决挨饿问题更重要的。（   ）改正：

13. 我觉得这不但是必不可少的，是而且可行的。（   ）改正：

14. 造成的后果是可以说不堪设想的。（   ）改正：

15. 人的天性是本来就爱犯懒的。（   ）改正：

三、选择正确的选项（可多选），并将其翻译成韩国语

例示：这个问题和第一个问题是相关的。（ ∨ ）

这个问题和第一个问题相关的。（   ）

这个问题和第一个问题是相关。（   ）

译：이 문제와 첫 번째 문제는 관련이 있다.

1. 空气对人类是很重要。（   ）

空气对人类是很重要的。（   ）

空气对人类很重要的。（   ）

译：

2. 这个问题在什么地方都会有的。（　　）

　 这个问题是在什么地方都会有的。（　　）

　 这个问题是在什么地方都会有。（　　）

译：

3. 我是从地铁站过来的。（　　）

　 我从地铁站过来的。（　　）

　 我是从地铁站过来。（　　）

译：

4. 全世界人都平等的。（　　）

　全世界人都是平等。（　　）

　全世界人都是平等的。（　　）

译：

5. 了解别人的时候，语言的交流非常重要的。（　　）

　 了解别人的时候，语言的交流是非常重要。（　　）

　 了解别人的时候，语言的交流是非常重要的。（　　）

译：

6. 这种问题是差不多已经解决了的。（　　）

　 这种问题是差不多解决了。（　　）

　 这种问题差不多解决了的。（　　）

译：

7. 失败是能够使人变成成功。（　　）

　 失败能够使人变成成功的。（　　）

　 失败是能够使人变成成功的。（　　）

译:

8.北京的春天是最漂亮、最美丽。（　　）

　北京的春天是最漂亮、最美丽的。（　　）

　北京的春天最漂亮、最美丽的。（　　）

译:

9.这与过去的想法是完全不同的。（　　）

　这是完全与过去的想法不同。（　　）

　这与过去的想法完全是不同。（　　）

译:

10.吸烟是对个人健康和环境有不好的影响的。（　　）

　吸烟对个人健康和环境是有不好的影响的。（　　）

　吸烟对个人健康和环境是有不好的影响。（　　）

译:

四、选出关于"是……的"句的正确说明（可多选）

1."是……的"구문의 기본적인 의미는 소유, 존재를 나타낸다.

　"是……的"句表示所属、存在。

2."是……的"구문은 일반적으로 동작이 이미 과거에 발생했거나 완료되었다는 것을 동작 자체가 아닌 동작과 관련된 시간, 장소, 방식, 행위자, 대상을 강조하는 것이다.

　"是……的"句一般用于这种场合：动作已在过去发生或结束的动作，而且强调与动作相关的时间、场所、方式、行为者、对象。

3."是……的"구문에서 "的"는 생략이 가능하다

　在"是……的"句可以单独省略"的"字。

4."是……的"구문은 주어에 대한 화자의 판단, 서술, 묘사를 나타내는 경우게 많이 쓰이며 긍정적 어기를 지니고 있다.

　"是……的"句多用来表示说话人对主语的评议、判断、叙述、描述，全句往往带有一种说明情况、阐述道理、想使听话人接受或信服的肯定语气。

5. "是……的"구문 뒤에는 시태조사 "了""着"가 올 수 있다.

　　在"是……的"句后可以带来时态助词"了""着""过"。

五、参考括弧中的提示语，把下面韩国语翻译成汉语

1. 나는 그렇게 생각 하고 있지 않다.（这么想）

2. 음악은 생활 중에서 빠질 수 없다.（不可缺少 / 不能缺少）

3. 현재 인터넷에서 친구를 사귀는 일은 특별한 일이 아니다.

4. 나는 중국어를 처음 접해서 정말 흥분해 마지않았다.

5. 그때 중국어를 배우는 것은 나에게 매우 어려운 큰 일이었다.

6. 한국에서 학교 다닐 때 제 전공은 경제무역이었어요.

7. 가장 중요한 것은 자신의 생각을 바꾸고 다 사람을 위해 양보하는 것, 그
것이 자신을 위한 것이다.

8. 아이의 사망률은 25% 이다.（死亡率）

9. 나는 음악을 통해 내 재능을 발휘하곤 했다.（发挥、才能）

10. 담배는 개인의 건강과 공중 사회의 이익에 좋지 않은 영향을 미쳤다.（吸
烟、健康、公众社会、利益）

11. 생명의 중요성은 말하지 않아도 알고 있었다.（生命、无言而知）

12. 도시와 시골의 분위기는 완전히 달랐었다.（城市、气氛、乡村）

13. 이 일은 비교적 간단했다.（这件事、简单）

六、请结合自身回答您是否符合下述情况，请选择同意或不同意

1. 중국어를 사용 할 때, 한국어와 비슷한 점이 있는지 비교해본다.

　　在学习汉语时，比较过汉语和母语之间是否存在相同的地方。（同意 / 不
同意）

2. 습관적으로 한국어의 어순에 따라 부사나 개사의 위치가 헷갈린다.

　　受母语习惯和语序影响，经常混淆汉语的副词或介词的位置。（同意 / 不
同意）

3. 나는 다른 문형 (把字句, 有字句) 보다 "是……的" 구문이 쉽다고 생각한다.

我认为 "是……的" 句比其他句式 (如 "把" 字句, "有" 字句) 更容易。(同意 / 不同意)

4. 나는 "是……的" 구문의 용법을 잘 알고 사용하고 있다.

我很了解 "是……的" 句的用法, 并且经常使用此句式。(同意 / 不同意)

5. "是……的" 구문과 "是" 구문이 비슷하다고 생각한다.

我认为 "是……的" 和 "是" 字句差不多。(同意 / 不同意)

6. 나는 "是……的" 구문과 "是" 구문을 정확히 구별할 수 있다.

我比较会判断 "是……的" 跟 "是字句"。(同意 / 不同意)

7. 나는 "是……的" 구문 중 "是" 가 생략 되는 경우를 잘 알고 있다.

我很了解 "是……的" 句中 "是" 的隐现条件。(同意 / 不同意)

第十三章 "被"字句

现代汉语有些句子在谓语动词前有一个表示被动意义的介词"被"或由"被"组成的介词短语作状语，这类句子叫作"被"字句。"被"字句的主语通常是谓语动词的受事，介词"被"的宾语通常是施事，其基本格式为 NP1+ 被（+NP2）+VP（+NP3）。

本章将考察韩国学生"被"字句的偏误类型以及不同类型的分布情况，给汉语教学提供帮助，借此找到"被"字句教学的重点、难点。

语料来源于北京语言大学 HSK 动态作文语料库，共搜索到韩国学生使用的"被"字句 770 例，其中有偏误句 297 个，约占 38.57%。本文根据这 297 个偏误来考察学习者在自然情况下产出"被"字句的情况，并进行偏误分析和归类。

具体研究步骤为，先收集"被"字句语料并找出偏误句，再筛选出与"被"字句语法点相关的偏误句，按汉语的规则将偏误按缺失、误加、错序、错用、混用等不同形式标志分成小类，接着统计偏误类型及比例。值得注意的是，有时候同一个"被"字句中可能出现不止一个偏误点。这种情况，我们按其所出现的偏误点各记一次。

一、偏误类型

（一）遗　漏

"被"字句结构中的遗漏分为四个类型："被"字的遗漏、NP1 的遗漏、V 的遗漏、动词补足语的遗漏。

1. 类型 1："被"字的遗漏

a★见到她那样努力，我也她激励了，我便和她一起努力地学习。

b ★在韩国，女人成家后离开原来的家，以后就认为是丈夫的人。

c ★现在孩子的数量少了，一些幼儿园免不了拆。

上三例都遗漏了介词"被"。例 a 中受事成分为"她"，因此"被"应该在"她"前；例 b 和例 c 的情况有些不同，这两句中的受事成分是隐性的，这类情况学生更容易出现错误，"被"应在谓语动词前。

出现这类偏误的主要原因是学生对被动的认识不强。"被"字是最常见的被动句，其形式标记明显，学生理解起来容易，但用起来难。韩国语也有被动句，表现被动的语法形式有多种：一是词缀式，被动词缀有 – 이（i）/– 히（–hi）/– 리（–li）/– 기（–gi）等；二是词汇式，也就是词汇本身有被动义，如"맞다（被打）""젖다（被弄湿）"；三是分析式，常见的语法形式有" – 어지다（eo jida）"" – 되다（dyeda）"" – 받다（batda）"" – 당하다（danghada）"等。其中最常用的就是词缀式。如以小说《活着》为例，其中有 112 例"被"字句，翻译成韩国语，与词缀式对应的有 73 例，与" – 어지다（eo jida）"对应的有 11 例，与" – 되다（dyeda）"对应的有 13 例，与" – 받다（batda）"对应的有 2 例，与" – 어지다（eo jida）"对应的有 13 例。再者，除了" – 받다（batda）"以外的其他分析式，被动功能并非它们的唯一语法功能，因此很容易被母语者忽视。在大多学生的认知里，词缀式才是被动句的核心语法形式。

然而例 a 至例 c 要表达的语义译成韩国语，均不能用词缀式被动来表现。例如：

（1）그녀가 그렇게 노력하는 것을 보고 나도 그녀에게 동기부여가 <u>되어</u> 나는 그녀와 함께 열심히 공부했다 .

（2）한국에서는 여자가 가정을 이룬 후 원래 집을 떠나면 나중에 남편사람으로 인식<u>되는</u>것이다 .

（3）현재 아이들의 수가 적어 일부 유치원은 철거를 피할 수 없다 .

例（1）和例（2）用" – 되다（dyeda）"表示了被动，例（3）的韩国语译文并非被动句，而是主动句。也就是说此时学生很难感觉到这一语句有被动语义，

因此往往会把"被"字遗漏掉。

类型 1 的偏误句正确说法为：

a' 见到她那样努力，我也被她激励了，我便和她一起努力地学习。

b' 在韩国，女人成家后离开原来的家，以后就被认为是丈夫的人。

c' 现在孩子的数量少了，一些幼儿园免不了被拆除。

2. 类型 2：NP1 的遗漏

a ★ 父母认为这个孩子丢了自己的面子，于是要求被安乐死。

b ★ 父母叫儿女办的事情都办不好的话，被父母臭骂得厉害。

上述两个例句都遗漏了"被"字前的受事主语，谁被要求安乐死，谁被父母臭骂得厉害，提供的信息残缺。根据前后语境，我们能够判断"被要求安乐死"的是孩子而不是父母，"被父母臭骂得厉害"的是儿女而不是父母。出现这类偏误的主要原因是句子过长，学生由于目的语水平的限制，没能顾及后一分句主语的变化，因此遗漏了后一分句的主语。

类型 2 的偏误句正确说法为：

a' 父母认为这个孩子丢了自己的面子，于是孩子要求被安乐死。

b' 父母叫儿女办的事情都办不好的话，儿女就被父母臭骂得厉害。

3. 类型 3：V 的遗漏

a ★ 谁知，我一回来，竟发现抽屉被人<u>乱七八糟</u>！

b ★ 第一次上课的时候我被老师<u>难堪</u>了。

c ★ 反对安乐死的人说生命是最重要的而且<u>尊严的</u>，得不治之症的人和<u>还活着的人</u>谁也不能被<u>死</u>。

在上两例中，都遗漏了施事宾语后的动词。"乱七八糟""难堪"是形容词，"死"在此不能单独做谓语。出现这类偏误的主要原因是句子过长，学生由于目的语水平的限制，没有顾及到用什么样的动词做谓语，因此遗漏了施事宾语后的动词。

类型 3 的偏误句正确说法为：

a' 谁知，我一回来，竟发现抽屉被翻得乱七八糟。

b′ 第一次上课的时候我被老师弄得 / 说难堪了。

c′ 反对安乐死的人说生命是最重要的而且人是有尊严的，得不治之症的人也不能被杀死。

4. 类型 4：动词补足语的遗漏

a ★ 因为经济发展以及生活水平提高，不用化肥和农药的对身体健康无害的"绿色食品"也会被生产的。

b ★ 当然，如果是两个人一同解决问题，分担责任，那么，久而久之，感情也就被培养。

c ★ 我们不知不觉被吸引他无边的魅力中了。

"被"字句的核心结构形式有以下几种：

①主语 + 被 + 宾语 + 动词 + 结果补语 / 趋向补语 / 状态补语

②主语 + 被 + 动词 + 结果补语 / 趋向补语 / 状态补语

③主语 + 被 + 动词 + 了 / 着

④主语 + 被 + 动词 + 了 + 动量补语 / 时量补语

⑤主语 + 被 + 动词 + 了（+ 数量短语）+ 宾语

⑥主语 + 被 / 叫 / 让 + 宾语 + 给 + 动词 + 其他成分

⑦被 + 宾语 + 所 + 双音节动词

通常"被"字句中的动词后面都有补语或助词"了 / 着"，光杆动词无法进入"被"字句格式。在例 a 和例 b 中，都遗漏了施事宾语后动词补足语"出来、起来"。出现这类偏误的主要原因是学生对目的语规则掌握不够熟练，由于学生所学目的语知识有限，这就需要教师及时强调，予以纠正。

类型 4 的偏误句的正确说法为：

a′ 因为经济发展以及生活水平提高，不用化肥和农药的对身体健康无害的"绿色食品"也会被生产出来的。

b′ 当然，如果是两个人一同解决问题，分担责任，那么，久而久之，感情也就被培养起来了。

c′ 我们不知不觉被吸引到他无边的魅力中了。

(二) 冗 余

"被"字句结构中的冗余分为两小类:"被"字的冗余、NP3 的误加等。

1. 类型 5:"被"字的冗余

a ★ 很可惜因为我们父子关系,被他们的父子关系也受到影响。

b ★ 就这样,最后他们都被遭到了批评。

c ★ 我试过很多次,但一旦被习惯了就难以戒烟。

例 a 和例 b 中 "受到""遭到" 自身就具有被动义,在此无需再加"被"字。汉语被动意义的表达除了使用介词"被、叫、让"等标志性词语的典型的被动句式外,还有用"受、受到、遭到、遭受、挨"等带有"遭受"意义的动词加动词宾语的形式。上两例中,"影响""批评"均为动词宾语。出现这些偏误的原因是,部分学生每当要表达遭受意义时,只想到"被"字句。而事实上,汉语表达被动义的手段也很丰富,除了"被 / 叫 / 让"等被动句式外,有的词本身就具有被动义。

例 c 的情况有所不同,这可能是受母语影响所致。"习惯"韩国语中表现为"습관되다 (seupguandyeda)",前面我们也说过," – 되다 (dyeda)"是韩国语被动形式之一,因此学生误以为汉语也是"被习惯"。

类型 5 的偏误句正确说法为:

a′ 很可惜因为我的父子关系,他的父子关系也受到了影响。

b′ 就这样,最后他们都遭到了批评。

c′ 我试过很多次,但一旦习惯了就难以戒烟。

2. 类型 6:NP3 的误加

a ★ 我以前听过,有人一辈子被机器围着病床。

b ★ 我很希望被贵公司聘请我。

c ★ 我是被一首叫《童年》的歌启发了我。

在这里错误地附加了施事宾语后的动词宾语，使得语义不简洁，有些不知所云。目的语规则泛化，以为及物动词后一定会有宾语。例 a，根据语境可以判断，在此"人"应在"病床"上被围着，所以 NP3 要前置；例 b 和例 c，"我"已经在主语的位置上，不必再在宾语位置上重复。

类型 6 的偏误句正确说法为：

a′ 我以前听过，有人一辈子在病床上被机器围着。

b′ 我很希望被贵公司聘请。

c′ 我是被一首叫《童年》的歌启发。

（三）错　序

"被"字句结构中的错序分为两小类："被"与 NP2 的错序、"被 +NP2"与状语的错序等。

1. 类型 7："被"与 NP2 的错序

a ★ 我会当时的情形被吓死。

b ★ 我那个时候爸爸说的话被感动了。

c ★ 有的小孩儿广告上的烟被吸引了。

上例中出现了"被"字与施事宾语的错序。前面我们也曾说过，"被"字句中，施事宾语有时是显性的有时是隐性的。若是显性的，"被"应放在施事宾语前。这类偏误句有一个特点，那就是施事宾语的结构相对来说比较复杂。上两例中施事宾语都是定中结构。

类型 7 的偏误句正确说法为：

a′ 我会被当时的情形吓死。

b′ 我那个时候被爸爸说的话感动了。

c′ 有的小孩儿被广告上的烟吸引了。

2. 类型 8："被 +NP2"与状语的错序

a ★ 不抽烟的人被抽的人常常弄得为难。

b ★昨天带来的面包被<u>不知道</u>谁吃光了。

c ★我小的时候被人<u>有的时候</u>打哭着回来。

在上三例中"常常""不知道""有的时候"在句中作状语，此时要在"被+NP2"前。相比较而言，韩国语语序相对自由，语序制约没有汉语那样多，导致出现此类语序偏误。

类型 8 的偏误句正确说法为：

a′　不抽烟的人常常被抽的人弄得为难。

b′　昨天带来的面包不知道被谁吃光了。

c′　我小的时候有的时候被人打，哭着回来。

（四）误　用

"被"字句结构中的误用分为三小类：VP 的误用、与主动句混用、句式杂糅等。

1. 类型 9：VP 的误用

a ★记得小时候，因为没有诵好"千字文"被父亲<u>挨打得很严重</u>。

b ★这种农作物一定会被<u>培育出</u>一种无污染的绿色食品。

c ★纸被<u>写成什么</u>，它就是什么。

上三例中 VP 成分都多少存在问题。例 a，"挨打"是支配结构，后面不能再有补语；例 b，趋向补语使用有误，根据前后语境应该是"培养成"；例 c，结果补语使用有误，根据前后语境应该是"写上"。目的语知识掌握不准确就是这类偏误产生的主要原因。

类型 9 的偏误句正确说法为：

a′　记得小时候，因为没有诵好"千字文"被父亲打得很严重。

b′　这种农作物一定会被培育成一种无污染的绿色食品。

c′　纸被写上什么，它就是什么。

2. 类型 10：与主动句混用

a ★ 但有的时候我也被某种事情伤心。

b ★ 你被领导挫折不要唉声叹气，烦恼，而应该高兴。

c ★ 他们受到朋友、同事的看扁。

d ★ 我很感动他的主张。

这是学生答题时较多出现的偏误类型。汉韩两种语言被动域不同，汉语被动句译成韩国语并非一定是被动句，韩国语被动句译成汉语也并非一定是被动句。我们曾对小说《活动变人形》[①]和它的韩译本进行了比较。汉语版小说中共有 237 例"被"字句，翻译成韩国语，有 112 例为后缀式或分析式被动句，有 31 例为词汇型被动，72 例一般主动句，7 例兼语句，还有一些没有去处理。在例 a 和例 b 中将表原因等主动句混用为"被"字句。在例 c 和例 d 中根据语义需要应该用"被"字句，但是却混用为主动句了。这些偏误都是因学生对目的语规则不够了解所致。

类型 10 的偏误句正确说法为：

a′ 但有的时候我也会因为某种事情伤心。

b′ 你在领导那里受到挫折时不要唉声叹气，烦恼，而应该高兴。

c′ 他们被朋友、同事看扁了。

d′ 我被他的主张感动了。

3. 类型 11：句式杂糅

a ★ 虽然人的身体健康很重要，但挨饿的人被没有饭吃就会把他们置于死地。

b ★ 如果你放松生活的话，你马上淘汰。

c ★ 最近的音乐环境被它遭到了几种问题。

例 a，将"被"字句、"把"字句两种句式杂糅在了一起；例 b，除了遗漏"被"外，还缺乏其他信息；例 c，动词使用有误而且动宾搭配也有误，句式含

---

① 王蒙：《活动变人形》，北京，人民文学出版社，2000。全亨俊译：《活动变人形》（韩文版），首尔，munhakgwa jiseong sa,2004。

混不清。

类型 11 的偏误句正确说法为：

a′ 虽然人的身体健康很重要，但没有饭吃会把挨饿的人置于死地。

b′ 如果你放松生活的话，你马上会被淘汰。

c′ 最近的音乐环境被它破坏，音乐界遇到了几种问题。

二、数据分析与讨论

根据 HSK 动态作文语料库分析，我们共找出 297 例 "被" 字句偏误句。通过简单的数据统计发现，遗漏和误用是最常见的两大偏误类型，分别占总偏误数的 48.5% 和 36%。见表 13-1。

表 13-1　HSK 动态作文语料库中韩国学生 "被" 字句偏误分布

偏误类型			偏误句（例）	比率（%）	
遗漏	类型 1	"被" 字的遗漏	125	42.09	48.48
	类型 2	NP1 的遗漏	7	2.36	
	类型 3	V 的遗漏	8	2.69	
	类型 4	动词补足语的遗漏	4	1.35	
冗余	类型 5	"被" 字的冗余	23	7.74	9.76
	类型 6	NP3 的误加	6	2.02	
错序	类型 7	"被" 与 NP2 的错序	5	1.68	5.72
	类型 8	"被 +NP2" 与状语的错序	12	4.04	
误用	类型 9	VP 的误用	17	5.72	36.02
	类型 10	与主动句混用	85	28.61	
	类型 11	句式杂糅	5	1.68	

从表 13-1 看，"被" 字句偏误有两种特点。一是 "被" 字句的偏误主要发生在遗漏和混用上。韩国学生 "被" 字句的偏误率是遗漏 > 误用 > 冗余 > 错序。

可见，留学生学习"被"字句最大的难点在于对"被"字句形式的规范使用上，以及什么时候该使用"被"字句上，同时掌握较好的是"被"字句内部的语序。二是"被"字句的偏误主要集中在类型 1"被"字的遗漏、类型 10 与主动句混用、类型 5"被"字的冗余上。以上几个方面应该是"被"字句教学中的重点和难点以及应该特别强调的方面。

三、教学启示

（一）关于"被"字句的使用条件

虽然被动句是汉语和韩国语的常见句式，但是两种语言被动域概念不同，对学生来说什么时候用"被"字句是他们面临的最大问题。

1.汉语"被"字句结构

"被"字句表示被动义，但句法结构受到很多制约。它的基本结构形式是 NP1+ 被（+NP2）+VP（+NP3）。

对比汉韩两种语言的被动句，发现 NP1 的角色条件存在以下三点不同[1]。

一是汉语与韩国语的 NP1 大多是受事成分，但汉语中偶有施事成分做 NP1 的情况。如"他被那件事情愁死了""墙上的画轴也被刮起来砰砰地响着"等。

二是汉语的 NP1 主语一般要求是有定的，但韩国语不受这个限制，无定的也可以作被动句的主语。如"양 한 마리가 범에게 먹혔다（＊一只羊被老虎吃掉了）""옷 한벌이 그에게 찢겼다（＊一件衣服被他撕破了）"。

三是汉语的 NP1 可以由处所性词语来充当，但是韩国语的 NP1 则不能由处所词语充当，处所性词语只能充当状语。如"墙上被挖了一个洞""大门上被人上了锁"。

再看看 NP2 的情况。韩国语的被动句的 NP2 很少由第一人称充当，但汉语不受这个限制。如"米饭被我吃掉了""你被我发现了"。

---

[1]　金莲花：《韩汉语被动句对比研究》，长春，东北师范大学硕士学位论文，2007。

汉语和韩国语的 NP3，如果被动句里 NP1 和 NP3 是领属关系，汉语的"被"字句在多数情况下拒绝 NP3，但韩国语不受此限制，这也是偏误类型 6 产生的原因。另外，汉语的 NP3 可以是结果宾语，这是汉语特有的，如"我的手被扎出了血"。

2. 汉语不能用于"被"字句的动词

汉语中并不是所有的动词都能用于"被"字句。"被"字句中的动词一般仅限于及物动词中的一部分动词，汉语的及物动词中有很多动词具有表达双向的功能，即可以表示施动又可以表示受动。陆庆和（2006）把这类动词分为两类：①买、卖、吃、喝、放、开、写、贴、藏、种、用、丢；②属于、举行、表演、表白、表示、采取、喜欢、觉得。[①]

上面的①类动词具有表示施动和受动的双重功能，只有当强调受事是在施事施加的某个动作之后才产生某种变化性结果时，才用于"被"字句，否则就用于受事主语句。②类动词则一般只表示施动的一种功能，所以不用于"被"字句。

3. 汉语强制性使用"被"字句的动词

汉语强制性的使用"被"字句的动词仅限于下面四类动词：[②]①动词所表示的动作可以使受事受到损害的，如打、罚、杀、撞、害、抓、骗、批评、批判、处分，等等。②动词所表示的动作可以使受事得到益处的，如表扬、提拔、接见、照顾、保护、任用、推荐，等等。③动作是对受事的认定与评价的，如认为、评（为）、定（为）、选（为）、看作、看成、命名（为），等等。④汉语中有几个表示心理活动的动词，如感动、感染、惊（醒／呆）可以用于"被"字句。

下列几类都不能进入"被"字句式：表示动作方向或趋势的趋向动词，如上来、下去；表示存在或出现的动词，如发生、产生、出现、蕴藏等；表示如何

---

① 陆庆和：《实用对外汉语教学语法》，444 页，北京，北京大学出版社，2006。

② 陈明美：《从汉日对比的视角浅谈"被"字句的教学》，载《海外华文教育》，2019（5）。

对待或处理前面所提到的事物的形式动词，如需要、进行、加以、予以、给予、给以、值得等；还有一些表示事物本身发展、变化的，如变、成、沦为、形成等；以及本身就带有被动意义的动词，如挨、遭到、受到等；汉语的"算"所表示的判断不太肯定，是被判断，有"被认为""被觉得"的意思，本身就含有被动意义，因而只能用于没有形式标记的意义被动句。

（二）"被"字句的练习方法

基于韩国学生的习得特点，建议"被"字句的练习方法不要只限于主动句和"被"字句的变换或者"把"字句和"被"字句的变换等机械性训练，应把语法教学放在实际情境中进行练习，使学生便于理解"把"字句的使用环境。如，情境对话练习。根据"把"字句的使用特点，分为"不如意的、不好的"语境、"如意的、好的"语境等。"不如意的、不好的"语境可以是"丢手机""腿受伤"等"倒霉"的话题，"如意的、好的"语境可以是"老师表扬"等话题，让学生在具体真实的语境中真正体会和感受被字句的语用关系。再如运用任务型活动教学法，可以根据学生实际情况和教学环境设计开放式的任务型活动让学生在交际情境中练习被字句句型。让学生自己创造模拟真实的被字句交际情境，进而全面掌握、巩固被字句，能在合适真实的语用情境中正确地表达，活学活用，达到交际训练的目的。

可以适当运用母语迁移法，进一步熟悉"被"字句的结构特点。韩国语最常用的"词缀式"被动句的基本格式是：NP1+NP2+V+被动词缀。如：

（4）도둑이　　주인에게　붙잡혔다.

小偷－主格 主人－与格 抓－被动词缀－终结词尾

小偷被主人抓住了。

通过例（4）可以更加直观地向学生讲解，两种语言主语都是受事者，宾语都是施事者，表被动的语法标记位置不同，韩国语在动词后面，汉语在施事前面。

（5）커튼이　　바람에　　흔들리다.

窗帘－主格 风－与格 摇晃－被动词缀－终结词尾

窗帘被风吹得摇晃。

对比例（5）中的汉语与韩国语，汉语比韩国语多了一个词"吹"。可以告诉学生，施事是无生命事物时，有时韩国语表"动因"的动词可以省略，可只出现结果。汉语通常这两者都会出现，因此不能说"＊窗帘被风摇晃"。

教学中教师把韩国语被动句和汉语被动句放在一起进行对照，学生理解汉语被动句时可以从韩国语被动句的结构和表达习惯进行借用迁移，让难以理解的汉语被动句变得简单容易。

第十四章 "使"字结构

使役是语言中一个重要的句法语义范畴，在人类语言中普遍存在。在不同的语言中使役呈现出不同的表达形式，有的表现为特定的语法结构，有的表现为词的形态变化，有的表现为无标记的零形式。使役范畴在汉韩这两种语言中有截然不同的表达形式，而且其对应关系也错综复杂。使役范畴的表达，也因此成为韩国学习者学习汉语时的一大难点。

本章拟描写与分析韩国学习者习得汉语使役结构中的一类——"使"字结构中出现的偏误，讨论偏误产生的原因及习得特点，探讨其解决对策。

现代汉语表示使役义的形式多样，"使"字结构属于具有显性标记的使役结构。"使"字结构包括"使"字句、"让"字句、"叫"字句、"令"字句，其结构可概括为"A+使/让/叫/令+NP+VP"。在这里 A 是致事成分，经常由名词短语、动词短语或小句来充当，NP 是役事成分，VP 是使役的结果。

作为第二语言的汉语教学中，关于使役范畴的习得研究不是很多。目前对于"使"字结构的习得研究，基本上限于举例和描述，缺乏理论解释及系统性。但是通过教学实践发现，学习者的母语背景深刻地影响着其习得情况。同时，HSK 动态作文语料库中，母语背景为韩国语的学生"使"字结构语料最多。基于这两点，我们以韩国留学生的习得情况为切入点，进行分国别研究的尝试。

我们认为"使"字结构的习得研究应该从学习者的母语背景及"使"字结构的成句条件着手。本章以分析 HSK 动态作文语料库原始语料为基础，分析母语为韩国语的汉语学习者习得"使"字结构的认知特点。

一、偏误类型

分析 HSK 动态作文语料库，发现韩国学习者习得"使"字结构常见偏误有遗漏、误用、冗余、错序、回避五个类型。

（一）遗 漏

1. 类型 1："使"的遗漏

a ★ 为贵公司了解本人，在下面简单地写本人介绍。

b ★ 为了青少年养成良好的想法，他们上高中时看几个片子。

c ★ 我有信心你们的老年过得很愉快。

d ★ 改革这个问题先要人生存下去，才能做到这个问题。

上面几个例句，役事成分前都缺少"使"字，如例句 a 至例句 d 的役事成分"贵公司""青少年""你们的老年""人"前都需要加"使"字。这类偏误出现的原因通常都是母语负迁移，因为韩国语的使役义标记在动词成分上，主要通过动词词尾的变化或动词后加辅助动词来表示。上例除了例 c 以外，致事成分没有显现，但可通过前后语境知道致使成分是名词或名词性短语。

例 a 至例 d 的正确说法为：

a′ 为使贵公司了解本人，在下面简单地写本人介绍。

b′ 为了使青少年养成良好的认知，高中阶段给他们看几个片子。

c′ 我有信心使你们的老年过得很愉快。

d′ 先要使人生存下去，才能谈论真正的改革。

语料中我们还发现，"使"的遗漏更多出现在致事成分是动词性短语或小句的情况。例如：

e ★ 不用化肥和农药会农作物的产量大大降低，但是开发其他农业技术可以防止农作物产量降低。

f ★ 虽然，少用农药会农作物的产量降低，但是，为人们的身体健康，为家的幸福，为我们的子孙后代，我希望农民使用少量农药，让我们吃更好的"绿色食品"。

g ★ 第二，我们注力强化农作物对害虫的免疫力，改良品种，以便生产大量的绿色食品的理想变成现实。

例 e 至例 g 的致事成分"不用化肥和农药""少用农药""我们注力强化农作物对害虫的免疫力，改良品种"都是动词性短语或小句。这类致使属于事件致使，此时致事事件与"役事成分 +V"之间的语义基础是广义的因果关系。邢福义（2001）曾指出，以"由于""因为"为标志的复句是因果句，以"如果"为标志的复句是假设句，表现各种各样的"因果聚合"，都是广义因果关系[①]。"使"字句常出现在因果类复句当中，这与"使"字句自身所具有的"致使"意义有很大的关系，"使"字句自身可以用来表示种种因果关系，为其向因果类复句的演变奠定了重要的意义基础。上面的例句进行以下变换，语义大致不变：

（1）不用化肥和农药，就会使农作物的产量大大降低。

　　　如果不用化肥和农药，农作物的产量就会大大降低。

（2）少用农药会使农作物的产量降低。

　　　少用农药，农作物的产量就会降低。

（3）我们注意强化农作物对害虫的免疫力，改良品种，以便使大量生产绿色食品的理想变成现实。

我们注意强化农作物对害虫的免疫力，改良品种，这样大量生产绿色食品的理想就会变成现实。

汉语中的事件致使，在韩国语中大多用表因果或承接的"－에（e）、－면（nieon）"等接续助词来表示。例如[②]：

（4）a 二位的回答使静宜扫兴。

　　　b 두 분의 대답에 징이는 흥이 수그러들었다 .

　　　二位 – 领属格 回答 –e 静宜 – 话题格 兴 – 主格 扫 – 过去时 – 终结词尾

---

① 邢福义：《汉语复句研究》，61 页，北京，商务印书馆，2001。

② 本章中汉韩对译的例句均出自小说《活动变人形》及其韩译版。王蒙：《活动变人形》，北京，人民文学出版社，2000。全亨俊译：《活动变人形》（韩文版），首尔，munhakgwa jiseong sa,2004。

234

（5）a 想起水月庵也能使她觉得平静。

　　b 수월암을　생각하면 그녀는　마음이　가라앉았다.

　　水月庵–宾格 想–mieon 她–话题格 心–主格 平静–过去时–终结词尾

韩国语与汉语使役范畴范围不同，汉语使用使役结构的频率比韩国语要高。如我们在小说《活动变人形》中共找到 374 例 "使"字结构，其中 224 例翻译成韩国语使役句，150 例则翻译成非使役句，其中 52 例是表因果关系或条件关系的复句。也就是说，有些语义韩国语用表因果或条件的接续词表达，而汉语则需要用使役结构表达，韩国学习者习得此类 "使"字结构的确有一定的难度。

例 e 至例 g 的正确说法为：

e′ 不用化肥和农药会使农作物的产量大大降低，但是开发其他农业技术可以防止农作物产量降低。

f′ 虽然，少用农药会使农作物的产量降低，但是，为人们的身体健康，为家的幸福，为我们的子孙后代，我希望农民使用少量农药，让我们吃更好的 "绿色食品"。

g′ 第二，我们注力强化农作物对害虫的免疫力，改良品种，以便使生产大量的绿色食品的理想变成现实。

让我们再看看下面例句：

h ★ 我想一想现在你们干什么吧。

i ★ 我们期待那一天吧！

"让我（们）……吧"这是汉语常用的一种句式，经常表示某种提议。此时的 "让"替换成 "使 / 叫 / 令"句子就不成立。这类 "让"字句韩国语都用主动句表达，例如：

（8）a 让我教你们唱首歌吧。

　　b 너희들에게 노래나　가르쳐줄께.

　　你们–位格 歌曲–助词 教–吧

（9）a 让我们再顾盼一下"热乎"吧。

　　　b 떠벌이에 대해 좀더 살펴보자．

　　　热乎　　对于再　顾盼–吧

（10）a 现在让我们再回到旧事吧。

　　　b 이제 다시 옛일로　　돌아가 보자．

　　　现在 重新 旧事–方向格 回　　看–吧

另外，汉语用"让／叫"的常用句型还有"我让／叫你VP""谁让／叫N+VP呢"。例如：

（11）a 我叫你动手！

　　　b 덤벼！

　　　过来–吧

（12）a 我叫你白刀子进红刀子出！

　　　b 흰칼을　　붉은 칼로　　만들테다！

　　　白刀–宾格 红　刀–助词 变–终结词尾

（13）a 谁让咱们是乡亲呢！

　　　b 우리는　　　고향 사람 이잖아！

　　　我们–话题格 老乡　　是–啊

"我让／叫你VP"常用于训斥或教训别人，而"谁让／叫N+VP呢"大多强调对某一身份或行为负责。尽管HSK动态作文语料库中没有出现这类"使"字结构的偏误，但我们认为韩国学习者习得此类"使"字结构也会具有一定的难度。

因此，例h和例i的正确说法为：

h′ 让我想一想现在你们干什么吧。

i′ 让我们期待那一天吧！

2.类型2："使＋役事成分"的遗漏

a★这个短文想起了不少过去的工作经验。

b★不论在什么事，什么错误，总是和蔼地对待，走上正直的路。

c★我们每个人得要保护它们，恢复自己再生的能力。

d★这个问题虽然有点左右为难，……。

上述例句中，动词前都缺少"使+役事成分"。这类偏误出现的原因也主要是母语负迁移，因为韩国语句子，省略动作行为者的情况较多。再看看下例：

e★抽烟会得病，还会污染环境。

f★烟本来就是对个人健康有害的东西，会得癌症、嘴里臭味。

g★因为抽烟味头疼，压力影响他们的朋友们、同事。

例e和例f中动词前缺少"使人"，也就是说此时役事成分是"人"，此时的"人"大多泛指"一般人"。

类型2的偏误句正确说法为：

a′ 这个短文使我想起了不少过去的工作经验。

b′ 不论在什么事，什么错误，总是和蔼地对待，使我走上正直的路。

c′ 我们每个人得要保护它们，使它们恢复自己再生的能力。

d′ 这个问题虽然有点让我左右为难，……。

e′ 抽烟会使人得病，还会污染环境。

f′ 烟本来就是对个人健康有害的东西，会使人得癌症、嘴里臭味。

g′ 因为烟味使人头疼，压力影响他们的朋友们、同事。

3.类型3：役事成分的遗漏

a★可是把这样让烦的汽车喇叭声换成大海的波涛的话，我们会学习在很好的环境里，我的爸爸妈妈也工作在一个很好的环境里。

b★就算人们暂时喜欢长得好看的歌星，可他们的歌曲不能让感动的话，过不了几个月，人们就会把它忘掉的。

c★我一看这个题目，就使想起来我曾在北京学习的事情。

上述三个例句皆缺少役事成分，我们认为这类偏误的出现也主要是因为母语负迁移。因为韩国语表达使役义，大多在动词后加表示使役义的分析型结构

"‐게 하（ke ha）‐/ 만들（mandeul）‐"。"使"字结构也是表示使役义的分析型结构，学习者因此很容易直接把"使"与动词相组合。

类型 3 的偏误句正确说法为：

a′ 可是把这样让人烦的汽车喇叭声换成大海的波涛的话，我们会学习在很好的环境里，我的爸爸妈妈也工作在一个很好的环境里。

b′ 就算人们暂时喜欢长得好看的歌星，可他们的歌曲不能让人感动的话，过不了几个月，人们就会把它忘掉的。

c′ 这个题目，使我想起曾在北京学习的那段日子。

（二）误　用

1.类型 4："使"与"让"的混用

a★还是使他们多吃吧，以后产量多的时候再吃绿色食品也不晚。

b★养牛时使牛听音乐就产生物量增加，给很干的地方长的植物听雨声就有点帮助能过干期等已经在生活上能看其到。

c★几年前我在电视里听到使人特高兴的新闻内容。

d★有时我不听话甚至打我，打得让我走不动。

出现这类偏误的原因是，学习者没有严格地区分"使 / 令""让 / 叫"的用法。事实上，这几个词都具有使役义，但他们之间还是存在一些差别。区分这四个词之前，我们应该让学生明确一些概念。使役范畴包括致使、使令和允许，三者相互有联系而又不同。致使重在结果，而使令重在行动，是做出指使和命令，允许是同意对方的要求。从致使到使令，从使令到允许是一个非常清晰的使役义弱化过程。可以说，致使是使役范畴的原型概念。使令还可以分为命令、劝导、要求，这些通常是通过言语发出指令。例如"老师让不听话的学生罚站"属于命令，"警察劝那个寻死的姑娘改变想法"属于劝导，"吊在栏杆上的小偷，不让警察靠近自己"属于要求。另外允许义中还包括听任，听任则是不情愿的允许，例如"晚上不把水管龙头关死，故意让水往下滴"。"让 / 叫"字句同时具有致使、使令、允许义，而"使/令"字句只表示致使。如例句a、例句b，具有允许、使令义，因此应该用"让/叫"。"叫/让"偏口语，而"使/令"则偏书面语（在这里"令"最具有书面特点，有时可以运用于文言句中）。如例c，句子中的副词"特"是口语词，因此用"让/叫"比较合适。另外，"使"字致使句中致事成分通常是表事件的词语。据张静的统计①，"使"字句的主语在形式类方面，既可以是体词性的（约55%），也可以是谓词性的（约45%）；在语义类方面，大多数是表示事件和抽象事物的，少数是指人的。例d是典型的事件致使，应该用"使"。也就是说"使"字句中的致事成分可用具体或抽象的事物构成，也可用某种行为充当，但很少用发出具体动作的人充当。在"让"字句中，致事成分多数由发出具体动作的人充当，少数是其他名词，但一般都含有人的意志在里面。

类型4的偏误句正确说法为：

a′ 还是让他们多吃吧，以后产量多的时候再吃绿色食品也不晚。

b′ 养牛时让牛听音乐就产生对牛有益的成分，给快枯萎的植物听雨声就能再多挺过几天，这样的实例我们已经在生活中看到过。

c′ 几年前我在电视里听到让人特高兴的新闻内容。

d′ 有时我不听话甚至打我，打得使我走不动。

2. 类型5："把"与"使"的混用

a★ 如果你想把你的身体健康，那你就吃"绿色食品"吧！

b★ 抽烟，直接会把我们的身体越来越弱下去。

c★ 虽然用化肥和农药把农作物的产量大大提高，但这种办法可能不是最好办法。

d★ 要先把世界上饥饿的人们吃饱，并使有生活条件的人们保持健康。

上述例句中的"把"应该替换为"使"，这主要与动词有关。"A+使NP+VP"中V的施事是N，而"A+把NP+VP"中V的施事是A，N是V的受

① 转引自袁毓林：《汉语句子的文意不足和结构省略》，载《汉语学习》，2002（3）。

事成分。例如例 a 中，V "健康"的施事是"你的身体"，而不是"你"；再如例句 b 中，VP "弱下去"的施事是"我的身体"，而不是"抽烟"。

例 a 至例 d 的偏误句正确说法为：

a′ 如果你想使你的身体健康，那你就吃"绿色食品"吧！

b′ 抽烟，直接会使我们的身体越来越弱下去。

c′ 虽然用化肥和农药使农作物的产量大大提高，但这种办法可能不是最好办法。

d′ 要先使世界上饥饿的人们吃饱，并使有生活条件的人们保持健康。

下列为"使"和"让"的误用。

e ★ 我不能使对方当作跟我所想象一样的人。

f ★ 与人沟通，不是容易的事情，可是我们不应该让它放弃掉。

例 e 中的 VP "当作"的施事不是"对方"，而是"我"；同样，例 f 中的 VP "放弃掉"的施事不是"它"，而是"我们"。

因此，正确说法应为：

e′ 我们不能把对方当作我所想象的人。

f′ 与人沟通，不是容易的事情，可是我们不应该把它丢弃。

"把"字句有时也表示致使义，如"昨天的事情把他激动得浑身打颤""你怎么把特务（弄）跑了""岁月像个水流，能把那些刺人的菱角研磨成细沙"等。然而"使"字句和"把"字句在语义、语法和功能上存在一些差异。"把"字句属于强致使，显得致事更加主动积极，"使"字句属于弱致使，削弱了这种积极的因素。另外，"把"字句具有动态过程性，突显致使者的具体致使力时多用"把"字句；"使"字句具有静态叙述性，客观描述致使关系、不突显具体致使力时多用"使"字句。

3. 类型 6："给""对"与"使"的混用

a ★ 这会给孩子产生一种不良心态，即无论品德是怎样，学习是最重要。

b ★ 我想下面给你们听一下我在中国学习汉语时最有意思的事情。

c * 这样，会引起人们的工作量高一点，<u>对</u>整个经济发展得快。

d * 第四，<u>对</u>青少年养成不好的习惯，如果在家里每天父母吸烟的话。

韩国语助词"－에게（ege）"在汉语中大多对应"给"或"对"，它通常使后面的动词带有一定的方向性，有引出事件的功能。韩国语使役句的基本形式是"NP1 가（ga）/은（eun）+NP2 에게（ege）+VP 使役标记"，因此学习者想表达动作对象时很容易用"给/对"来替代，以至于出现"给"与"让"混淆的现象。

上述四个例句正确说法为：

a′ 这会使孩子产生一种不良心态，即无论品德是怎样，学习是最重要。

b′ 我想下面让你们听一下我在中国学习汉语时最有意思的事情。

c′ 这样，会引起人们的工作量高一点，使整个经济发展得快。

d′ 第四，使青少年养成不好的习惯，如果在家里每天父母吸烟的话。

再看下例。

e * "三个和尚没水喝"，虽然只不过是一个故事，但其里面的深刻的意义说来，使现在生活的我们留下深深的感动。

f * 学汉语乐在于一但会说汉语，就右此比较容易学习，学生已经知道怎么学习，知道秘诀，这使留学生带来信心和自信。

g * 留学过一段时间，留学生觉得在学习之上没看到进步，没有提高，这使留学生造成压力。

"使 NP"后面的动词一定是 NP 发出的动作，而"给/对 NP2"后面的动词是 NP1 发出的。也就是说"给/对"字句中 NP2 是 NP1 实施动作的对象，不存在致事——役事关系。如例 a 中，V"产生"的施事是"孩子"，而不是"这"；再如例 c 中，VP"发展快"的施事是"经济"，而不是"工作效率高"这一事件。因此例句中的"给/对"要替换为"使"。相反，例 e、例 f、例 g 中，例 V"留下、带来、造成"的施事不是"我们、留学生、留学生"，"我们、留学生、留学生"是 V"留下、带来、造成"的对象。

例 e 至例 g 正确说法为：

e′ "三个和尚没水喝"，虽然只不过是一个故事，但其里面的深刻的意义说来，给现在生活的我们留下深深的感动。

f′ 学汉语乐在于一旦会说汉语，从此就比较容易学习，学生已经知道怎么学习，知道秘诀，这给留学生带来信心和自信。

g′ 留学过一段时间，留学生觉得在学习之上没看到进步，没有提高，这给留学生造成压力。

有的时候韩国语形态型致使结构也对应于"给"字结构，例如：

（13）승우는 　　　미주에게　머리를　감겼다．

承宇-话题格 美妹-与格 头-宾格 洗-致使词缀-过去时-终结词尾。

承宇先给美妹洗了头。

（14）고분고분해진　어머니에게　기저귀를　채우는 　　　　　　일은

听话 变-领属格 妈妈-与格　尿布-宾格 带-致使词缀-领属格 事-话题格

복잡할 것도 까다로울 것도 없었다．

复杂又困难 　　　　　　　没

给听话的母亲垫尿布，不再是困难的事了。

这类韩国语形态型致使结构有以下几个特点：一是句子三个论元组成——致事成分、役事成分、动作的受事成分；二是致事成分直接参与役事成分的行为动作；三是形态型致使词的基本型是及物动词。这类致使结构是韩国语典型的形态型致使结构，但所对应的汉语"给"字结构，在汉语中就很难把它看成致使结构。这也正说明韩国语和汉语致使域存在一定的差异。

4.类型7：及物动词与"使"字结构

a＊为了继续存在人类的生命，我同意用化肥与农药产。

b＊两者之间一定要互相理解，父母该知道孩子喜欢什么，愿意干什么，最近最困难的事情是什么。当然，孩子也该知道而理解父母的心情，工作中的压力。要这样做，能变化两者之间的关系很密切，家庭气氛也好。

c ★ 所以，很多国家用钱整洁道路。

例a和例b中的动词"存在、变化"是不及物动词，例c中的"整洁"是形容词，后面就不可能带有宾语"人类的生命、关系、道路"。如果把不及物动词换成及物动词句子就会成立，如"为了延续人类的生命""这样做，能改变两者之间的关系""花钱清洁道路"等。在上述例句中，语义上"人类的生命、关系、道路"正好是谓词"存在、变化、整洁"的施事，同时语义基础又是因果关系，所以可用"使"字结构表达。再看下列例句：

d ★ 尽量少用使人们危害的化肥。

e ★ 这样各个的义务让他们束缚决不能犯罪。

例d、例e中，语义上"人们、他们"分别是及物动词"危害、束缚"的受事，因此在这里"使"字结构的使用是多余的。

类型7的偏误句正确说法为：

a′ 为了继续使人类的生命存在，我同意用化肥与农药。

b′ 两者之间一定要互相理解，父母该知道孩子喜欢什么，愿意干什么，最近最困难的事情是什么。当然，孩子也该知道而理解父母的心情，工作中的压力。要这样做，能使两者之间的关系变得很密切，家庭气氛也好。

c′ 所以，很多国家用钱使道路整洁。

d′ 尽量少用危害人们的化肥。

e′ 这种义务束缚他们无法进行犯罪行为。

（三）冗　余

1.类型8："使"的误加

a ★ 但后来又来了一个和尚，大家都希望让他去山下去抬水。

b ★ 终于让他们才发现互相帮助的一种协助感、一体感。

c ★ 所以读完这一段短文后，使我理解了那个丈夫的行为。

上述三个例句中的"使/让"都是多余的。例a是个兼语句，"希望"与

"让"相互冲突，兼语句中的动词"希望"已经存在，在此"使"是多余的。例句 b 中"让"与"才"相互冲突，"使/让"在事件致使中除了表示致使义，还表示前后两个事件有关联，其语法作用近似于关联词。"就""才"是表示条件的关联词，因此在事件使役句中无法与"使"共存。例 c 中已经借助"V 完……以后"表达了前后分句之间的承接关系，因此在此"使"是多余的。

类型 8 的偏误句正确说法为：

a′ 但后来又来了一个和尚，大家都希望他去山下去抬水。

b′ 终于他们才发现互相帮助的一种协助感、一体感。

c′ 所以读完这一段短文后，我理解了那个丈夫的行为。

2.类型 9；语义重复

a ＊爬山虽然很累，但是一家人一边登，一边谈谈最近的生活情况，<u>使得让</u>我们家人互相里深地了解。

b ＊长时间处于这种环境<u>导致使</u>人们对土地的关系更加密切，从而形成了只要付出一定的努力，就能得到正当的利益的一种态度，思维方式。

上两例中"让"与"使"在语义上分别与使动词"使得"与"导致"重复。汉语中部分词本身就具有使役义，这类动词也叫使动词。使动词一般都是由表示非致使义不及物动词或形容词变化而来，所以一般都是兼类词。常见的兼属不及物动词的使动词有变、动摇、冻、恢复、结束等；兼属形容词的致使动词有安定、便利、端正、方便、感动等。

类型 9 的偏误句正确说法为：

a′ 爬山虽然很累，但是一家人一边登，一边谈谈最近的生活情况，使得我们家人互相里深地了解。

b′ 长时间处于这种环境导致人们对土地的关系更加密切，从而形成了只要付出一定的努力，就能得到正当的利益的一种态度，思维方式。

（四）错　序

类型 10："使"的位置

a ＊人的最重要的事是衣、食、住，所以国民吃饱以后才能想环境，技术发达以后也可以，环境<u>使</u>恢复。

b ＊虽然现在我离家里人很远，但童年的回忆却不能<u>让</u>我忘怀。

c ＊在学校、家庭里，各个地方<u>让</u>青少年不抽烟，从而给他们养成良好的习惯。

上述三个例句出现的偏误情况都不一样。例 a 中"使"要前置，正确位置应该在役事成分"环境"的前面。此类偏误也许也是受到母语干扰所致。韩国语中汉源动词通常可以把词尾"－하（ha）－"替换成具有使令义的动词"－시키다（-sikida）"表示使役，韩国学习者自然把"회복시키다（hyeboksikida）"对译为"使恢复"。

例 b 和例 c 都涉及否定形式，不过否定词的位置则不同。在前文中也曾谈到，汉语的"叫／让"字句同时具有致使、使令、允许义。例 b 中的"让"具有致使义，而例句 c 中的"让"具有允许义。"让"具有致使义时否定词应位于役事成分后动词前，而"让"具有允许或使令义时否定词应位于"让"字前。

类型 10 的偏误句正确说法为：

a′人的最重要的事是衣、食、住，所以国民吃饱以后才能想环境，技术发达以后也可以使环境恢复。

b′虽然现在我离家里人很远，但童年的回忆却让我不能忘怀／无法让我忘怀。

c′在学校、家庭里，各个地方不让青少年抽烟，从而给他们养成良好的习惯。

（五）回　避

类型 11：回避使用间接引用

a ＊老师对我说读课文。

b ＊我对你说早点起来，但是怎么不听话呢？

c ★ 莲亚对我说来她家玩儿。

产生这类偏误主要是受到母语的负迁移。如例 a，相应的韩国语是 "선생님은 학생에게 본문을 읽히었다"。学习者想到 "– 에게（ege）"，自觉不自觉地对译为 "对"，说成 "老师对我说读课文"，但在汉语中这类表达是比较少见的，是不常用的说法。正确的说法为：

a′ 老师让学生读课文。

b′ 我让你早点起来，可怎么不听话呢？

c′ 莲亚让我去她家玩儿。

这里的 "让" 表示使令，汉语常借助 "让 / 叫" 表示话语的间接引用，"使 / 令" 没有此用法。

二、数据分析及讨论

我们分三个阶段进行了考察：一是考查了学习者自然产出汉语 "使" 字句的情况，分析了偏误类型。HSK 动态作文语料库是母语为非汉语的外国人参加高等汉语水平考试（HSK 高等）作文考试的答卷语料库。首先我们考察了 HSK 动态作文语料库中韩国学习者 "使" 字结构使用情况，并对偏误进行了分类。二是进行强控制性的专题测试。根据对应于 "使" 字结构的韩国语使役句基本形式，分类选取难易不等的 40 个句子做成问卷，以闭卷的形式让学习者翻译成汉语。具体设计问卷时，为了避免低年级学习者因不懂词义而影响句式表达，尽可能选择了常用易懂的词汇，部分词还标注了对应的汉语词。测试对象为北京语言大学汉语学院二、三、四年级韩国留学生各 20 人。三是根据语料，结合第二语言习得理论，进行客观、全面的分析、统计，并对第二语言教学提出了一些建议。

（一）偏误类型分布情况

HSK 动态作文语料库共计 424 万字，共出现 2017 个"使"字结构，其中"使"字结构使用有误的有 54 句。另外，该用或可以用"使"字结构却没有用的句子有 127 句。也就是说，正确使用"使"字结构的例句有 1963 例，181 句是偏误句。11 类偏误在偏误总数中所占的百分比见图 14-1。

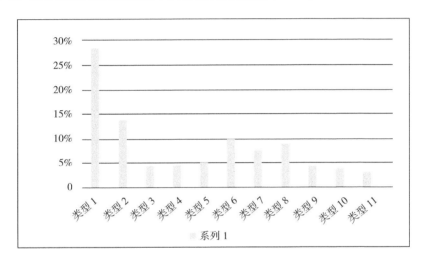

图 14-1 HSK 动态作文语料库中"使"字句 11 类偏误分布

从上图中可以看出偏误主要集中在类型 1"使"的遗漏、类型 2"使 + 役事成分"的遗漏，类型 5"使"与"把"的混用，类型 7"使"与及物动词，类型 6"使"与"给""对"的混用等，其中"使"的遗漏现象最为突出。习得过程中难易度由高向低可排序为"使"的遗漏 >"使 + 役事成分"的遗漏 >"使"与"把"的混用 >"使"与及物动词 >"使"与"给""对"的混用 >"使"与"让"的混用、错序 > 役事成分的遗漏、"使"的误加 > 语义重复 > 回避使用间接引用。

（二）不同等级学习者的习得情况

HSK 动态作文语料库来源是，HSK 高级考试作文。能参加 HSK 高级考试，说明学习者大致已经有中级或中级以上的汉语水平。为了全面考察不同汉语水平的学习者习得"使"字结构的情况，我们以上面 11 类偏误类型为基础，分类选取难易不等的 40 个句子做成问卷，以闭卷的形式进行了强控制性的专题测试。测试结果见表 14-1。

表 14-1　韩国不同汉语水平学生"使"字句偏误情况

偏误类型			二年级偏误率（％）	三年级偏误率（％）	四年级偏误率（％）	平均偏误率（％）
遗漏	类型 1	"使"的遗漏	12.5	11.3	9.6	11.1
	类型 2	"使 + 役事成分"的遗漏	9.7	8.1	8.3	8.7
	类型 3	役事成分的遗漏	6.1	5.4	5	5.5
误代	类型 4	"使"与"让"	8.5	7.9	7.3	7.9
	类型 5	"使"与"把"	9.4	13.4	8.4	9.3
	类型 6	"使"与"给""对"	11.8	9.3	9	10
	类型 7	"使"与及物动词	6.5	6.1	6.3	6.3
冗余	类型 8	"使"的误加	6.1	5.6	5.4	5.7
	类型 9	语义重复	6	6.1	5.8	6
错序	类型 10	错序	6.5	6	5.8	6.1
回避	类型 11	回避使用间接引用	4.3	3.8	3	3.7
偏误率总和			87.4	83	73.9	80.3

从以上数据中可以看出，强控制性的专题测试总偏误率比自然语言当中的偏误率高出很多，这与被测试者的心理因素有很大关系。强控制性的专题测试中被测试者知道在测试"使"字结构，对自身不太熟知的语法点会产生焦虑情绪，

有时还会出现矫枉过正现象。如专题性测试中,"使"与"让"混用的现象和冗余类的偏误现象增多。冗余类的偏误现象增多的原因是学习者对"使"字结构的意识比平时得到了更多强化,导致了强迫自己多使用"使"字结构的情况。

"使"的遗漏现象,虽然没有在 HSK 动态作文语料库中那样明显,但也是最常见的偏误。"使"的遗漏、"使 + 役事成分"的遗漏、"使"与"把"的混用、"使"与及物动词的混用、"使"与"给""对"的混用仍是偏误比较集中的地方。

偏误现象随着汉语水平的提高逐渐减少,但减少幅度不是很大。这说明我们在教学中或者学习者在学习中没能引起足够的重视。的确,大多数教材中关于"使"字结构的教学,要么放在"兼语句"中简单说明一下,说汉语表达"让某人做某事"的意义时,用兼语句,这种句子的谓语是由两个动宾词组构成的,前一个动词的宾语又是第二个动词的主语,前一个动词常常是"请""叫""让"等有使令意义的动词。句子的语序是,主语 + 使令动词(叫、让、请)+ 兼语(宾语 / 主语)+ 动词 + 宾语,要么只是简单解释为"表示使动",没有充分指出"使"字结构的语义和语法特征及成句条件。

(三)讨 论

偏误类型 1、类型 2、类型 6、类型 11 主要是受到母语即韩国语的影响。语言教学中语言对比固然是重要的,但不提倡用母语引导目的语。要在语言对比的基础上,分清两种语言的异同,这是减少偏误的重要途径。

学习者习得"使"字致使结构过程中,受到"把"字句、"给"字句等语法点的干扰。"使"字致使结构是一种典型的表示致使义的句式,表示由于某种原因而引起了什么结果。郭姝慧(2004)认为[①],"使"字致使结构的语义特征为,"由于 A 的关系,B 变成了 C 所描述的状态",A 是使因,B 是致使对象,C 是 B 所变成的状态或产生的结果。另外,"使"字致使结构多用于事件致使。李临定

---

① 郭姝慧:《"使"字句的成句条件》,载《语文研究》,2004(2)。

（1986）也曾指出，并认为对于"你使我为难"这样一个句子，如果我们仔细体会一下，便会觉得这里一定是"你"做了某件事情，因而"使我很为难"（比较：你这样做使我很为难）。① 从这里可以看出动词"使"造句的特点，它一般要求前边是表事件的词语。袁毓林（2002）讨论汉语句子的文意不足和结构省略问题时，通过考察整个"使"字句系列，认为指人的名词性成分（包括人称代词充当"使"字句的主语时，并没有结构省略问题，尽管这种主语在语义上是不自足的，需要通过语境来补充和明确跟主语的所指相关的动作、性状、行为或事件等使动因素（causer）。②

三、教学启示

基于测试及相应的分析和总结，我们认为汉语作为第二语言教学中的"使"字句教学应从以下几个方面着手。

（一）引导学习者对"使"字结构有正确的认识

不同语言使役域不同，母语中的使役结构在汉语中并非一定用使役结构表达，同样，汉语中的使役结构在其他语言中也并非一定以使役结构表达。在教学过程中，教师应该更加注重引导学习者对某一语法范畴具有正确认识。基础教学让学习者在第一次接触新的语法、词法时就有完整，深刻的印象，并且可以通过一定量的练习及相应的分类对比加深学习者关于分类语法的印象。这样学习者才能主动积极地对易淆易出错的语法、词法部分进行练习区分和记忆。

（二）区分致使、使令、允许等概念

使役范畴包括致使、使令和允许，三者相互有联系而又不同。致使重在结果，而使令重在行动，是做出指使和命令，允许是同意对方的要求。从致使到使

---

① 李临定：《现代汉语句型》，142 页，北京，商务印书馆，1986。

② 袁毓林：《汉语句子的文意不足和结构省略》，载《汉语学习》，2002（3）。

令，从使令到允许是一个非常清晰的使役义弱化过程。使令还可以分为命令、劝导、要求，这些通常是通过言语发出指令。允许义中还包括听任，听任则是不情愿的允许。韩国语和汉语分析型使役结构都有同一结构同时具有致使、使令、允许义的现象，如韩国语 "– 게 하 (ge ha)–" 使役结构和汉语 "叫 / 让" 字句就是。"使 / 令" 字句只具有致使义。

（三）区分"使"字结构与兼语句

虽然"使"字结构中表使令、允许义的"让 / 叫"，也可以用于兼语句，但是"使"字致使结构的语义基础是广义的因果关系，严格意义上与兼语结构有一定差异。"使"字致使结构的教学中，我们应与"把"字致使句、"给"字句等加以区别，具体操作中我们可以导入一些句式。据邢福义（2001），包含"使"字句的复句主要有以下一些类型：①由于……，使……；②因为……，使……；③如果……，使……；④只要……，使……。[①] 我们认为，借助这些复句结构，"使"字结构所具有的语义——因果关系会更为凸显，学生习得起来会更容易一些。

（四）重视两种语言的比较

学习第二语言时，母语所带来的影响是不可避免的，因为长久的关于语言的思维方式已经基本成了一个思考学习的固定模式。在学习第二语言时，学习者会不由自主地用原有的模式去查用新的语言结构。这就要求教师要在教学过程中给予相当的指导，促使学习者充分了解母语及目的语的异同，从而让母语给予目的语的习得正面的引导。

---

① 邢福义：《汉语复句研究》，624—655 页，北京，商务印书馆，2001。

第十五章 "一边……一边……"句式

任何事件的发生、发展直至终结都依存于时间的链条，因此有关时间表述的问题历来是语言研究的核心内容之一。表示两个（或两个以上）事件、动作、状态等进行时，多半在时间上具有同步关系，这时就会涉及同时义的表达。韩汉两种语言表达同时义的形式使用频率都比较高。现代汉语倾向于使用一些关联词或固定格式，如"一边……一边……""V1 着 V2""既（又）……又……""一方面……（另）一方面……""……的同时""随着"等。韩国语表达同时义的语法手段也很多，如"－면서（mieonseo）""－뿐만아니라（bbunmananira）""－에따라（e ddara）"等，其中连接词"－면서（mieonseo）"的使用频度最高。

韩国语连接词"－면서（mieonseo）"的语义丰富，除了表示两种以上动作或状态同时进行外，还表示"对立""跟着"等语义，这为韩国学生学习关联词语"一边……一边……"带来不少干扰。"一边……一边……"是同时义表达中偏误率最高的形式，表 15-1 是 HSK 动态作为语料库中常用"同时义"表现形式错误率分析。

表 15-1 语料库中"同时义"表达正确率与错误率

"同时义"表现形式	总题数（道）	正确句（例）	正确率（％）	错误句（例）	错误率（％）
一边……一边……	230	202	87.82	28	25.36
V1 着 V2	184	156	84.78	28	23.91
既（又）……又……	276	212	76.81	64	23.19
随着	184	151	82.07	33	17.93
一方面……（另）一方面……	92	70	76.09	22	12.17
……的同时	276	206	74.64	70	15.22
总计	1242	997	80.27	245	19.73

从表格中显示的数据来看，韩国学生表达汉语同时义时，正确率为80.27%，错误率为19.73%，正确率较高。从具体的偏误形式来看，分布比较平均，其中错误率最高的是"一边……一边……"的表达，最低的是"一方面……（另）一方面……"的表达。偏误率从高到低排序见图15-1。

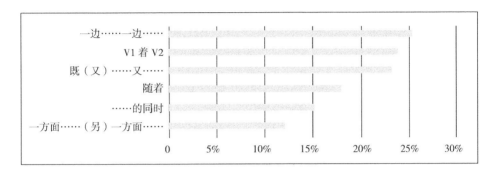

图 15-1 同时义表达偏误率排序

本章主要围绕关联词语"一边……一边……"，对韩国学生在学习过程中遇到的相关问题进行考察，探寻面向韩国留学生教授同时义表达时的教学策略。

一、偏误类型

韩国学生习得关联词语"一边……一边……"时，混用是韩国学生最常犯的错误之一，其次是冗余、错序等。

（一）误　用

1.类型1：与"着"混用

a ★她一边看我一边说："害怕"。

b ★他一边笑，一边说："你好"。

c ★我哭着走路。

d ★他喝着茶看报纸。

253

上述例 a 至例 d 想表达的语义若翻译成韩国语，均用连接词 "‐면서 (mieonseo)" 来表示两个动作同时进行。例如：

（1）여자가　나를　　보면서　"무서워" 하고 말했다.

　　　女人‐主格 我‐宾格 看‐连接词 害怕　　　说‐过去时‐终结词尾

（2）그는　　　웃으면서 "안녕?" 하고 말했다.

　　　他‐话题格 笑‐连接词 你好　　　　说‐过去时‐终结词尾

（3）나는　　　울면서　길을　　걸었다.

　　　我‐话题格 哭‐连接词 路‐宾格 走‐过去时‐终结词尾

（4）그는　　　차를　　마시면서 신문을　　본다.

　　　他‐话题格 茶‐宾格 喝‐连接词 报纸‐宾格 看‐终结词尾

"‐면서（mieonseo）" 是韩国语最常用来表示同时进行的接续词，汉语有时对应为 "一边……一边……"，有时对应为 "着"。例如：

（5）나는　　노래를　부르면서　춤을　춘다.

　　　我‐话题格 歌‐宾格 唱‐mieonseo 舞‐宾格 跳‐终结词尾

　　　我一边唱歌，一边跳舞。

（6）그는　　　나를　　사랑한다고 말하면서　　다른 여자에게 문자를

　　　他‐话题格 我‐宾格 爱　　　　说‐mieonseo 别的 女的‐与格 文字‐宾格

　　　보낸다.

　　　发‐终结词尾

　　　他一边说爱我，一边跟别的女人发短信。

（7）그는　　　웃으면서　떠났다.

　　　他‐话题格 笑‐mieonseo 离开‐过去时‐终结词尾

　　　他笑着离开了。

（8）그는　　　하품을　　하면서　　말했다.

　　　他‐话题格 哈欠‐宾格 打‐mieonseo 说‐过去时‐终结词尾

　　　他打着哈欠说话。

254

金罗来（2010）指出，汉语是用"同时"和"并行"这两个概念来区分"一边……一边……"与"V1 着 V2"这两种表达方式。"同时"指的是在一定时间内两个动作同时进行，并且在其中一个动作持续期间，另一个动作也应该一起持续，而不只是两个动作在某一段时间内的同现，即两个动作不能间断。而"并行"是指两个动作在一定时间内进行，但两个动作并不一直同时持续，至少有一个动作间断。[①]

1）"同时"格式与"并行"格式的区别

"同时"格式要用"着"来表示，也就是说"V1 着 V2"格式表示两个动作同时进行。在"V1 着 V2"格式中 V1 表示 V2 的状态或方式，动作 V1 在动作 V2 进行时始终保持持续。如"看着我说""笑着说"，在此"看"与"说"、"笑"和"说"同时进行，而且"看""笑"这两个动作是说话人一直保持的状态。再如"我不会开着空调睡觉"，在此"开"并非说话人的具体动作，而是说话人"睡觉"时所处的状态。

"并行"格式要用"一边……一边……"来表示，主要指两个动作交替并行或一个动作持续另一个动作反复进行，如"他一边喝茶一边看报纸"。在此"喝茶"和"看报纸"这两个动作是不可能长时间同时进行的，因此用表并行的格式。

2）"同时"格式与"并行"格式使用条件

在"V1 着 V2"格式中，V1 对 V2 在时间上有强大的制约性。一般来说，如果 V1 的动作持续性很强，V2 可以是短时动作。如"他笑着说了一声：'你好'"，在此"笑"的动作持续性强，"说"这一动作进行的时间较短。而"一边……一边……"要以"一定时间"为前提表示一定时间内两个动作并行进行，"一定时间"可短可长。比如说"我边走边哭"，此句表示在一定时间内"走"和"哭"两个动作并行。

因此类型 1 的例句 a 和例句 b 不能用"一边……一边……"格式，而应该用

---

① ［韩］金罗来：《"V1 着 V2"格式与"一边 V1，一边 V2"格式比较》，见崔健，孟柱亿：《汉韩语言对比研究（2）》，42 页，北京，北京语言大学出版社，2010。

"着",例 c 和例 d 正好相反。基于以上,类型 1 的偏误句正确说法为:

a′ 她看着我说:"害怕"。

b′ 他笑着说:"你好"。

c′ 他一边喝茶,一边看报纸。

d′ 我边走边哭。

使用"一边……一边……"时还需要注意的是,"一边"修饰的是动词性词语,不能修饰形容词性词语。比如我们不能说:

★我一边看电视一边很可怜,流下了眼泪。

正确说法为:

我一边看电视,一边觉得很可怜,流下了眼泪。

2. 类型 2:与"既(又)……又……"的混用

a ★哲秀一边是医生,一边是足球队员。

b ★他一边谦虚一边诚实。

c ★说明一边明确一边具体。

d ★她一边坦率一边执着。

上四句中的谓语都不表示动作,而表示状态或属性,此时就不能用"一边……一边……",因为"一边……一边……"表示的是两个动作的并行进行。韩国语连接词"– 면서(mieonseo)"可以表示两种状态或属性同时存在。例如:

(9)철수는   의사이면서   축구선수이다 .

　　哲秀–话题格 医生–mieonseo 足球选手–终结词尾

(10)그는   겸손하면서   성실하다 .

　　他–话题格 谦虚–mieonseo 诚实–终结词尾

(11)설명은   명확하면서   구체적이다 .

　　说明–话题格 明确–mieonseo 具体–终结词尾

(12)그녀는   솔직하면서   집요하다 .

　　她–话题格 率直–mieonse 执着–终结词尾

汉语通常是用"既（又）……又……"格式来表示同时具有两个方面的性质或情况。例如：

（13）这件衣服既便宜又好看。

（14）她既会说英语又会说法语。

（15）这部电影既搞笑又感人。

类型 2 的偏误句正确说法为：

a′ 哲秀既是医生又是足球队员。

b′ 他既谦虚又诚实。

c′ 说明又明确又具体。

d′ 她即坦率又执着。

3. 类型 3：与"一方面……（另）一方面……"的混用

a ★ 他觉得一边万幸一边又不好意思。

b ★ 老师一边对我们要求很严格，一边又时刻关心着我们。

c ★ 当时之所以哭，一边是因为难受，一边是怕爸爸责骂我。

d ★ 一方面读书一方面工作是很辛苦的一件事情。

"一方面……（另）一方面……"一般用于解释说明同时存在的两个方面的原因、情况。宋仲鑫（1988）指出，"一方面……（另）一方面……"连接并列的两种相互关联的事物，或一个事物的两个方面，组合成为相关性的或对比性的联合整体，作各种结构成分。后一个"一方面"前面可以加"另"或"又"，说成"另一方面"或"又一方面"，也可以说成"另方面"。[①]请看下例：

（16）我们有痛觉，一方面是使我们受苦的，而一方面也使我们能够自卫。

（17）这一时期，是一方面反革命的"围剿"，又一方面革命深入的时期。

（18）大量的独立的小生产者，一方面可以接受各种不同程度的合作化形式，另一方面又是经济地、每日每时地、自发地和大批地产生着资本主义和资产阶级。

（19）一方面是我们坚持按原来的计划进行，另一方面是竞争对手在不断地

---

① 宋仲鑫：《"一方面…一方面"的组合功能》，载《天津师范大学学报》（社会科学版），1988（5）。

破坏我们的进程。

例（16）和例（18）连接的是一个事物相关联的两个方面，例（17）和例（19）连接的是具有对比性的两个事物。这四个句子中并不是说两个动作的同时或并行，不能用"一边……一边……"格式表达。同理，类型3强调的是解释说明同时存在的两个方面的原因、情况，而不是两个动作同时进行，因此不能用格式"一边……一边……"。

使用"一方面……（另）一方面……"时需要注意的是，前后两个分句的语义是并列对举的，不能没有关系。例如：

★我们一方面要看到他们的优点，另一方面也要努力学习。

′我们一方面要看到他们的优点，另一方面也要指出他们的缺点。

类型3的偏误句正确说法为：

a′他一方面觉得万幸，另一方面觉得不好意思。

b′老师一方面对我们要求很严格，一方面又时刻关心着我们。

c′当时之所以哭，一方面是因为难受，另一方面更是怕爸爸责骂我。

d′一边读书一边工作是很辛苦的一件事情。

4. 类型4：与"……的同时"的混用

a★我一边教学生一边学到了很多。

b★我们一边努力学习一边不能忽视了眼睛的重要性。

c★我一边走遍世界各地，一边彻底感受到外语能力的重要性。

d★我们一边欺骗生活，生活也一边欺骗了我们。

"一边……一边……"表示两个动作并行进行，但上例强调的并不是两个动作的"同时"，而强调的是两个动作行为发生在"同一时候"，进一步强调其结果。"的同时"位于两种情况之间，表示并列关系，常含有进一层的意味。例如：

（20）抓物质文明建设的同时必须抓精神文明建设。

（21）人类在改造客观世界的同时，也在改造着自己的主观世界。

（22）我们在繁衍后代的同时，在下一代身上留下理想和对于崇高而美好的事物的信念。

类型 4 的偏误句正确说法为：

a′ 我在教学生的同时学到了很多。

b′ 我们在努力学习的同时不能忽视眼睛的重要性。

c′ 走遍世界各地的同时，我彻底感受到外语能力的重要性。

d′ 我们在欺骗生活的同时，生活也欺骗了我们。

5. 类型 5：与"随着"混用

a ★ 音乐会一边进入高潮，一边同学们也很兴奋。

b ★ 一边年龄增长，一边快乐也在减少。

c ★ 一边十周年校庆到来，一边各专业都开展了各种活动。

例句 a 至例 c 想表达的语义翻译成韩国语，均用连接词"– 면서（mieonseo）"来表示动作的伴随。

（23）콘서트가　　클라이맥스로 접어들면서　　학우들도 들떠 있었다 .

音乐会–主格 高潮–方向格 进入–mieonseo 同学也 兴奋–过去时–终

结词尾

（24）나이가　　들면서　　　즐거움도 줄어든다 .

年龄–主格 进–mieonseo 快乐–也 减少–终结词尾

（26）개교 10 주년을　　맞으면서　　학과별로 다양한 활동을

开学 10 周年–宾格 迎–mieonseo 专业 各 多样的 活动–宾格

펼치고 있다 .

开展–终结词尾

"随着"在某件事发生的同时，另一件事紧接着发生。多用于书面语。"随着"通常用在句首或动词前，后面要加动态性词语，表示伴随着的动作。请看下例。

（27）随着他渐渐长大，他父母也慢慢变老了。

（28）随着春天的到来，新学期也开始了。

（29）随着经济和贸易的全球化，环境污染也日益严重。

在此"长大""到来""全球化"都是动态性的词语。

另外，"随着"格式要表示伴随的变化条件，这就要求宾语部分必须具备[+ 持续变化性]，不含持续变化性的短语不能进入"随着"介词结构。例如：

（30）★随着这件事，他辞职了。

（31）★随着我来到中国，我越来越喜欢中国。

类型 5 的偏误句正确表达方式为：

a' 随着音乐会进入高潮，同学们也很兴奋。

b' 随着年龄增长，快乐也在减少。

c' 随着十周年校庆的到来，各专业都开展了各种活动。

（二）冗　余

1. 类型 6："一边"与"着"的叠加

a ★ 秀真觉得一边听着音乐学习容易分神。

b ★ 同屋一边看着书就一边睡着了。

c ★ 我昨天吃着饭就突然觉得一边头晕，不知怎么回事儿。

上三例均出现"一边"的冗余现象，但例 a 与例 b、c 情况有所不同。我们可以说"听着音乐学习"，也可以说"一边听音乐一边学习"，但不能说"一边听着音乐一边学习"。例 b、c 中"看书"与"睡觉"，"吃饭""头晕"这两组动作并不是持续同时进行的，因此不能用"一边……一边……"，只能用"V1 着 V2"格式。

类型 6 的偏误句正确表达方式为：

a' 秀真觉得听着音乐学习容易分神。

b' 同屋看着书就睡着了。

c' 我昨天吃着饭就突然觉得头晕，不知怎么回事儿。

2. 类型 7：语义偏误

a ★ 在暑假期间，一边打工，一边挣了 100 万元。

b ★ 高三的时候，一边学习一边受到了很大的压力。

这类偏误主要是因为母语的负迁移。上两例想表达的语义译成韩国语，则会用连接词"−면서（mieonseo）"连接两种动作。例如：

（32）여름방학에 나는　　알바하면서　　100 만원을　　벌었다 .

暑假−位格 我−话题格 打工−mieonseo 100 万元−宾格 赚−过去时−终结词尾

（33）고 3 공부하면서　　엄청 큰 스트레스를 받았다 .

高三 学习−mieonseo 特别 大 压力−宾格 受−过去时−终结词尾

此时"打工"与"挣钱"并非并行的动作，"打工"是"挣钱"的方式，所以汉语无法用"一边……一边……"来表达；"学习"与"受到很大压力"中"受到很大压力"不属于具体动作行为，而且"学习"过程中伴随的某种状态，因此也无法用"一边……一边……"表达。

类型 7 的偏误句正确表达方式为：

a′ 暑假期间，我打工挣了 100 万元。

b′ 高三学习过程中，我受到了很大的压力。

（三）错　序

类型 8：与主语的位置

a ★ 一边老师在黑板上写字，一边给我们讲解课文内容。

b ★ 一边妈妈叮嘱我，一边帮我收拾行李。

c ★ 一边我复习功课，一边把难写的汉字写下来。

"一边"只能用在主语后边，不能用在主语前边，比如我们不能说" ★ 一边我上班，一边准备考试"，应该说"我一边上班，一边准备考试"。

因此类型 8 的偏误句正确表达方式为：

a′ 老师一边在黑板上写字，一边给我们讲解课文内容。

b′ 妈妈一边叮嘱我，一边帮我收拾行李。

c′ 我一边复习功课，一边把难写的汉字写下来。

二、数据分析及讨论

此部分的数据主要来源于北京语言大学 HSK 动态作文语料库及调查问卷。为了让问卷中所设计的问题更有针对性，我们基于前人的研究及韩汉两种语言的对比，从大体上把握汉语同时义的使用类型，并通过考察约四万字的韩国学生翻译语料及 HSK 动态作文语料库中的原始语料，对韩国学生在使用汉语同时义中可能出现的偏误类型进行了预测，设计出了调查问卷。

问卷调查包含三个部分，从题目的难易度出发，选择以下编排顺序。第一部分是选择对错，并改写，共 10 题；第二部分是选择题，选择翻译对的一个句子，共 6 题；第三部分是翻译句子，共 12 题。这三个部分的主要目的是考察学生使用"一边……一边……"的基本情况。为了保证韩国留学生能完全了解题目的要求，问卷用韩国语说明。问卷调查由留学生课下独立完成，做题时间不限，可用词典。

调查问卷共发放 70 份问卷，收回有效问卷 66 份，其中个别题目存在漏答情况。为了尽量使统计结果准确，本次数据统计只统计有效问卷中已作答部分。

下面我们再看一下不同偏误类型的分布情况。在几种汉语"同时义"表达形式的使用中，韩国学生均不同程度地出现错误，主要类型有混用、误用、遗漏、错序。不同类型的分布见表 15-2。

表 15-2　韩国学生"一边……一边……"表达偏误类型分布

偏误类型	误用					冗余		错序
	类型 1	类型 2	类型 3	类型 4	类型 5	类型 6	类型 7	类型 8
百分比（％）	31.08	16.39	15.82	18.36	9.39	2.44	4.08	2.44
	91.04					6.52		2.44

从上面数据可以看出，韩国学生汉语同时义表达偏误类型从高到低为误用＞冗余＞错序。也就是说，误用是学生表达同时义最典型的错误类型。其中偏误率最高的是类型1与"着"的混用，其次是类型4与"……的同时"的混用，再次是类型2与"既（又）……又……"的混用和类型3与"一方面……（另）一方面……"的混用，最低的是类型5与"随着"的混用。

不同汉语水平的韩国学生，在表达"同时义"时偏误率分布情况见图15-2。

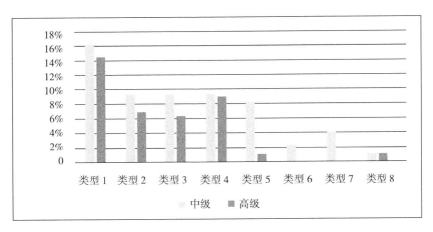

图 15-2 不同汉语水平学生表达"同时义"偏误率分布

从图15-2可以看出，随着汉语水平的增高，韩国学生表达"同时义"的偏误率有所降低。类型6和类型7到高级阶段偏误率变为0，然而类型1至类型4，也就是混用类偏误，到高级阶段也较多。可见混用类偏误，无论是中级阶段教学，还是高级阶段教学，我们都要引起重视。

三、教学启示

通过对问卷的分析，以及对部分问卷作答学生的访问，我们对韩国学生"同时义"表达教学启示如下。

（一）重视不同"同时义"表达形式之间的异同

如上所述，混用是"同时义"表达过程中出现偏误最集中的类型，尤其是要区分"一边……一边……"与"着""……的同时""既（又）……又……""一方面……（另）一方面……""随着"等在语义及句法上的不同。不同"同时义"表达皆具有自身语义及语法特性。汉语不同"同时义"表达形式之间的用法掌握不准确、不全面是造成韩国学生出现偏误的主要原因。

（二）要进一步完善教材的内容

教材在汉语教学中扮演着极其重要的角色，教材编写得不全面也会影响教学效果。目前教材中与"同时义"相关的语法教学内容不太全面。语法描述比较详细的通用型汉语教材《汉语教程》①中有关"一边……一边……"的语法解释如下：关联副词"一边……一边……"用在动词前，表示两种以上的动作同时进行。动词所表达的动作必须是可以同时进行的，而且应该是同类的。例句有"她一边说一边笑。/ 我喜欢一边听音乐，一边做练习。/ *我一边打篮球，一边觉得很饿。/ *我一边听老师讲，一边不懂。"有关"又……又……"的语法解释如下："又……又……"表示几个动作或状态、情况累积在一起。例句有"我看了以后觉得又高兴又不好意思。/ 她又会唱歌又会跳舞。/ 这件又便宜又好看。"汉语中表示同时义的形式非常多样，但教材中提到的只有"一边……一边……"和"又……又……"，也没有对此进行对比分析。这样，学生在没有充分理解不同形式之间的区别的情况下，自然很容易产生混淆错误。因此我们认为，教材编写者可以考虑在分别介绍了这几种同时义形式的基础上，在后续某一单元结束时进行总结性的对比分析，在例句或练习中多设计易混用形式的选择辨析题，从而帮助学生更好地把握这一知识点。

---

① 杨寄洲主编：《汉语教程》，北京，北京语言大学出版社，1999。

（三）与韩国语的"－면서（mieonseo）"进行对比

同样一个语义内容，在不同的语言里通常有不同的表达方法。在韩国语里一般用l连接词"－면서（mieonseo）"形式来表达"同时义"，但在汉语里则需要用不同的形式来表达。例如：

（34）그는 차를 마시면서 이야기 하고 있다.

　　他一边喝茶，一边说话。

（35）우리 선생님은 엄격하시면서 또 상냥하시다.

　　我们老师既严格又慈祥。

（36）그녀는 웃으면서 말을 걸어왔다.

　　她笑着跟我说话。

（37）학생들을 가르치면서 나도 많은 것을 배웠다.

　　教学的同时我也学到了很多。

（38）날씨가 추워지면서 스키타러 가는 사람도 많아졌다.

　　随着气温的下降，滑雪的人也多了。

（39）나는 다행이라 생각하면서도 좀 창피했다.

　　我一方面觉得庆幸，另一方面觉得有些挂不住脸。

韩国语不严格区分两个动作是同时进行还是并行，汉语则严格区分。这会给学习者造成较大的困难。例（34）的"喝茶"的动作和"说"的动作借助的是嘴。用同一个器官来同时进行两个动作是不可能的，所以要用并行格式"一边……一边……"。

在此需要注意的是，"－면서（mieonseo）"语义范围广，除了"同时义"外还具有其他语义。例如：

（40）철수는 키가 크면서 농구를 못한다.

　　哲秀－话题格 个子－主格 高－mieonseo 篮球－宾格 不好－终结词尾

　　哲秀虽然个子很高，但是不会打篮球。

（41）영희는 머리가 좋으면서 공부를 못한다.

　　英希－话题格 脑子－主格 好－mieonseo 学习不好－终结词尾

　　英希虽然很聪明，但是学习不好。

在这里"－면서（mieonseo）"表示转折，相当于汉语的"但是"。

从上述分析来看，韩国学生首先应该对汉语同时义范畴有一个准确的理解，真正弄清楚每一个同时义格式的用法特点，以减少两种同时义格式的混用。其次，韩国学生要搞清楚汉语"同时"义跟韩国语"同时"义的不同，从一开始接触汉语"同时义"时就有一个正确的概念，二者之间并不存在完全的一一对应关系，不能简单地用同一种汉语同时义格式对韩国语中的所有情况进行对译。同时，要通过大量的、有针对性的练习来加强学习的理解和掌握。在学习中，韩国学生既要防止混淆韩汉同时义用法上的差异，也要防止混淆汉语不同同时义之间的意义和语法上的不同特点。

另外，教师可以相应预见韩国学生学习汉语"同时义"时可能会犯的错误，预先告诉学生汉语同时义跟韩国语同时义的不同，提醒韩国学生注意汉语同时义不同格式之间在意义和用法上的差别。这样既可以预防学生此类错误的频繁发生，也可以在学生出现错误之后尽早地给予纠正。

附：测试卷

一、根据原文判断译文对错，并改正。

1. 여자가 나를 보면서 "무서워" 하고 말했습니다.

她一边看我一边说："害怕"。（　　）改正：

2. 나는 울면서 길을 걸었다.

我边走边哭。（　　）改正：

3. 그는 웃으면서 나와 악수를 했다.

他笑着和我握了握手。（　　）改正：

4. 아이들이 자라면서 나의 보물도 늘었다.

随着孩子们的长大，让我珍惜的东西也多了。（　　）改正：

5. 서강대학교 개교 1 0 주년이 되면서 과별 행사가 있었다.

随着西江大学十周年校庆,各科系都有活动。( )改正:

6. 춘절이 하루하루 다가오면서 각 지역의 축제 분위기도 점점 짙어져갔다.

随着春节一天天地临近,各地的节日气氛也越来越浓。( )

改正:

7. 나 또한 일을 하면서 에어컨을 켜는 일이 없었다.

我不会一边工作一边开空调。( )改正:

8. 철수는 의사이면서 축구선수이다.

哲秀一边是医生一边是足球队员。( )改正:

9. 그는 겸손하면서 솔직하다.

他一边谦虚一边诚实。( )改正:

10. 영희는 철수와 사귀면서 열철이와도 사귀고 있다.

英希一边和哲秀谈恋爱,一边又和英哲谈恋爱。( )

改正:

二、选择正确的译文(可多选)

1. 그는 차를 마시면서 신문을 본다. ( )

A. 他一边喝茶,一边看报纸。

B. 他喝着茶看报纸。

C. 他看着报纸喝茶。

2. 그는 웃으면서 "안녕?"하고 말했다. ( )

A. 他一边笑,一边说"你好"。

B. 他笑着说"你好"。

C. 他说着"你好"笑。

3. 사실이 확실하면서도 불확실하다. ( )

A. 事实一边明确一边不明确。

B. 事实既明确又不明确。

267

C.事实明确，但是不明确。

4.그녀는 솔직하면서도 집요했다. (　　)

A.总统一边坦率一边执着。

B.总统坦率着执着。

C.总统既坦率又执着。

5.세계를 돌아다니면서 나는 다양한 외국어 능력의 필요성을 절감했다. (　　)

A.我一边走遍世界各地，一边彻底感受到外语能力的重要性。

B.我在世界各地走着彻底感受到外语能力的重要性。

C.走遍世界各地的同时，我彻底感受到外语能力的重要性。

6.우리 팀의 승리를 축하하면서도 일본이 진 것에 대한 안타까움을 드러냈다. (　　)

A.我一边庆祝我们队的胜利一边为日本队的失利感到惋惜。

B.我又庆祝我们队的胜利，又为日本队的失利感到惋惜。

C.在为我们队胜利庆祝的同时，也为日本队的失利感到惋惜。

D.我庆祝着韩国队的胜利为日本队的失利感到惋惜。

三、请将下列韩国语翻译成汉语

1.영희는 수학 선생님이면서 과학 선생님이다.

2.철수는 노래를 들으면서 공부를 한다.

3.영희는 공부하면서 텔레비전을 보지 않는다.

4.영희는 예쁘면서 착하다.

5.철수는 키가 크면서 농구를 못한다.

6.사회가 발전하면서 사람들의 생활 수준도 높아졌다.

7.어머니는 내 손을 꼭 잡고 말씀하셨다.

8.학생들을 가르치면서 나도 많은 것을 배웠다.

9.고 3 때 공부를 하면서 스트레스를 많이 받았다.

10. 여름 방학에 아르바이트를 하면서 100 만원을 벌었다 .

11. 그는 이런 정책이 부당하다고 생각하면서 한편으로 앞날이 걱정되었다 .

12. 다행이라고 생각하면서 한편으로 미안한 마음도 들었다 .

第十六章　重动句

重动句（又称动词拷贝式、动词拷贝句、复动句）是指由同一动词带宾语后重复动词再带补语的句式结构，前动宾结构与后动补结构之间存在强语义关联，其结构为"主语＋动词＋宾语＋动词＋补语"（S+V+O+V+C+）。其中 S 为主语，V 为同一动词，O 为宾语，C 为补语，其中"V+O+V+C"为重动句的必要成分。例如：

（1）她一边把脏衣服往地上扔一边嘟嘟囔囔地骂："家都成什么样子了，猪窝似的，早上出去什么样晚上回来还什么样儿，就不知道伸手收拾一下，当少爷当惯了。"我没理她，坐到一边看晚报。

（2）泰斯突然意识到，他们已经爬楼梯爬了一段时间了。他可以听见卡拉蒙由于太久没有运动而气喘吁吁，连红袍法师也有点呼吸急促。

重动句作为现代汉语特殊且常用句式之一，有关教学的研究较少。早期重动句偏误研究受国际中文教育语法大纲定位影响，成果比较单薄，提及重动句偏误的代表成果有佟慧君（1986）[①]、李大忠（1996）[②]、程美珍（1997）[③]三部著作，但三者均将重动句偏误归入补语中动词后既带宾语又带补语时产生的偏误，且并未说明偏误成因。

孙德金（2002）对英、韩留学生习得情状补语、程度补语和可能补语三种带"得"类补语在不同级别留学生中的表现进行了考察，其中涉及重动句结构中的"动宾短语带'得'"类补语习得情况时指出过分强调动宾短语（组合）带"得"字补语要重复动词会一定程度上造成规则泛化。[④] 如：

[①] 佟慧君：《外国人学双语病句分析》，北京，北京语言学院出版社，1986。

[②] 李大忠：《外国人学汉语语法偏误分析》，北京，北京语言文化大学出版社，1996。

[③] 程美珍主编：《汉语病句辨析九百例》，北京，华语教学出版社，1977。

[④] 孙德金：《外国留学生汉语"得"字补语习得情况考察》，载《语言教学与研究》，2002（6）。

（3）★我弟弟驾驶驾得在学校他是驾驶队长。

周小兵（2007）在"得"字情态补语句的教学误导分析章节指出教学中过度强调和反复操练会导致动词使用范围的不正确推导，既泛化。[①] 如：

（4）★留学生表演表得都很好。（周小兵 2007：314）

（5）★玛丽朗读朗得非常流利。（周小兵 2007：314）

前期涉及重动句偏误现象的研究为后期重动句偏误研究提供了参考，但多为补语成分或带"得"类补语的附属研究内容。

近十年来学者们开始关注重动句，展开了一系列习得及教学研究。贺忠华（2012）通过试题问卷的形式对来自不同国家的留学生进行测试并将偏误分为遗漏、误加、误代、错序四种类型；[②] 李贤卓（2017）通过实证性研究发现不同的课堂练习模式对致使性重动句习得效果有较大的影响，认为产出性练习更适合致使重动句的教学；[③] 张静（2015）通过问卷调查的方式测试了不同水平的英语国家留学生对重动句的掌握情况，发现等级水平、有无语境、句式选择倾向、语法发展等方面均存在问题。[④] 上述三者都是通过实验统计的方式对留学生偏误情况进行了考察，可以比较真实地还原重动句习得情况。

谢福（2015）从缺省偏误及过度泛化、补语部分的偏误、与其他结构混用、副词位置偏误四个方面总结了初、中、高三个等级学习者的偏误类型；[⑤] 马红丽（2017）针对中级班留学生的习得偏误进行了教学设计；[⑥] 欧阳碧莲（2020）对俄语背景的学习者进行了习得偏误调查并设计了完整的教学方案。[⑦]

[①] 周小兵：《外国人学汉语语法偏误研究》，307 页，北京，北京语言大学出版社，2007。

[②] 贺忠华：《重动句及其对外汉语教学研究》，沈阳，辽宁大学硕士学位论文。

[③] 李贤卓：《理解性练习、产出性练习与致使重动句习得》，载《华文教学与研究》，2017（3）。

[④] 张静：《汉语学习者重动句习得研究——以南京大学英语国家留学生为例》，南京，南京大学硕士学位论文，2015。

[⑤] 谢福：《汉语二语学习者重动句偏误分析及其教学策略》，载《语言教学与研究》，2015（2）。

[⑥] 马红丽：《中高级阶段留学生重动句使用情况调查与教学研究》，沈阳，辽宁大学硕士学位论文，2017。

[⑦] 欧阳碧莲：《对外汉语重动句及其教学设计研究》，乌鲁木齐，新疆大学硕士学位论文，2020。

学界关于重动句的偏误研究不少，但仍存在不足。主要体现在三个方面：一是部分研究并未基于系统的中介语语料，而选用依靠汉语本体拟写的偏误语料进行论证分析；二是部分研究虽基于中介语语料分析，但语料数量不足，影响习得偏误的全面性观察；三是偏误分类及偏误成因分析比较宽泛。

针对前人研究存在的问题，本章通过全球汉语中介语语料库句式检索共获得 281 条重动句原始错误句式，通过逐一人工核查排除标记失误、学生失误等存疑语料后共获得有效语料 235 条。基于这 235 条偏误句，我们分析了其偏误类型，再面向韩国学生进行了习得考察。

从语言类型学的角度来看，重动句属于汉语特殊句式之一。韩国语没有类似重动句的语法表现形式，汉语的重动句译成韩国语有时是复句，有时就是主谓宾句。例如：

（6）他看书看累了。

　　　그는　　책을　　너무 보아서　　피곤하다.

　　　他-话题格 书-宾格 太　看-连接词 累-终结词尾

（7）他写字写得很漂亮。

　　　그는　　　글을　　정말 예쁘게 쓴다.

　　　他-话题格 字-宾格 真　漂亮　写-终结词尾

（8）他读书读得忘了吃午饭。

　　　그는　　　점심을　　잊을 정도로 책을　　읽었다.

　　　他-话题格 午饭-宾格 忘记 程度　 书-宾格 读-过去时-终结词尾

（9）他找书找了一个小时。

　　　그는　　한시간동안　책을　　　읽었다.

　　　他-话题格 一个小时期间 书-宾格 读-过去时-终结词尾

例（6）是 [动作—结果] 类重动句，译成韩国语是因果复句；例（7）是 [动作—状态] 类重动句，译成韩国语是单句，重动句的补语在韩国语中是状语；例（8）是 [动作—程度] 类重动句，译成韩国语是单句，程度补语在韩国语中是状语；例（9）是 [动作—进程量度] 类重动句，译成韩国语是单句，重动句的时量补语在韩国语中是状语。目的语中的某个语言项目，在其第一语言中没有相应的项目，因此可以说按照普拉克特"难度等级模式"，对韩国学生而言，重动句难度等级属于第四等级，学习者在习得这些全新的项目时会产生阻碍性干扰。

目前《国际中文教育中文等级水平等级标准》的语法大纲中重动句属于三级语法点，与重动句相关的状态补语为五级语法点，因此我们将面向中、高级学生进行测试考察。

一、偏误类型

通过 HSK 动态作文语料库分析，重动句偏误类型主要有遗漏、冗余、误用、错序等四类。

（一）遗　漏

遗漏是指句式结构缺少必要成分而造成的残缺，统计中介语语料发现，重动句遗漏主要表现为动词的遗漏、"动词 + 助词"的遗漏、"得"的遗漏、宾语的遗漏、重动格式的遗漏等。

1. 类型 1：动词的遗漏

a ★ 我奶奶今年 92 岁，年轻的时候做菜得很拿手。

b ★ 很久不见她，所以她们一起聊天得很开心。

c ★ 在中国，老人锻炼身体得真多，每天他们去公园儿打太极拳。

d ★ 他跳舞得真好，特别好。

e ★ 她觉得她用减肥的方式对了，但为什么看了她的效果，她都不满意。

f ★ 我今天做饭少了，担心你们不够吃。

g ★ 我妈妈很爱我，我也妈妈喜欢得没法说。

重动句的特点是动宾短语和动补短语中动词同形重复，但我们发现动词遗漏为高频偏误类型。重动句中的动词具有特定的句法语义要求，属于重动句必要组成部分，但上述各句均将第二个动词遗漏，导致重动句缺少必要句子成分而不符合句法要求。

赵新（2001）根据形式特点把重动句的类型总结为六类：[①] 一是"V+O+V+得+C"类，如，他唱歌唱得好；二是"V+O+V+到+N"类（N=名词性词组），如，我开车开到学校门口；三是"V+O+V+了/过+T"类（T=数量词组），如，等你等了半个多月；四是"V+O+V+C+了"类，如，他喝酒喝醉了；五是"V+O+V+C+了+N"类，如，杀人杀红了眼；六是"V+O+V+了/个+C"类，如，打电话打个不停。

动词遗漏类偏误主要集中在"V+O+V+得+C"类和"V+O+V+C+了"类。例句 a 至例句 d，属于"V+O+V+得+C"类，"得"前要加动词，例 e 和例 f 属于"V+O+V+C+了"类，学生也经常出现遗漏动词的现象，例句 g 与其他例句有些不同，遗漏的是前面的动词。

类型 1 的偏误句正确表达方式为：

a′ 我奶奶今年 92 岁，年轻的时候做菜做得很拿手。

b′ 很久不见她，所以她们一起聊天聊得很开心。

c′ 在中国，老人锻炼身体锻炼得真多，每天他们去公园儿打太极拳。

d′ 他跳舞跳得真好，特别好。

e′ 她觉得她用减肥的方式用对了，但为什么看了她的效果，她都不满意。

f′ 我今天做饭做少了，担心你们不够吃。

g′ 我妈妈很爱我，我也喜欢妈妈喜欢得没法说。

2. 类型 2："动词 + 助词"的遗漏

a★ 第二个是我希望可以写汉字比以前多。

b★ 我的朋友们看起来都很累，出汗也很厉害。

c★ 我们坐竹排两个小时，另外看风景我们跟别的有人说话。

---

① 赵新：《重动句的结构和语义分析》，载《华桥大学学报》（人文社会科学版），2001（1）。

d ★我们爬天佛山十分钟，就到山顶。

这类偏误主要集中在"V+O+V+ 得 +C"和"V+O+V+ 了 / 过 +T"两类形式中。例 a、例 b 属于"V+O+V+ 得 +C"类。孙德金（2002）认为汉语中"得"字补语句是留学生学习的难点，重动句动补结构中带"得"类句型为典型结构，[①]我们分析中介语语料发现，部分偏误为"动词 + 助词"的共同遗漏。

例 c 和例 d 属于"V+O+V+ 了 / 过 +T"，补语部分为数量补语，在此根据上下文语义应加"了"。李讷、石毓智（1997）指出第二个动词是限定动词，可以跟时体标记，可以被否定词及各种副词修饰。[②]考察语料时我们发现，完成态标记"了"遗漏多发生在数量补语句当中。

当然，"V+O+V+ 了 / 过 +T"类重动句也可以变换为数量补语句，如"我们坐竹排坐了两个小时""我们爬天佛山爬了十分钟"也可以说成"我们坐了两个小时的竹排""我们爬了十分钟的天佛山"。

类型 2 的偏误句正确表达方式为：

a′ 第二个是我希望写汉字写得比以前多。

b′ 我的朋友们看起来都很累，出汗出得也很厉害。

c′ 我们坐竹排坐了两个小时，看风景时我们跟别人聊了会儿天。

d′ 我们爬天佛山爬了十分钟，就到了山顶。

3. 类型 3："得"的遗漏

a ★我打网球打不太好。

b ★写汉语写很不太好，所以我想说的话都不可以说。

c ★我跟朋友做泰国菜做很好吃，我们一边吃一边聊天儿。

d ★他原来开车开很好，他当兵的时候，开车地位高的人，所以他开车开很好。

这类偏误主要集中在"V+O+V+ 得 +C"格式的使用上。以上四例中都缺失助词"得"，在此"不太好""很好吃""很好"等是具有描述性特点的状态补

---

① 孙德金：《外国留学生汉语"得"字补语习得情况考察》，载《语言教学与研究》，2002（6）。

② 李讷，石毓智：《汉语动词拷贝结构的演化过程》，载《当代语言学》，1997（3）。

语，因此不能缺失"得"。

类型 3 的偏误句正确表达方式为：

a′ 我打网球打得不太好。

b′ 写汉语写得很不好，所以我想说的话都不能说。

c′ 我跟朋友做泰国菜做得很好吃，我们一边吃一边聊了天儿。

d′ 他原来开车开得就很好，他当兵的时候，是开车地位很高的人，所以他开车开得很好。

4. 类型 4：宾语的遗漏

a ★ 一般的中国人说说得很快，所以我听不清楚。

在我们的语料中，遗漏宾语的偏误句就这一例，由此我们先是小心推测，这类错误有可能是失误，并非偏误。但通过后面有针对性的问卷测试，发现学生用重动句表达时的确出现此类偏误。

重动句动宾结构比较复杂，刘梨花（2010）将"VO"结构类型总结为单音节动词 + 宾语、支配式离合词、支配式合成词、并列式合成词和双音节动词 + 宾语五种类型。① 例 a 属于"单音节动词 + 宾语"类。例句 a 应在第一个动词后添加"话""汉语"等宾语成分。

类型 4 的偏误句正确表达方式为

a 一般的中国人说话说得很快，所以我听不清楚。

5. 类型 5：重动格式的遗漏

a ★ 我在教堂认识了一个哥哥，他很好弹吉他。

b ★ 就算我们学外语好，但是语言对我们来说还是一种障碍。

c ★ 我们把山爬累了，坐在休息的地方休息了一会儿。

d ★ 老师把汉语说得很快，我听不懂，怎么办？

这类偏误主要集中在"V+O+V+ 得 +C"和"V+O+V+C+ 了"类。谢福

---

① 刘梨花：《对外汉语教学角度的现代汉语重动句考察》，长沙，湖南师范大学硕士学位论文，2010。

（2015）认为重动句中"V1O"是话题标记，交代凸显事件的状态或结果产生的事件背景。[①]方梅（2020）认为"动宾结构"已实现话题化，重动句是体现行为延续的句法编码，是篇章中保持话题延续性的重要手段。[②]

在例 a 中，"弹吉他"就是说话人的话题，同时句中出现"弹""吉他""很好"这三个构成重动句的基本构件，因此用重动句表达是最好的选择。当然，这类句子我们也可以说成"他吉他弹得很好"，也就是说第一个动词省略，句子仍然成立。

再看例 b，"我们学外语学得很好"也可以说成"我们学好外语"。比较这两句，语义有差异。

（10）a 我们学外语学得很好，但是学汉语学得不好。

　　　 b ★我们学好外语，但是汉语学得不好。

例（10）的 a 句成立，b 句不成立。a 句中"学外语"是话题，此时就不能用结果补语形式替代。

再看例 d。重动句因宾语和补语同现而能与主谓谓语句、"把"字句等句式之间进行转换。杨玉玲（1999）对重动句和"把"字句的使用条件进行了考察，认为重动句是通过重复动词引进受事，"把"字句是用介词"把"引进名词，是用不同的手段解决"动词后信息单位"这一个问题。[③]施事、受事和补语同现于一个单句时要用哪种句式，和补语的语义指向关系最为密切。

当补语指向动作的施事时，无论补语是简单的还是复杂的，都要用重动句，不能用"把"字句。例 c 中补语"累"指向的是施事"我们"，此时不能用"把"字句，当补语指向动作本身，也不能用"把"字句，而是要用重动句。例 d 中补语"很快"指向的是动词"说"，因此在此不能用"把"字句。

---

① 谢福：《汉语二语学习者重动句偏误分析及其教学策略》，载《语言教学与研究》，2015（2）。

② 方梅：《汉语重动句——基于篇章功能的语言对比分析》，见《汉日语言对比研究论丛（第11辑）》，杭州，浙江工商大学出版社，2020。

③ 杨玉玲：《重动词和"把"字句的使用考察》，载《世界汉语教学》，1999（2）。

类型 5 的偏误句正确表达方式为：

a′ 我在教堂认识了一个哥哥，他弹吉他弹得很好。

b′ 就算我们学外语学得很好，语言对我们来说还是一种障碍。

c′ 我们爬山爬累了，坐在休息的地方休息了一会儿。

d′ 老师说汉语说得很快，我听不懂，怎么办？

（二）冗　余

统计中介语语料发现，重动句冗余主要表现为助词的冗余、能愿动词的冗余、重动格式的冗余等。

1. 类型 6：助词的冗余

a ＊我觉得他的唱歌唱得不太好，但是弹钢琴弹得非常棒。

b ＊我学汉语也有不好的方面，例如我的发音发得不太好。

c ＊我坐的飞机坐了很长时间，所以我太累了。

d ＊诚实的爱特又找了螺丝钉找了半天，找了整个店里也找不到。

e ＊学生们可能会玩游戏玩儿得很长时间。

f ＊她爸爸妈妈是荷兰人，但他们住在瑞士住了 25 年。

这类偏误主要集中在“V+O+V+ 得 +C”和“V+O+V+ 了 / 过 +T”两类形式，例 a、例 b 属于“V+O+V+ 得 +C”类，例 c、例 d 属于“V+O+V+ 了 / 过 +T”类。上例 a、例 b 是同一种情况，冗余的是第一个动词前的“的”。例 c 冗余的是宾语前的“的”，“我坐的飞机”是定中结构，显然在这里不合适。例 d，第一个动词后误加了“了”，重动句中第一个动词后不能加助词“了 / 过”，第二个动词后可以。这些偏误都是因为目的语知识不牢固所致。

类型 6 的偏误句正确表达方式为：

a′ 我觉得他唱歌唱得不太好，但是弹钢琴弹得非常棒。

b′ 我学汉语也有不好的方面，例如我发音发得不太好。

c′ 我坐飞机坐了很长时间，所以我太累了。

d′　诚实的爱特又找螺丝钉找了半天，找了整个店里也找不到。

e′　学生们可能会玩游戏玩儿很长时间。

f′　她爸爸妈妈是荷兰人，但他们住瑞士住了 25 年。

2. 类型 7：能愿动词的冗余

a ★他能做菜做得很好吃。

b ★有的朋友会做饭做得很好。

c ★我可以写汉字写得很好。

这类偏误主要集中在"V+O+V+ 得 +C"类。从语义上，能愿动词是多余的，如例 a，"做菜做得很好吃"的前提肯定是"能做菜"。再如例 b，"做饭做得很好"的前提就是"会做饭"。能愿动词"会""能""可以"等常用在动词之前表示客观的可能性，学生对描述性重动句所隐含的主观性评价功能了解不够，导致偏误产生。

因此，类型 7 的偏误句正确表达方式为：

a′　他做菜做得很好吃。

b′　有的朋友做饭做得很好。

c′　我写汉字写得很好。

3. 类型 8：重动格式的冗余

a ★我从来没坐过火车，所以我着急着得多，因为我听说火车不太安全。

b ★但是说汉语说得不喜欢，他们都唱汉语歌唱得很喜欢。

c ★每天我起来起很早。

d ★因为这个原因，老师找我找过一次。

e ★第一是，我应该学习学得很认真，也应该知道怎么管理时间。

f ★她富于想象力，她写的书使我看书看得十分入神。

重动句结构的句法制约条件比较复杂，首先 V 和 O 主要由动宾短语、支配式离合词和支配式合成词构成，V 和 C 一般为结果补语、状态补语或数量补语。例 a 和例 b 虽然形式上是重动结构，但是动补结构不成立，也就是说"着得

279

多""说得不喜欢"此类表达不成立，无法构成重动句。例 c 的动宾结构不成立，因此也无法构成重动句。"起来"在初级阶段有可能是一般动宾短语"起床"类推的结果。

再看例 d。陈忠（2012）认为重动句排斥瞬时性特征，重复动词象重复活动，拉长对事件动程的观察，且动词的及物性强。[①] 也就是说，补语为动量补语时，一般不用重动句，只有强调次数之多或之少时才能用重动句。如例 d 想要用重动结构表达，只能说成"老师找我找过好几次"。

重动句所表示的动作行为一般为已然事件，句式排斥带有未然信息的成分进入。例 e 联系上下文及说话者身份，"应该"是表示"按照情理必须如此"，是未然事件，与重动句表示已然事件的隐含条件冲突。

例 f 比较有趣，单看"我看书看得十分入神"句子很正确，但在这里有些"格格不入"。前面我们也曾说过，重动句的动宾结构在句中起到话题的作用，在此话题显然不是"看书"，而是"她写的书"。

类型 8 的偏误句正确表达方式为：

a′ 我从来没坐过火车，所以我很着急，因为我听说火车不太安全。

b′ 他们不喜欢说汉语，但是都喜欢唱汉语歌。

c′ 每天我起得很早 / 每天我起床起得很早。

d′ 因为这个原因，老师找过我一次。

e′ 第一是，我应该认真学习，也应该知道怎么管理时间。

f′ 她富于想象力，她写的书常常让我看得入神。

（三）误　用

1. 类型 9：助词 / 介词的误用

a ★ 不小心打球打得娜娜的手机上。

b ★ 他真没有办法来到婚礼，所以跑步跑得三英里。

---

① 陈忠：《"结构－功能"互参互动机制下的重动句配置参数功能误解》，载《中国语文》，2012（3）。

c★他非常为难了，因为出汗出<u>了</u>非常多，怕朋友们讨厌他。

重动句动补结构中出现的助词或介词通常有"得""到""了/过"等三个。"得"后的补语一般是形容词或小句，表示结果或状态；"到"后是名词短语，表示终点；"了/过"后是数量短语，表示动作的次数或动作所经历的时间。因此类型9的偏误句正确表达方式为：

a′ 不小心打球打到娜娜的手机上。

b′ 他真没有办法来到婚礼，所以跑步跑了三英里。

c′ 他非常为难，因为出汗出得非常多，怕朋友们讨厌他。

2.类型10：动词的误用

a★北京<u>发展发</u>得很漂亮。

b★不过<u>理解理</u>得有点儿难。

c★我们三个人<u>表演表</u>得很好。

d★另外，我认为愚公<u>工作工</u>得严重，所以他的精神帮助他搬走了大山。

这类偏误主要集中在"V+O+V+得+C"类。前面我们也提到过，动宾结构类型总结为单音节动词+宾语、支配式离合词、支配式合成词、并列式合成词和双音节动词+宾语五种类型。上述四个例句中的动词"发展""理解""表演""工作"都不是支配式合成词。学习者在习得重动句时被反复强化的概念所影响，形成重动句"VO"部分为双音节词语、助词"得"前重复动词的记忆，导致偏误的产生。尤其是在初级阶段，学习者词汇量有限，将所有"类似"动宾组合的双音节词语不适当地用于重动句造成偏误。也就是说，学习者在习得目的语一段时间之后，对目的语所做的超出范围、不正确的类推就是泛化。孙德金（2002）[①]、周小兵（2007）[②]均认为此类偏误与教学过度强调和操练有关。重动句动宾动补成分的进入限制相对比较开放，其中离合词的泛化是偏误之一，如"★他散步散得很累"。重动句具有很强的可生成性，学习者在机械练习的情况

① 孙德金：《外国留学生汉语"得"字补语习得情况考察》，载《语言教学与研究》，2002（6）。

② 周小兵：《外国人学汉语语法偏误研究》，307页，北京，北京语言大学出版社，2007。

下，将适用规则进行不当推导会造成上述偏误。同时离合词教学作为现代汉语教学的难点之一为重动句教学难上加难。

类型 10 的偏误句正确表达方式为：

a′ 北京发展得很漂亮。

b′ 不过理解起来有点儿难。

c′ 我们三个人表演得很好。

d′ 另外，我认为愚公工作很努力，所以他的精神帮助他搬走了大山。

3. 类型 11：补语的误用

a ＊我说"啊，我今天上大学坐火车坐慢了。"

b ＊冬天的时候在大卫的国家下雪下得很重。

c ＊我发音发得不太准，写汉字写得慢慢。

d ＊我讲话讲得一点儿支支吾吾，我没有自尊还要继续了。

这类偏误主要集中在"V+O+V+ 得 +C"类和"V+O+V+C+ 了"类。例句 a 和例句 b 的补语语义搭配有误。王红旗（2001）[①]、唐翠菊（2001）[②] 都对重动句的补语语义指向做了考察，重动句补语语义需要与前后其他成分语义"配合"实现语义表达。上述例 a 的"慢了"是对火车速度的描写，与动作"坐火车"之间未能实现语义搭配，"重了"表示的是重量，与"下雪"之间未能实现语义搭配。这两句想表达的是"时间很晚""雪很大"，因此要把"慢"改为"晚"，"重"改为"大"。

例 c 和例 d 中的补语，语义搭配没有问题，句法表现不当。例 c 中形容词补语通常需要程度副词修饰，但重叠形式无法进入这一格式。孙德金（2002）对带"得"字补语的"得"后补语形式进行了考察，主要有单个形容词、状中结构、比较结构、并列结构四种，[③] 例 c 的"得"后补语是对动作的描写，应改为"写汉

---

① 王红旗：《动结式述补结构在把字句和重动句中的分布》，载《语文研究》，2001（1）。

② 唐翠菊：《现代汉语重动句的分类》，载《世界汉语教学》，2001（1）。

③ 孙德金：《外国留学生汉语"得"字补语习得情况考察》，载《语言教学与研究》，2002（6）。

字写得慢 / 很慢"。例 d，"一点儿"是数量短语，表示数量少而不确定，一般用在形容词后做补语，在此应改为程度副词"有点儿"。

类型 11 的偏误句正确表达方式为：

a′　我说："啊，我今天上学时坐火车坐晚了。"

b′　冬天的时候，大卫他们的国家下雪下得很大。

c′　我发音发得不太准，写汉字写得很慢。

d′　我讲话讲得有点儿支支吾吾，我没有了继续下去的自信。

（四）错　序

1. 类型 12：重动句基本构件之间的语序

a ★ 她东张西望，找了半天找了她的钥匙。

b ★ 我做动作得很赤心做。

c ★ 这聊聊天得很开心！

重动句中"V+O+V+C"为重动句的必要成分，这四个成分是重动句最基本的构件。在语料分析中我们发现，学生有时把这几个基本构件的顺序打乱使用，如例 a 和例 b。例 a 是 O 和 C 的顺序有误，应 VO 在前，VC 在后。例 b 是 V 和 C 的顺序有误。我们先不考虑"赤心"这一词的使用是否合适，说话人想要表达的是"做动作"的某种状态，在此应放在动词后面做状态补语。

类型 11 的偏误句正确表达方式为：

a′　她东张西望，找她的钥匙找了半天。

b′　我做动作做得很用心。

c′　聊天聊得真开心！

2. 类型 13：形容词修饰成分的语序

a ★ 现在我说汉语说得流利比以前，我很满意。

b ★ 我和我的朋友都打乒乓球打得不好。

c ★ 再说，我还不够说英语说得流利。

这3个例句中"比以前""都""不够"分别修饰的是"流利""不好""流利",因此这些修饰语都应与中心语近一些。类型13的偏误句正确表达方式为:

a′ 现在我说汉语说得比以前流利,我很满意。

b′ 我和我的朋友打乒乓球打得都不好。

c′ 再说,我说英语说得还不够流利。

二、数据分析与讨论

我们对全球汉语中介语语料库(V1.0)中的235例偏误句进行了定量分析,发现学生习得重动句时的偏误主要集中在遗漏类。此类偏误共有164例,占总数的69.8%。其次是冗余和误用,二者数量相当,分别为33例和31例,占总数的14%和13.2%。相比较而言错序类偏误较少,只有7例,占总偏误数的3%。详见表16-1。

表16-1 语料库中的重动句偏误类型分布

单位例(%)

偏误类型			偏误句(偏误率)	合计
遗漏	类型1	动词的遗漏	107(45.5)	164(69.8)
	类型2	"动词+助词"的遗漏	42(17.8)	
	类型3	"得"的遗漏	4(1.7)	
	类型4	宾语的遗漏	1(0.4)	
	类型5	重动格式的遗漏	10(4.2)	
冗余	类型6	助词的冗余	9(3.8)	33(14)
	类型7	能愿动词的冗余	4(1.7)	
	类型8	重动格式的冗余	20(8.5)	

续表

偏误类型			偏误句	偏误率合计
误用	类型 9	助词的误用	8（3.4）	31（13.2）
	类型 10	动词的误用	12（5.1）	
	类型 11	补语误用	11（4.6）	
错序	类型 12	重动句基本构件之间的语序	4（1.7）	7（3）
	类型 13	形容词修饰成分的语序	3（1.2）	

　　从细类看，遗漏偏误中类型 1 动词的遗漏为多，共有 107 例，占总数的 45.5%，其次是类型 2 "动词 + 助词"的遗漏，共有 42 例，占总数的 17.8%，然后是类型 8 重动格式的冗余，共有 20 例，占总数的 8.5%。详见下图 16–1。

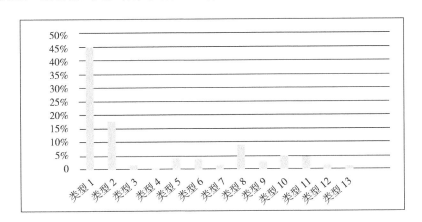

图 16–1　重动句 13 种偏误类型分布

　　前文我们提到根据形式特点可以把重动句的类型分别为六类：一是 "V+O+V+ 得 +C" 类；二是 "V+O+V+ 到 / 在 +N" 类（N= 名词性词组）；三是 "V+O+V+ 了 / 过 +T" 类（T= 数量词组）；四是 "V+O+V+C+ 了" 类；五是 "V+O+V+C+ 了 +N" 类；六是 "V+O+V+ 了 / 个 +C" 类。235 例偏误句中，"V+O+V+ 得 +C"

类所占比率最高，有 192 例，占 81.7%；其次是"V+O+V+ 了 / 过 +T"类，有 22 例，占 9.3%；再次是"V+O+V+ 到 +N"类，有 12 例，占 5.1%；最少的是 "V+O+V+C+ 了"类，有 9 例，占 3.8%。详见下图 16-2。换句话说，第 5 种类型和 第 6 种类型，在学生的偏误句中是找不到的。这并不意味着学生对这两个格式的掌握很好，而是学生回避或不会使用这两种形式来表达。这一点是我们在教学中应该多关注的问题。

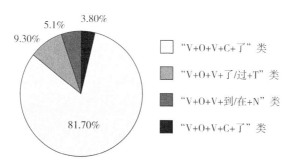

图 16-2　语料库中重动形式偏误句结构形式分布

下面我们看一下学生使用哪种语义类型的重动句出现错误较多。重动句的语义类型大致可以分为以下 4 类：一是 [动作 – 结果] 类，如"我唱歌唱得嗓子都哑了""他切菜切破了手""打球打到我的手上"；二是 [动作 – 状态] 类，如"他写字写得很漂亮""他做事做得很稳"；三是 [动作 – 程度] 类，如"小明打球打得手掌都快青了"；四是 [动作 – 进程量度] 类，如"我等车等了很长时间""我去北京去过好几次"。我们分析的 235 例偏误句中，[动作 – 状态] 类数量最多，共有 194 例，占 82.5%，其次是 [动作 – 进程量度] 类，共有 23 例，占 9.7%，然后是 [动作 – 结果] 类，共有 18 例，占 7.6%。[动作 – 程度] 类偏误句的数量为 0，可见学生对此类重动句的认知度也不高。

基于语料库中分析的偏误类型，我们设计了一份测试卷。测试卷分为两个内容：一是判断并改错句，共 45 道，每一个偏误类型至少体现 3—4 次；二是韩汉翻译，共 49 道，也是每一个偏误类型至少体现 3—4 次。被试对象为北京语言大学汉语学院中高级汉语水平学生 20 人。

通过测试共搜集 1880 例与重动句有关的句子，其中重动句使用正确句 1403 例，错误句 477 例，偏误率为 25.4%。详见下表 16-2。

表 16-2　韩国学生重动句使用情况

偏误类型		句子总数（例）	正确句（例）	正确率（%）	偏误句（例）	偏误率（%）
遗漏	类型 1	160	100	62.5	60	37.5
	类型 2	160	96	60.0	64	40
	类型 3	160	128	80.0	32	20
	类型 4	100	97	97.0	3	3
	类型 5	280	133	47.5	147	52.5
冗余	类型 6	140	117	83.6	23	16.4
	类型 7	120	108	90.0	12	10
	类型 8	160	137	85.6	23	14.4
误用	类型 9	120	99	82.5	21	17.5
	类型 10	120	120	100	0	0
	类型 11	120	89	74.2	31	25.8
错序	类型 12	120	105	87.5	15	12.5
	类型 13	120	74	61.7	46	38.3
合计		1880	1403	74.6	477	25.4

通过观察表 16-2，我们发现偏误率比较高的类型为类型 5、类型 2、类型 1 和类型 13。

在此要特别关注的是类型 5 重动格式的遗漏，说明学生该用重动句的时候却没有用。如 [动作 – 程度] 类重动句，[动作 – 结果] 类重动句中"得"后是小句的情况，学生的输出量极少。下面举例说明。

（10）a ＊饺子吃得太多太多，肚子破的程度。

　　　b 吃饺子吃得快撑死了。

（11）a ＊打篮球太厉害了，所以手掌都青了。

　　　b 打篮球打得手掌都青了。

（12）a ＊太想孩子了，所以她在床上躺着。

　　　b 想孩子想得她卧病在床了。

（13）a ＊坐飞机太长时间得我腰疼腿也疼。

　　　b 坐飞机做得我腰酸腿痛。

例（10）和例（11）的 b 句都属于 [动作－程度] 类重动句，这类重动句学生们了解得不多，输出得也极少。a 句都是学生的偏误句，可以看到学生都试图以复句的形式表达，结构复杂表达得也不清楚。例（12）和例（13）的 b 句是 [动作－结果] 类重动句，"得"字后都是小句，同样学生输出得比较少。通过观察 a 句可以发现，这类句子学生也试图用因果复句表达，如例（12）的 a 句，但也没表达清楚。

三、教学启示

（一）加强教材建设

以往对外汉语教材中多涉及重动句，其多出现在补语教学当中，且分布频度存在差异。我们对 10 部教材中的例句进行了统计 [①]，从 VP 的类型来看，重动

---

① 10 部教材分别为：《汉语教程》（杨寄洲主编，北京，北京语言大学出版社，2003）、《汉语新视界：大学汉语教程》、（金立鑫、孟柱亿编，北京，北京语言大学出版社，2007）、《拾级汉语综合课本》（吴中伟、高顺全、陶炼主编，北京，北京语言大学出版社，2007）、《登攀中级汉语教程》（杨寄洲主编，北京，北京语言大学出版社，2017）、《HSK 标准教程》（姜丽萍主编，北京，北京语言大学出版社，2015）、《博雅汉语》（徐晶凝、任雪梅编，北京，北京大学出版社，2005）、《成功之路》（邱这主编，北京，北京语言大学出版社，2013）、《初级汉语读本》（鲁健骥主编，北京，北京语言大学出版社，2003）、《尔雅中文》（魏新红主编，北京，北京语言大学出版社，2013）、《发展汉语》（武惠华主编，北京，北京语言大学出版社，2005）。

句补语为状态 / 情态补语的频度最高，依次是时量补语、程度补语，最后是结果补语。

综合上述描写及统计，我们发现对外汉语教材中的重动句设置具有以下几点特征：一是对外汉语教材中涉及的重动句均未以独立句式进行教学，随附在其他语言项目当中（调查仅发现教材《汉语新视界：大学汉语教程 3》[①] 中重动句为独立句型），其中补语教学成为重动句出现的绝对"阵地"。其中状态补语的教学中多有动词后带宾语的情况出现，此时需要重复动词而采用重动句句式进行语义表达。时量补语中的重动句以"S+V+O+V+ 了 + 时量"形式为主导结构。同时，在结构形式上，教材中出现的重动句多带助词标记"得"，这与现代汉语补语中"得"的使用有很大的关系。二是我们发现以往对外汉语教材在处理重复动词这一语法手段时倾向于采用"宾补争动"理论来进行说明，这种形式理据对学习者习得重动句结构有一定的帮助，但也容易形成"刻板印象"。对外汉语教学的最终目的是学习者可以使用汉语进行交际，我们认为在兼顾重动句形式的同时，可以从交际表达的角度对重动句的语义、功能进行适当的解释。三是初级阶段教材中的重动句分布存在不均衡的现象。首先，从重动句语法位置来看，重动句在结果补语中出现频次远低于实际交际中的频次；然后，重动句在综合课教材中均有涉及，反而在口语教材中较少涉及[②]；最后，重动句在中高级教材中出现断层，但从学生习得偏误和实际语料调查来看，重动句在中高级阶段仍为教学难点，尤其是高级阶段的语篇学习中。重动句在特定语篇中具有不可替代的表达作用。如：

（14）他往外退的时候，我倚靠在墙上，显出十分垂头丧气的样子。当他出门出了一半时，我突然把店牌灯拉亮，灯光直射他的双眼。

从对外汉语教学大纲和对外汉语教材中的重动句设置情况来看，重动句这

---

① 金立鑫、孟柱亿主编：《汉语新视界：大学汉语教程 3》，北京，北京语言大学出版社，2007。

② 刘梨花：《对外汉语教学角度的现代汉语重动句考察》，长沙，湖南师范大学硕士学位论文，2010。

一特殊句型并未引起足够重视。从上文可以看到重动句分布广泛，与补语教学之间存在复杂密切的联系，且重动句格式紧凑、信息负载量大、符合语言经济性表达的原则，所以我们认为对重动句进行独立教学是必要的，同时对其进行教学分类和分级有助于重动句层级体系的建构；细化教学目标，可以减轻学生的记忆压力。

（二）语义为切入点，进行三阶段分层教学

通过对重动句的偏误进行分析，发现偏误成因是"错综复杂"的，其中少部分是受到母语负迁移。如学生在习得重动句时常遗漏第二个动词或语序偏误，是因为学生按照韩国语习惯将宾语部分置于动词之前，如"＊出差得怎么样？""＊我中国爱得更多了，我期待下次旅游"等。但大部分偏误还是对目的语知识的不牢固所致。汉语重动句的语义复杂，结构形式多样，一次性教学存在难度。吕必松（1994）指出语法教学分布不平衡，语法项目繁多导致学生记忆负荷过重；[①] 刘英林，李明（1997）[②]、金海月，应晨锦（2021）[③] 均认为义项与用法多的语法应切分后再排序处理，所以我们认为重动句教学也应当按照相关原则进行定位分级处理，为重动句教学提供可行依据，进而提高重动句教学效率，减少重动句习得偏误。

在实际教学中，我们尝试从语义角度对重动句教学进行切块，分三个阶段，五个模块进行。

第一阶段学习 [动作 – 进程量度] 类重动句与 [动作 – 状态] 类重动句。动量补语和时量补语这两个语法点学完后，可以进行 [动作 – 进程量度] 类重动句教学，包括三类：一是补语为动量词；二是补语为时量短语；三是补语为"到 +

---

① 吕必松：《吕必松自述集》，65 页，郑州，河南教育出版社，1994。

② 刘英林，李明：《〈语法等级大纲〉的编制与定位》，载《语言教学与研究》，1997（4）。

③ 金海月，应晨锦：《中文水平等级标准的语法等级大纲研制原则》，载《国际汉语教学研究》，2021（3）。

时间词"。因动量补语和时量补语的教学中已经涉及到重动形式，因此在重动句教学中把教学重点放在重动句与非重动句的区别上。[动作—状态]类重动句包括两种形式：一是动词＋宾语＋动词＋得＋形容词性词语；二是动词＋宾语＋动词＋得＋动词短语／主谓短语／固定短语。此部分教学重点也要放在重动句与一般状态补语句的区别上。

　　第二阶段学习[动作—结果]类的[事实—结果]类重动句。[动作—结果]类重动句可分为两类：一是[事实—结果]类，二是[使因—使果]。[事实—结果]类指"动词＋宾语"与补语之间不存在直接因果关系，动宾结构是事实成分，补语时是"动词＋宾语"的运行结果，但这一结果并不是"动词＋宾语"直接导致的。例如"我打牌打输了""做人做砸了""搞创新搞失败了"。此部分的教学重点也放在重动句与一般结果补语句的区别上。

　　第三阶段学习[动作－结果]类的[使因－使果]类重动句和[动作－程度]类重动句。[使因—使果]类指"动词＋宾语"与补语之间存在直接致使关系，"动词＋宾语"是使因，补语是使果。例如"他拉肚子拉得不能上学了""这里的房子下雨下塌了""想儿子想得卧病在床了"。[动作—程度]类重动句与[动作—结果]类不同的是，补语表示某种程度，并非已实现的事实结果，例如"他读书读得昼夜不寝"。[使因—使果]类重动句和[动作—程度]类重动句，对学生而言都比较陌生，经常采用回避策略，采用分句形式或其他句式进行表达。这两类重动句是重动句教学的重点，同时也是难点。可结合学生母语即韩国语进行教学。

　　[使因—使果]类重动句在韩国语中大多以因果复句的形式表现。例如：

（15）他拉肚子拉得不能上学了。

　　　　설사를　　너무 해서　　　　　학교에　　못 갔다.

　　　　腹泻－宾格 太　做－因果连接词 学校－位格 没 去－终结词尾

（16）想儿子想得卧病在床了。

　　　　아들 생각이　　너무 나서　　　　　병이　　났다.

　　　　儿子 思念－主格 太　想－因果连接词 病－主格 生－过去时－终结词尾

291

上述两个例句中的韩国语，均用表因果关系的连接词"－아서（aseo）"，前一分句用了程度副词"너무（neomu，太）"表示动作程度很深。通过对比韩国语与汉语，学生更容易掌握 [使因—使果] 类重动句的成句条件。

[动作—程度] 类重动句在韩国语中经常用"－정도로（jeongdoro，程度）VP"或"VP+－아서（aseo）+－정도다（jeongdoda，程度）"形式表现。例如：

（17）他读书读得昼夜不寝。

   그는   책을   밤낮 잠 안 잘 정도로 읽었다 .

   他－话题格 书－宾格 昼夜 觉 不 睡 程度 读－过去时－终结词尾

（18）他干活干得眼看就要晕倒了。

   그는   일에   지쳐 당장 쓰러질 정도다 .

   他－话题格 活－连接词 累 马上 晕倒 程度－终结词尾

例句（17）的韩国语属于"－정도로（jeongdoro，程度）VP"格式，例句（18）的韩国语属于"VP+－아서（aseo）+－정도다（jeongdoda，程度）"格式，二者的共同特点就是句中都有表程度的词语"－정도（jeongdo）"。同样，通过对比韩国语与汉语，学生更容易理解并掌握 [动作－程度] 类重动句的成句条件。

附：测试题

一、判断正误并改错

1.一般的中国人说话得很快，所以我听不清楚。（ ）改正：

2.因为这个原因，老师找我找过一次。（ ）改正：

3.我可以写字写得很好，你不用担心。（ ）改正：

4.我学汉语也有不好的方面，例如我的发音发得不太好。（ ）改正：

5.我今天上学坐地铁坐慢了，差点儿迟到。（ ）改正：

6.我今天做饭少了，担心你们不够吃。（ ）改正：

7.我坐的飞机坐了很长时间，所以我太累了。（ ）改正：

8.我最近认识了一个哥哥，他很好弹吉他。（ ）改正：

9.我写汉语写很不太好，所以我想说的话都不能说。（ ）改正：

10. 我打网球打不太好，不过羽毛球还行。（　）改正：

11. 我的朋友会做饭做得很好，明天他也会来。（　）改正：

12. 我的朋友们看起来都很累，出汗也很多。（　）改正：

13. 我不小心打球打得小明的手机上。（　）改正：

14. 我和我的朋友都打乒乓球打得不好。（　）改正：

15. 我做动作得很认真做，老师表扬了我。（　）改正：

16. 我跟朋友做泰国菜做很好吃，我们一边吃一边聊天儿。（　）改正：

17. 我们坐地铁两个小时，和朋友们小声聊天聊了两个小时。（　）改正：

18. 我们三个人表演表得很好，受到了大家的表扬。（　）改正：

19. 我们把山爬累了，坐在一边休息了一会儿。（　）改正：

20. 我们爬天佛山十分钟，就到了山顶。（　）改正：

21. 我发音发得不太准，写汉字写得慢慢。（　）改正：

22. 我奶奶今年 92 岁，年轻的时候做菜得很好。（　）改正：

23. 我妈妈很爱我，我也妈妈喜欢得没法说。（　）改正：

24. 我应该学习学得很认真，也应该知道怎么管理时间。（　）改正：

25. 我现在写汉字比以前多多了。（　）改正：

26. 我觉得他的唱歌唱得不太好，但是弹钢琴弹得非常棒。（　）改正：

27. 我还不够说英语说得流利，还得继续学习。（　）改正：

28. 昨天和朋友聊聊天得很开心！（　）改正：

29. 就算我们学外语好，但是语言对我们来说还是一种障碍。（　）改正：

30. 他原来开车开很好，现在不好了。（　）改正：

31. 他在房间听听音乐得很开心。（　）改正：

32. 他跳舞得真好，特别好。（　）改正：

33. 他能做菜做得很好吃，我们都喜欢吃他做的菜。（　）改正：

34. 他非常为难，因为出汗出了非常多，怕朋友们讨厌他。（　）改正：

35. 他没有打到车，所以跑步跑得三公里来的。（　）改正：

36. 他又找了手机找了半天，找了整个店里也找不到。（　）改正：

37. 他们说汉语说得不喜欢，但是唱汉语歌唱得很喜欢。（　）改正：

38. 冬天的时候在我们国家下雪下得很重。（　）改正：

39. 同屋在房间里看看书得很入迷。（　）改正：

40. 北京发展发得很快，两年没来，不少地方都不认识了。（　）改正：

41. 老师把汉语说得很快，我听不懂，怎么办？（　）改正：

42. 她东张西望，找了半天找了她的钥匙。（　）改正：

43. 每天我起来起很早，今天也是，6点就起床了。（　）改正：

44. 现在我说汉语说得流利比以前，我很满意。（　）改正：

45. 这篇文章不长，但理解理得有点儿难。（　）改正：

二、请把下列韩国语翻译成汉语

1. 우리 할머니는 올해 92 세이시고 젊었을 때 요리를 참 잘하셨어요.

2. 그는 춤을 정말 잘 춰요, 정말 잘 춰요.

3. 나는 오늘 요리를 적게 해서 너희들이 부족할까 봐 걱정되네.

4. 우리 엄마는 나를 많이 사랑하시고, 나도 엄마가 너무 좋아.

5. 나는 지금 이전보다 한자를 많이 쓴다.

6. 내 친구들은 모두 피곤해 보이고 땀도 많이 나요.

7. 우리는 산을 10 분 동안 올랐고, 바로 산꼭대기에 이르렀다.

8. 우리는 지하철을 타고 두 시간 동안 친구들과 작은 소리로 이야기를 나누었지.

9. 나는 테니스를 잘 치지는 못하지만 배드민턴은 잘 친다.

10. 나는 중국어를 쓰는 것이 매우 서툴러서 내가 표현하고 싶은 말을 다 할 수 없다.

11. 나는 친구랑 음식을 맛있게 만들어서 먹으면서 이야기를 나누었어.

12. 그는 원래 운전을 잘했는데 지금은 별로야.

13. 웬만한 중국인들은 말이 빨라서 잘 안 들려요.

14. 룸메이트는 방에서 책을 읽으며 책 내용에 빠져들었다 .

15. 나는 최근에 기타를 잘 치는 형을 한 명 알게 되었다 .

16. 우리가 외국어를 배우는 것이 좋다고 해도, 언어는 우리에게 여전히 장애물이다 .

17. 우리는 산을 오르는 데 지쳐서 한쪽에 앉아서 잠시 쉬었다 .

18. 선생님은 중국어를 매우 빨리 말해서, 나는 알아듣지 못하는데, 어떡하지 ?

19. 나는 그가 노래를 잘 부르지는 못하지만 피아노를 아주 잘 친다고 생각한다 .

20. 나는 중국어를 배우는 데도 좋지 않은 면이 있다 . 예를 들어 나는 발음을 잘 하지 못한다 .

21. 비행기를 너무 오래 타서 팔 다리가 아프네요 .

22. 그는 요리를 잘해서 우리는 모두 그가 만든 요리를 좋아한다 .

23. 내 친구는 요리를 잘 할 줄 알고 내일 나와 같이 올 것이야 .

24. 한자를 잘 쓸 수 있으니 걱정하지 마세요 .

25. 그들은 중국어를 말하는 것은 좋아하지 않지만, 중국노래를 부르는 것은 매우 좋아한다 .

26. 매일 나는 일찍 일어난다 . 오늘도 역시 6 시에 일어났다 .

27. 이런 이유로 선생님이 한 번 찾아오셨어요 .

28. 나는 공부를 열심히 해야 하고 시간 관리도 알아야 해요 .

29. 나는 실수로 공을 차며 샤오밍 (小明) 의 핸드폰을 쳤다 .

30. 그는 택시를 잡지 못해서 3 킬로미터를 뛰어서 왔다 .

31. 그는 땀을많이 흘려서 매우 난처했다 . 친구들이 싫어할것 같아서 .

32. 베이징은 발전이 매우 빨라서, 2 년 만에 오는데 모르는 곳이 넘 많아졌다 .

33. 이 문장은 길지 않지만, 이해하기는 좀 어렵다 .

34. 우리 세 사람은 연기를 아주 잘해서 모두의 칭찬을 받았다 .

35. 나는 오늘 등교 지하철을 늦게 타서 하마터면 지각할 뻔했다 .

36. 겨울에 우리나라에는 눈이 많이 와 .

37. 나는 발음이 정확하지 않고, 한자도 아주 천천히 쓴다 .

38. 그녀는 두리번거리며 한참 동안 열쇠를 찾았다 .

39. 나는 동작을 열심히 해서 선생님이 칭찬해 주셨다 .

40. 어제 친구랑 이야기 즐거웠어요 !

41. 지금 나는 중국어를 예전보다 유창하게 말해서 매우 만족한다 .

42. 나와 내 친구는 모두 탁구를 잘 치지 못한다 .

43. 나는 아직 영어를 유창하게 하지 못해서 계속 공부해야 한다 .

44. 그는 눈이 아플 정도로 책을 보았다 .

45. 그는 손바닥에 멍이 들 정도로 농구를 쳤다 .

46. 그는 배가 터질 정도로 만두를 많이 먹었다 .

47. 책을 너무 보아서 피곤하다 .

48. 이사를 너무 많이 해서 두려울 정도다 .

49. 농구 시합을 했는데 졌다 .

第十七章　口语语篇中的顺承义连接词

当我们口语叙述一件事情时，离不开前后的逻辑关系。汉语中，句子之间的关系通常用关联词来连接，有时也用词语复指的手段衔接语篇。韩国语句子衔接手段主要是连接词（也叫接续词）。汉语的大部分关联词对应韩国语中的连接词，但不少韩国语连接词译成汉语时是零形式，也就是说汉语中部分句子之间的逻辑关系是靠语境等隐性手段实现的。因而对韩国汉语学习者来说，当他们用汉语成段叙述一件事情时，句子与句子之间的衔接则会出现一些"水土不服"的现象。

语篇中句子间的关系大致可分为并列、顺承、解说、选择、递进、条件、假设、因果、目的、转折等，其中顺承指分句之间具有接连相承、前后连贯关系的联合关系。连贯相承的关系通常由分句的排列次序来表示，或用"又""就""然后""接着""于是"等关联词来表示。在叙述性表达中，顺承关系可以说贯穿始终。

目前对留学生习得汉语顺承关系表达的研究取得了一些成果，如王子越（2018）[①]、张敬（2020）[②]等，通过对留学生书面语中顺承关系的分析，发现其偏误类型主要为误代、遗漏、误加、错序和杂糅，将其偏误产生的原因归类于汉语本身的复杂性、母语的负迁移、教材的编写和教学法等。本章拟从口语语篇入手，考察韩国汉语学习者如何运用关联词或其他手段来表示顺承关系。

基于实验，我们对所搜集的25篇口语语料进行了考察，并对其顺承关系的衔接手段进行了统计和分析。

---

① 王子越：《对外汉语教学视域下的顺承复句关联词研究》，济南，山东师范大学硕士学位论文，2018。

② 张敬：《初中级留学生汉语有标顺承复句习得研究》，扬州，扬州大学硕士学位论文，2020。

实验材料为美洲语言学家 Wallace Chafe 及其研究小组设计的短片《梨子的故事》。该短片为一段默片，长约 7 分钟，默片的大致内容是：一个小男孩儿在偷了果农的梨子后，将梨子分给了帮助他的另外三个男孩儿，而后三个男孩儿吃着梨子经过果农面前时，果农怀疑是他们偷的梨子。这个小故事里共出现了七个人物，以偷梨子小男孩儿为主线发生了一连串的事情，有一条很明显的时间线，在时间和空间上也有一定的先后顺序。

实验对象为北京语言大学汉语学院四年级韩国留学生，母语均为韩国语。

语料收集过程如下：第一步，填写被试者个人基本信息，包括姓名、出生年月、国籍、职业、语言掌握情况、语言使用情况、居住经历以及被试者的基本特征等。第二步，请被试者看一遍视频，旨在使被试者对故事内容有整体的了解。第三步，为了使被试者能输出更多的语料，使其有意识地去注意事情发生的先后顺序，要求被试者在讲述故事过程中一定要回答以下问题。①农民看到掉在地上的梨子之后做了什么？②骑自行车的小孩是怎么偷走梨子的？③骑自行车的小男孩是怎么摔倒的？④其他三个小男孩分别是怎么帮助他的？⑤最后农民为什么疑惑地看着路过的三个男孩？第四步，测试者播放视频让被试者边看视频边用母语讲述故事内容，测试者根据被试者叙述的进度适当暂停。第五步，测试者播放视频让被试者边看视频边用汉语讲述故事内容，测试者根据被试者叙述的进度适当暂停。为减少被试者在故事描述过程中因词汇问题而无法表达的情况，提前给被试者提供视频中出现的基本名词。分别是梨（배）、梯子（사다리）、筐（바구니）、口袋（주머니）、围巾（스카프）、山羊（양）、石头（돌）、乒乓球（탁구공）。第六步，人工将口语语料转写成文字，包括停顿、语言的重复、母语介入等。

一、偏误类型

韩国学生汉语顺承关系表达过程中出现的偏误类型主要有冗余、误用、遗漏等三类，其中常用的关联词主要有"然后""因为／所以""就"和"还有"等，另外还有"这时候／那时候"等词组。

（一）冗　余

1.类型 1："然后"的误加

a★因为农民在摘梨子，所以没有看到他，男孩子停在梨树下面，然后，<u>然后</u>把一筐梨子搬在自己的自行车上面，<u>然后</u>就骑自行车逃走了。

b★那个……三个男孩子中的一个孩子捡帽子，然后过去给他了，<u>然后</u>那骑自行车的男子表示感谢，他把自己偷的梨子给了他们三个……

c★一位小孩骑着自行车来，小孩停止了，<u>然后</u>看农民，把自己的自行车放在地上，<u>然后</u>再看农民，农民一直在看梨子，<u>然后</u>小孩偷梨子，<u>然后</u>把梨子放在自己的自行车走了。

上述三个例句中，画下划线的"然后"都应该删去，作为连接上下文的关联词"然后"其意义是表示动作时间的先后顺序，其前后关系不可颠倒改变，且不可连用。例 a 中的第一个"然后"是属于连用，第二个"然后"后面已经有"就"表示连接，显然就是多余的了。例 b 中的"然后"使用不当，在此句子前后强调的并非是"一个动作结束后接着发生另一件事情"，而是后一个动作行为是由前一个动作行为引起的。

方梅（2000）[①]、马国彦（2010）[②]认为某些连词如"然后"的语义弱化转而形成话语标记，出于修辞意图和心理认知的需要对其产生了依赖，从而形成"口头禅"，在语义和功能上有相应的特征，马国彦（2010）也将"然后"在语篇上的组织功能分为话题的设立、话题顺接、话题链补修和话题转换[③]。其实在对转写

①　方梅：《自然口语中弱化连词的话语标记功能》，载《中国语文》，2020（5）。

②　马国彦：《话语标记与口头禅——以"然后"和"但是"为例》，载《语言教学与研究》，2010（4）。

③　同②。

材料进行考察的时候也发现，同一被试者有多次使用"然后"的习惯，也就是形成了他的口头禅，而有些被试者甚至通篇没有使用过"然后"，"然后"的冗余现象有个体化特征。其实"然后"的冗余现象不只出现在外国学习者身上，汉语母语者也常出现，其意义也是在逐渐虚化，形成话语标记。但是此处仍将其处理为偏误，原因在于"然后"的使用会导致语言前后表达的不连贯、不简洁，造成听话者在信息接收上的累赘。造成此类偏误的原因，主要是由于学习者对汉语连接动作时间先后顺序的关联词掌握比较单一所致。

除此以外，部分学生偏误产生的原因与母语有关。如例 c，该生用母语表达时也大量使用了表先后的连接词。例如：

（1）어떤 한 아이가 자전거를 타고 오고 있어요. <u>그 다음</u> 자전거를 탄 아이가 멈춰 <u>서서</u> 농민을 한번 처다본 <u>후에</u> 자전거를 넘어뜨리고 농민을 한번 처다본 후에 배를 한 바구니 들고 자전거를 다시 일으켜 세운 <u>다음에</u> 자전거를, 배를, 배 바구니를 자전거 위에 올려놓은 <u>다음</u> 자전거를 타고 갔어요.

可以看出学生用母语叙述时也使用了大量的连接词"－ㄴ 후에（n hue）""－ 다음에（daeume）"等，这两个词在语义上与汉语的"然后"基本对等。

类型 1 的偏误句正确表达方式为：

a′ 因为农民在摘梨子，没有看到他。男孩子停在梨树下面，然后把一筐梨子搬到自己的自行车上，就骑自行车逃走了。

b′ 那三个男孩子中的一个孩子把帽子捡了起来，然后过去还给他了。那骑自行车的男孩儿表示感谢，他把自己偷的梨子给了他们三个……

c′ 一个小孩骑着自行车来，停在树下，看了看农民，就把自行车停了下来。他又看了看农民，发现农民一直在看书上的梨子，就偷偷把梨子放在自己的自行车走了。

2. 类型 2："这时候／那时候"的误加

a＊那时农夫才发现了被偷自己的梨，发现<u>那时候</u>那个三个人一边吃自己摘下来的梨一边走。

b★这时候摘梨的农民从梯子上下来了，他发现刚刚放在筐里面的梨子都没了。这时候那三个男孩就过去了，这时候农民看到了他们在吃梨，他就怀疑是不是他们把梨偷走了。

上述例句中"这时候/那时候"在相邻不超过三个小句中连续使用。实际上，"这/那时候"是表示时间场景的转换，而此处讲述的是同一场景，就没必要接连使用。

类型2的偏误句正确表达方式为：

a′　那时农夫才发现了自己的梨被偷，发现有三个人一边吃自己摘下来的梨一边走。

b′　摘梨的农民从梯子上下来，发现刚刚放在筐里面的梨子都没了。这时候，有三个男孩路过此地，农民看见他们在吃梨，就怀疑是不是他们把自己的梨偷走了。

3.类型3："还有"的误加

a★还有那位农民一直找他的梨，还有这位小女生，嗯，小男孩儿，偷了一筐的梨。还有这个男孩骑自行车跑了。

b★嗯，还有男孩走的时候，把帽子弄丢了，还有摔倒了。

c★还有他们在路上看见一个男孩儿掉了帽子，捡起来还给了男孩儿。还有这个男孩给三个男孩给梨，还有一个一个，分给他们。

通过语料分析发现，"还有"的冗余偏误存在个体性特征，集中在6位被试者的语料中。从上面例子可以看到，"还有"在这里已经不再具有"表示事物存在连续性"的语义，只是起句子连接的作用。也就是说，"还有"在此表示话题的再现或者停顿，代表此处被试者正在思考如何接着说，是学生的一种"口头禅"。这类偏误需要学习者在学习过程中慢慢训练纠正。

类型3的偏误句正确表达方式为：

a′　那位农民一直找他的梨，发现这位小女生，嗯，是小男孩儿，偷了自己的一筐梨。他看见那个男孩骑自行车跑了。

b′ 嗯，男孩走的时候不小心把帽子掉在了地上，又不知为什么还摔倒了。

c′ 他们在路上看见一个男孩儿掉了帽子，于是捡起来还给了男孩儿。那个男孩儿给了他们每人一个梨，表示感谢。

4.类型4："就"的误加

a★ 这时候一个少年<u>就</u>骑着自行车过来了，这个少年<u>就</u>戴着一顶帽子，戴着一条围巾，少年<u>就</u>到这棵树下面的时候，<u>就</u>从自行车上下来了。

b★ 一个男孩儿<u>就</u>看见一筐梨没有人看着，<u>就</u>偷偷把梨放在自行车上，<u>就</u>逃走了。

上述两个例句中，只要是主语后以及动词前，学生都使用了"就"，出现了大量的"就"的冗余现象。"就"在连接两个句子时，前一个句子若表示时间，那么"就"就表示动作行为很早已经发生或结束[①]，例a的"少年到这棵树下面的时候"是一个时间，"从自行车上下来了"表示的是一个自然而然的动作，而不是这个动作行为很早就发生了，因而此处不宜用"就"，<u>应删除</u>。例b的最后一个"就"在此也没有具体功能，"把梨放在自行车上逃走"可以构成连动句，中间不需要停顿。其他"就"貌似都是学生的口头禅。

类型4的偏误句正确表达方式为：

a′ 这时候一个少年骑着自行车过来了，这个少年戴着一顶帽子，围着一条围巾。少年到一棵树下面的时候，从自行车上下来了。

b′ 一个男孩儿看见一筐梨没有人看着，就偷偷把梨放在自行车上逃走了。

（二）误　用

1.类型5："就"误用为"然后"

a★ 这时候三个孩子看见这个情景，<u>然后</u>过来他的身边，帮他把梨子放在他的自行车上。

b★ 骑自行车的男孩儿忘了拿帽子，<u>然后</u>停了下来。

---

① 施光亨，王绍新：《汉语教与学词典》，574页，北京，商务印书馆，2014。

c★捡完球之后那三个男孩子发现那个骑自行车的男孩子掉了帽子，然后叫住了他。

连词"然后"连接两个先后发生的事件，副词"就"表示两个动作的顺承，且联系紧密。例 a 中"看见这个情景"和"过来他的身边"的主语都是"三个孩子"，且两个动作是紧密相连的，因此中间应该用"就"连接。例 b 中，"忘了拿帽子"和"停了下来"的主语都是"男孩儿"，且两个动作是紧密相连的，因此中间要用"就"来连接。例 c 同理。

这类偏误主要受母语干扰所致。我们来看一下与例 a 和例 b 对应的韩国语：

（2）그리고 배를 주워주고 또 다른 아이는 자전거를 일으켜줍니다. 그리고는 다시 자전거에 배 바구니를 실어 줬습니다.

（3）다 도와주고 세 명의 남자 아이들은 길을 돌아가던 중 자전거를 탄 아이가 떨어뜨린 모자를 발견하고 다시 부른 뒤 모자를 돌려주었어요.

上文中划线的两个词"그리고（georiogo）""－ㄴ 뒤（n dwi）"是韩国语表示先后关系的连接词，相当于汉语的"然后"。学生是按照韩国语思维，错误地把"然后"套用在此处。

类型 5 的偏误句正确表达方式为：

a′ 这时候三个孩子看见这个情景，就走到他的身边，帮他把梨子放在他的自行车上。

b′ 骑自行车的男孩儿忘了拿帽子，就停了下来。

c′ 捡完球之后那三个男孩子发现那个骑自行车的男孩子掉了帽子，就叫住了他。

2. 类型 6："这时候／那时候"误用为"然后"

a★农民先用围巾洗洗，然后又上去。然后有一个人跟山羊一起走了过来。

b★有一位男孩子一边吃梨一边玩儿乒乓球。然后农民发现，自己筐里的梨没了。

c ★ 农民发现筐里的梨一个都没了。然后他看见有三个男孩走过来。

上述 3 个例句中有下划线的地方都应改成"这时候 / 那时候"。"然后"表示的是事情发展的先后顺序,"这时候 / 那时候"表示说话人说话的那一时刻,二者的语义重点不同。因此类型 6 的正确表达方式为:

a′ 农民用围巾擦擦脸,然后又爬到树上。这时有一个人牵着羊走了过来。

b′ 有一位男孩子一边吃梨一边玩儿乒乓球。这时农民发现,自己筐里的梨没了。

c′ 农民发现筐里的梨一个都没了。这时他看见有三个男孩走过来。

3. 类型 7:"于是"误用为"然后"

a ★ 对面有一个女孩骑着自行车过来,他的注意力在女孩儿身上,没看到地面不平,然后他就摔倒了。

b ★ 他们发现男孩儿的帽子掉在了地上,然后叫住他,把帽子捡起来递给他。

c ★ 男孩儿一下子摔倒了,然后筐子里的梨子都掉在地上了。

上述三个例句中有下划线的地方都应改为"于是"。"于是"是指后一件事紧挨着前一件事,后一件事往往是前一件事引起的。"然后"是指一件事发生后接着发生另一件事,前后两件事之间并没有因果关系。例 a 中,"他"摔倒了这件事是帽子掉了引起的,两件事发生的时间间隙也比较短,因而此处用"于是"更合适。例 b 中,三个男孩子发现了小男孩掉在地上的帽子,顺势叫住了小男孩并把帽子递给了他,这两件事之间也是紧密相连的,后一件事的发生也是由前一件事引起的,因此用"于是"更合适。例 c 中,梨子掉地上这件事也是由于孩子摔倒导致的,因而用"于是"衔接更为自然。

类型 7 的偏误句正确表达方式为:

a′ 对面有一个女孩骑着自行车过来,他的注意力在女孩儿身上,没看到地面不平,于是他就摔倒了。

b′ 他们发现男孩儿的帽子掉在了地上,于是就叫住他,把帽子捡起来递给了他。

c′ 男孩儿一下子摔倒了，于是筐子里的梨子都掉在地上了。

4. 类型 8："就"误用为"所以"

a ★自行车的时候，男孩儿看到一位小女孩儿，他看了女孩儿一眼，<u>所以</u>摔倒了。

b ★他们看到一个男孩儿摔倒了，所以走过去帮助了他。

c ★三个孩子发现了那位少年的帽子，<u>所以</u>把帽子递给了那位少年。

三个例句中有下划线的部分应为"就"。"就"表示前后事情紧接着发生，而"所以"是表示因果关系，且前因后果关系较为明显。姚双云（2009）指出"所以"有两种用法，一是因果关系的连接词，主要是说明结果、推论或评价，另一种用法是话轮标记，主要是引发、延续话轮，在口语语篇中的使用多于书面语，究其原因是"所以"负载的语义要轻于"因为"，因而在书面语中常省略。^①但在上面例子中的"所以"显然不是这类用法。例 a 中，"他"摔倒的动作与看一眼女孩儿这两件事情是紧接着发生的，因此用"就"更合适；例 b 中，"他们"看见男孩儿摔倒了，马上走过去帮助了他，两个事件紧接着发生，因此用"就"更合适；例 c 中，"三个孩子"发现帽子与把帽子递给那位少年这两件事情也是具有连续性，因此用"就"较为合适。

类型 8 中的偏误句正确表达方式为：

a′ 骑自行车的时候，男孩儿发现了一位小女孩儿。他看了女孩儿一眼，不小心就摔倒了。

b′ 他们看到一个男孩儿摔倒了，就走过去帮助了他。

c′ 三个孩子发现了那个少年的帽子，就把帽子递给了那个少年。

5. 类型 9："然后 / 于是"误用为"所以"

a ★三个人中一个行人收到了三个梨，<u>所以</u>他们一边吃一边走。

b ★他骑自行车的时候看见了一位女孩，<u>所以</u>他被石头绊倒了。

c ★一个男孩儿骑自行车过去，<u>所以</u>发现筐里的梨子少很多。

---

① 姚双云：《口语中"所以"的语义弱化与功能扩展》，载《汉语学报》，2009（3）。

上述三个例句的"所以"应为"然后"或"于是"，因为该连词所连接的两个小句之间的关系并不是因果关系，而是顺承。韩国语中连接词"－아서（aseo）"既可以表示顺承关系，也可以表示因果关系。例如：

（4）고기를 잡<u>아서</u> 구워먹다.

　　抓了鱼后烤着吃了。

（5）눈이 와<u>서</u> 길이 미끄럽다.

　　下雪了，所以路滑。

这有可能会导致学生在表达过程中混淆顺承关系和因果关系。如说例 a 句的被试者用韩国语表述该义时是这样说的：

（6）모자를 가져다 주던 사람이과일 세 개를 받아<u>와서</u> 세 명이서 나눠먹으면서 돌아가고 있습니다.

例（6）中用"－아서（aseo）"连接了两个小句。"－아서（aseo）"在此表示后面的动作或状态是在什么情况下发生形成的，前后顺承关系更明显，但学生在用汉语表达时显然混淆了顺承与因果关系。

类型 9 的偏误句正确表达方式为：

a′ 三人每人拿到了一个梨，于是他们一边吃一边走。

b′ 他骑自行车的时候看见了一位女孩，然后他被石头绊倒了。

c′ 一个男孩儿骑自行车过去，然后发现筐里的梨子少了很多。

（三）遗　漏

1. 类型 10："这时候／那时候"的缺失

a★ 一个农民在摘梨，然后把摘下来的梨放在筐里，筐里的梨已经有了很多，然后他又爬上梯子开始摘梨，（　　）有一个人带着山羊去。

b★ 一位农夫正在摘梨，他从梯子下来了，他把放在口袋里的梨放在筐里。他把掉的梨用围帽擦了。（　　）有一个人跟他的山羊过路。

c★ 他给三个男孩三个梨，农夫从梯子上下来时发现一个筐被偷了，（　　）

三个男孩在吃着这梨过路。

例 a 至例 c 的"有一个人带着山羊去""有一个人跟他的山羊过路""三个男孩在吃着这梨过路"均表示与前面叙述的事件是同一时间发生的，因此前面需要加"这时候/那时候"。与"这时候/那时候"对应的韩国语是"이 때/그 때（idde/geodde）"。例句 c 的被试者用韩国语表述该义时是这样说的：

（7）농부는 내려와 빈 바구니가, 빈 바구니를 확인합니다. 그 때 세 소년은 농부의 앞을 배를먹으며 지나갑니다.

学生用韩国语表达时用了"그 때（geodde）"，但用汉语表达时却没有用"那时"，可见用汉语表达时没有受到语际迁移影响。

类型 10 的偏误句正确表达方式为：

a′　一个农民在摘梨，然后把摘下来的梨放在筐里，筐里的梨已经很多了。然后他又爬上梯子开始摘梨，这时有一个人牵着山羊走过去。

b′　一位农夫正在摘梨，他从梯子下来了，他把放在口袋里的梨放在筐里。他把掉在地上的梨捡起来用毛巾擦了擦。这时有一个人牵着山羊路过。

c′　他给三个男孩三个梨。农夫从梯子上下来时发现筐里的梨被偷了，这时有三个男孩吃着梨路过那里。

2. 类型 11："就"的缺失

a★一位女孩子，他跟她撞了，然后他摔倒了。

b★一个小孩骑着自行车过路，他发现农夫正在工作没有发现自己，把筐放在自行车上走了。

c★有一个小孩子骑自行车来到树下，看到那个筐里面的梨子，偷了梨子。

d★三个男孩看见情况以后过来，把掉在地上的梨子又放在筐子里，然后他们拜拜啦。

副词"就"，表示前后事情紧挨着发生，且是顺势自然而然地发生的，缺失了"就"就会显得语言不够自然，语气生硬。学习者表达时"就"的缺失比率较大的原因跟副词"就"掌握不全面有关。汉语"就"语义丰富，用法多，一词多义给学生增大了学习难度。

类型 11 的偏误句正确表达方式为;

a′ 一位女孩子，他跟她撞了，然后他就摔倒了。

b′ 一个小孩骑着自行车路过，他发现农夫正在工作没有发现自己，就把筐放在自行车上走了。

c′ 有一个小孩子骑自行车来到树下，看到那个筐里面的梨子，就偷了。

d′ 三个男孩看见情况以后过来，把掉在地上的梨子又放在筐子里，然后他们就拜拜啦。

二、数据分析与讨论

通过语料分析，发现韩国学生与顺承义表达相关的偏误共有 292 例，其中 26 例偏误归类不详，因此只围绕 266 例偏误句进行分析。韩国学生表达顺承关系时出现的冗余、误用、遗漏三类偏误类型中，最常见的是冗余类，共有 120 例，占偏误句总数的 45.11%，其次是误用，共有 92 例，占偏误句总数的 34.59%，遗漏类较少，共有 54 例，占偏误句总数的 13.11%。如表 17-1。

表 17-1 韩国学生习得顺承关系表达时的偏误类型分布

偏误类型	偏误句（例）	分布比例（%）
冗余	120	45.11
误用	92	34.59
遗漏	54	20.3
合计	266	100

表 17-2 所示为 11 种偏误类型的分布情况。

表 17-2 韩国学生表达顺承关系时 11 种偏误类型分布

偏误类型			偏误句（例）	分布比例（%）
冗余	类型 1	"然后"的误加	86	32.33
	类型 2	"这时候／那时候"的误加	10	3.76
	类型 3	"还有"的误加	12	4.51
	类型 4	"就"的误加	12	4.51
误用	类型 5	"就"误用为"然后"	39	14.66
	类型 6	"这时候／那时候"误用为"然后"	16	6.02
	类型 7	"于是"误用为"然后"	17	6.39
	类型 8	"就"误用为"所以"	13	4.89
	类型 9	"然后／于是"误用为"所以"	7	2.63
遗漏	类型 10	"这时候／那时候"的缺失	18	6.77
	类型 11	"就"的缺失	36	13.53
合计			266	100

从表 17-2 可以看到，类型 1"然后"的误加比例是最高的，占偏误句总数的 32.33%，其次是类型 5"就"误用为"然后"和类型 11"就"的缺失，分别占偏误句总数的 14.66% 和 13.53%，再次是类型 10"这时候／那时候"的缺失、类型 7"于是"误用为"然后"和类型 6"这时候／那时候"误用为"然后"，分别占偏误句总数的 6.77%、6.39% 和 6.02%，其他偏误类型的占比都在 5% 以下。

韩国学生表达顺承关系时习惯用的词语集中在"然后、还有、这时候／那时候、就、于是"等，有时顺承关系与因果关系分辨不清，因此出现用"所以"等表因果关系的连词替代的现象。其中"然后"和"就"这两个词出现错误的情况最多，还有使用"这时候/那时候"时也经常出现错误，详见表17-3。

表 17-3　韩国学生表达顺承关系表达词语偏误分布 　　　　单位：例

顺承关系表达词语	偏误类型	偏误数	合计
然后	冗余	86	158
	误用	72	
	遗漏	0	
还有	冗余	12	12
	误用	0	
	遗漏	0	
这时候/那时候	冗余	10	44
	误用	16	
	遗漏	18	
就	冗余	12	100
	误用	52	
	遗漏	36	
于是	冗余	0	7
	误用	7	
	遗漏	0	
所以	冗余	0	20
	误用	20	
	遗漏	0	

三、教学启示

（一）注重篇章教学

到了中高级学习阶段，无论是教材编写还是课堂教学要特别注重篇章教学。语法教学不能只停留在句子层面，而应该深入到篇章中去。

虽然学生熟知"然后、这个时候 / 那个时候、还是、于是"等表示顺承关系基本语义，但对这些词语在篇章中的使用规则等方面了解甚少。因此以基本语义、语法为基础，教授学生根据篇章内容去感知知识点，发现不同词语在表示先后顺序的过程中所体现的个性。要把学过的连词或代词放到篇章中，来讲解它们的作用，充分发挥它们的篇章衔接功能，让学生对顺承关系有一个完整的感性认识。

（二）注意区分顺承关系与因果关系

教师在针对韩国学生进行口语语篇教学时，要有意识地区分顺承关系与因果关系。前面我们也曾提到过，虽然顺承关系强调的是事件的顺序，因果关系强调的是事件的原因和结果，两种语义理解起来不是特别难，但是韩国语连接词"－아서（aseo）"同时表示顺承与因果，这使学生在汉语表达过程中出现"于是 / 然后"与"所以"混用的现象。其实，二者的使用在句法上有一定的显性差异。"－아서（aseo）"表示顺承关系时，更倾向于使用一个主语，表示因果关系时，更倾向于使用两个不同主语。例如：

（8）가서　선생님을　모셔오라 .

　　　去–seo 老师–宾格 请来

　　　去把老师请来。

（9）나무에　올라가서 열매를　　따다 .

　　　树–位格 上去–seo 果实–宾格 摘–终结词尾

　　　爬树摘果。

（10）길이　　좁아서 차가　　못 지나간다.

　　　路-主格 窄-aseo 车-主格 不 过去-终结词尾

　　　路太窄了，所以过不去车。

（11）날씨가　　너무 더워서 못견디겠다.

　　　天气-主格 太　热-seo　受不了-终结词尾

　　　太热了，都快受不了了。

例（8）、例（9），两个事件的施事是一个人，句子表示顺承关系，而例（10）和例（11），两个分句的主语不同，句子表示因果关系。

（三）利用偏误进行教学

进行顺承义教学时，需要增加表先后顺序关联词的类别，避免单一词汇的输入，要提醒学生注意汉语意合的特点，避免关联词的滥用。在这过程中我们可以利用学生所出现的偏误进行教学，如"然后"的误加、"就"误用为"然后"、"就"的缺失，这些都是偏误率比较高的类型。结合这些偏误类型进行教学，能更直接地解决学生在该语言点的学习过程当中的疑惑，教学能够做到"有的放矢"。

"然后""就""这个时候/那个时候"是顺承义教学的重点。其中教授"然后"时要多关注滥用、误用问题，教授"就"时要多关注误用、遗漏问题，教授"这个时候/那个时候"时要多关注遗漏和误用问题。"就"语义丰富、句法制约也较多，除了进行分层次教学外，在语篇教学中要强调其是指动作之间的紧密联系，多以练习来加强学生的感性认识。

此外，教师也要注意自身的语言，避免"然后""还有"等词汇的口头禅化现象，做到言传身教。

第十八章　近二十年来韩国学生习得汉语语法研究：现状与展望

汉语作为第二语言的习得研究领域中，汉语语法的习得研究成果相对丰硕，无论国内还是国外，在第二语言习得领域中语法习得研究都占据着中心地位。[①]迄今为止，韩国人学习汉语的历史悠久且学习人数众多，因此对韩国学生习得汉语语法的研究一直广受关注，产生了许多具有影响力的成果。这些成果有利于我们了解韩国学习者习得汉语语法的真实情况，推动汉语教学逐步深化。本章拟对相关研究成果进行梳理，厘清韩国学生习得汉语语法情况研究的关注点和主要导向，总结已取得的研究成果，为今后的研究指明方向，让后续研究能够更加有的放矢。

近几十年来大量学者对韩国学习者的习得汉语语法情况进行了深入考察。通过对 CNKI 中近三十年有关韩国学生习得汉语语法的研究文献进行检索发现，相关研究主要从 2000 年开始逐步受到学术界关注，2000 年以前只有零星几篇，因此本章从 2000 年开始考察近二十年来的研究成果。统计数据如图 18-1 所示。

CNKI 中共检索到相关文献 524 篇，其中期刊论文共 143 篇，硕士博士论文 381 篇，研究成果数量较多。从统计结果来看，研究数量总体上呈现上升趋势，研究成果集中发表于 2010—2021 年。与期刊相比，硕士、博士论文增长幅度较大，从 2010 年左右开始呈现喷涌式增长，硕士、博士论文数量占据当年研究成果的绝大多数，到 2021 年达到峰值。这表明，随着面向韩国学习者的对外汉语教学工作进一步展开，越来越多韩国学习者的习得问题引起了学界关注，相关研究的价值和意义也日益受到重视。

---

①　王建勤：《汉语作为第二语言学习者习得过程研究评述》，载《北京师范大学学报》（社会科学版），2006（3）。

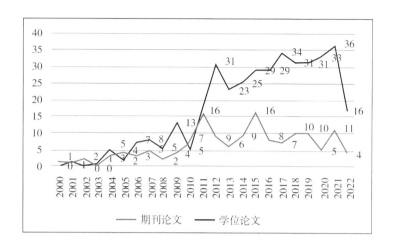

图 18-1　韩国学习者习得汉语语法研究成果统计

　　当前的研究成果较为丰富，本章主要从语法点类别、学习者水平、研究方法等三个方面考察学术界关注的焦点问题。

一、语法点类别

　　《国际中文教育中文水平等级标准》（GF0025-2021）（以下简称《标准》）中语法大纲对国际中文教育应涉及的语法项目有较为细致的规定，大纲共包含语法项目 572 个。本章将检索到的研究成果与等级大纲中各语法项目进行匹配，从而对韩国学习者偏误率较高、研究者们更为关注的语法点进行详尽分析。

　　《标准》中将汉语语法项目分为语素、词类、短语、固定格式、句子成分、句子的类型、动作的态、特殊表达方法、强调的方法、提问的方法、口语格式、句群等 12 个。韩国学生汉语语法习得情况的研究对象，除了以上 12 个类别外还有"其他"类，本章将依照这 13 类划分法进行相关统计，统计结果如表 18-1 所示。

表 18-1　韩国学习者习得汉语语法研究成果与《标准》中的语法项目类别对比

语法项目类别		韩国学习者习得汉语语法研究成果论文篇数（百分比）	《标准》中语法项目数量（百分比）
类别 1	语素	0	4（0.7%）
类别 2	词类	234（44.7%）	204（35.7%）
类别 3	短语	11（2.1%）	62（10.8%）
类别 4	固定格式	1（0.1%）	27（4.7%）
类别 5	句子成分	70（13.4%）	36（6.3%）
类别 6	句子的类型	148（28.2%）	146（25.5%）
类别 7	动作的态	9（1.7%）	5（0.9%）
类别 8	特殊表达方法	2（0.4%）	7（1.2%）
类别 9	强调的方法	4（0.8%）	13（2.3%）
类别 10	提问的方法	0	10（1.8%）
类别 11	口语格式	0	52（9.1%）
类别 12	句群	18（3.4%）	6（1%）
类别 13	其他	27（5.2%）	

从表 18-1 可知，目前众多成果中研究较多的语法类别是词类、句子的类型以及句子成分，分别有 234 篇、148 篇和 70 篇，占总数的 44.7%、28.2% 和13.4%，这三个语法类别占总数的 86.3%，体现出韩国学习者习得汉语语法情况研究语法类别较为集中，这在一定程度上也说明韩国学习者在对这几类语法项目的习得情况较差，偏误率较高。

在《标准》中，有关词类、句子的类型以及句子成分的语法项目分别占比为35.7%、25.5%、6.3%，三者共占据《标准》中语法项目总量的 67.5%。我们认为，

《标准》中上述三个语法类别数量众多，在一定程度上影响了研究者的研究方向。除此以外，短语和固定格式语法项目数量也较多，分别占总数的 10.8% 和 9.1%，但在统计相关研究成果时发现，研究者们对于这两部分的重视程度不够，相关成果数量较少，这说明当前有关韩国学习者习得汉语语法的研究角度还存在一定偏颇。

此外，在上述 12 个语法类别中语素、提问的方式、口语格式、句群等目前尚未有研究涉及，出现这种情况主要有两方面原因：一是研究者尚未对语素、句群及语体等引起重视；二是习得研究大多从语法形式出发，较少从语法功能角度入手。

综上所述，将目前相关研究成果所涉及的语言点与《标准》要求的语法类别进行比对，发现总体上匹配度较高，所包含的语法项目较为全面，但是仍存在部分《标准》要求的语法项目还未曾进行深入研究。

（一）词　类

词类作为研究成果数量最多的一类，其内部细目也较为复杂，各词类或因本身语法功能的复杂性，或因韩国学习者的母语负迁移导致学习者习得情况不佳，从而吸引了大量学者的关注。相关研究情况如图 18-2。

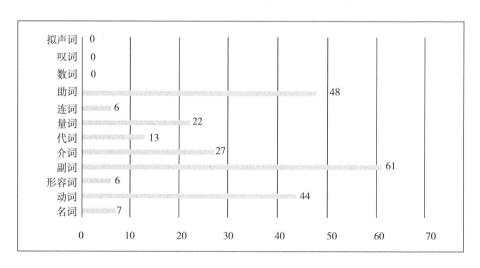

图 18-2　词类研究论文篇数

1. 副词

词类中研究成果数量最多的是副词，共占据词类研究成果总数的26%。副词是汉语数量封闭但语法含义丰富的一类词汇，长期的教学实践也表明韩国学习者对这一方面的习得情况不太理想。

针对副词的研究主要有两种：一种是对某一类副词的研究，如季薇（2017）[①]、袁媛（2015）[②]等就从程度副词角度对韩国学习者的习得情况进行考察。另外一种是对单个或者意义用法之间有联系的多个副词进行考察，如"就"作为副词中义项较为丰富的一类，韩国学习者往往会对多种义项之间的使用环境发生混淆。再如意义用法存在联系的几个副词学习者习得时也容易出现偏误，"还""又""再"三者意义的重叠造成学习者的混乱从而导致目的语负迁移，这些部分也是学者们关注的重点。

根据我们搜索到的资料来看，当前对副词的研究主要集中在程度副词、范围副词、时间副词、频率副词、否定副词、关联副词和语气副词等。其中否定副词、程度副词以及频率副词的研究较多，而方式副词和情态副词的研究目前尚未涉及。《标准》中共有副词86个，约占词类总数的42%，进一步考察已有研究成果具体涉及的副词，大部分研究成果集中在否定副词"不""没（有）"、程度副词"最""很"、频率副词"又""在""还"等初级语法项目中，而占据《标准》中绝大多数是中等或高等副词，如"未必""极为""频频""历来""明明""幸亏"等目前尚未有相关研究成果。

副词作为韩国学习者习得汉语的"老大难"问题，当前对副词的研究涉及面较窄，研究范围过于集中，而对中高级学习者来说难度较高的副词研究成果较少。

---

① 季薇：《汉语程度副词习得偏误刍议——以韩国学习者为例》，载《语文建设》，2017（14）。

② 袁媛：《韩国高级汉语学习者常用程度副词的习得顺序》，载《河北大学学报》（哲学社会科学版），2015（5）。

2. 助词

汉语助词数量有限，是词类中的封闭类，但是助词承担的语法意义众多，因此汉语学习者在习得汉语助词时会混淆其意义而产生偏误。以往的助词研究主要集中在动态助词和语气助词。汉语中动态助词"着""了""过"所标注的时和体的概念在韩国语中主要是通过辅助动词来表达的，而汉语中动态助词的用法和意义与韩国语中表示时态的词缀又有许多差异，因而韩国学习者在习得这方面知识的时候本身就会有一定的困难。除了动态助词以外，语气助词同样是韩国学习者习得的难点和研究者的关注重点。付霞（2006）[①]、沈学牧（2004）[②]总结了韩国学习者习得语气助词的偏误特点和习得过程。根据考察我们发现，结构助词以及"的话""似的""也好"等其他助词研究成果较少。此外助词研究同样也集中在初级阶段，中高级阶段的助词，诸如"罢了""而已"等研究成果尚处于空白阶段。

3. 动词

有关动词的研究成果数量位居第三，汉语和韩国语基本语序中最大的不同是谓语动词与宾语的位置，由此可见动词对韩国学习者来说是习得语法的重点难点所在。有关动词的研究大致可分为动词内部小类、动词重叠以及离合词等三个角度，其中以离合词研究数量为最。

首先，在有关动词小类的研究中，研究数量最多的是能愿动词。汉语和韩国语中的能愿动词在一般情况下都可以一一对应，但在部分使用环境上存在一定的差异，因此学习者容易产生母语负迁移；其次，动词重叠在汉语母语者中使用频率较高，能够表达说话人所要表达的特殊含义，但是在韩国语中仅存在类似于"买买"的名词语素重叠，并没有汉语真正意义上的动词重叠，因而韩国学习者

---

① 付霞：《对韩国学生典型语气助词"吗、呢、吧、啊"习得情况的考察研究》，北京，北京语言大学硕士学位论文，2006。

② 沈学牧：《对韩国留学生典型语气词"吗、呢"习得过程的研究》北京，北京语言大学硕士学位论文，2004。

在掌握这方面语法知识的时候会出现一定的困难；最后，离合词是汉语中较为特殊的一类词，对汉语作为第二语言的学习者来说是一大难点，因此研究离合词的成果较为丰富，如孙书姿（2004）[①]等就分析了韩国学习者习得离合词的言语加工策略。

4.介词和量词

介词和量词都是韩国学习者容易产生偏误的部分。韩国语作为黏着语，常用词缀及格助词来表达语法关系，没有汉语中介词这一语法概念，因此韩国学习者在学习该知识点时会产生一定的困难。《标准》将介词分为引出时间处所、引出方向路径等7大类45项。从介词类别来看，当前研究主要集中在引出时间处所、引出方向路径、引出对象、引出凭借依据等四类，而引出目的原因、引出施事受事、表示排除等介词的类别尚未涉及。从具体的介词来看，在全部47个介词中仅有13个介词得到了详细考察，不到总量的30%，其中，"对""向""跟""在"的研究成果较为丰富。如华相（2009）[②]、周文华（2009）[③]等就对韩国学习者习得介词"给"进行了细致分析。

汉语语法的特点之一就是量词丰富，《标准》中量词有关的语法项目主要有名量词、动量词、时量词、量词重叠和借用量词。当前研究较为充分的是名量词、动量词，其次是量词重叠，但是在时量词和借用量词的习得研究上存在空白。汉语中存在大量借用量词的现象，学习者在学习这部分内容时容易出现误用的情况。

5.其他

除了上述几种词类研究较为丰富，还有部分学者将研究视角放在了其他几

---

① 孙书姿：《韩国留学生习得汉语双音节 VO 型离合词的言语加工策略》，北京，北京语言大学硕士学位论文，2004。

② 华相：《韩国留学生习得介词"给"的偏误分析及教学对策》，《暨南大学华文学院学报》（华文教学与研究），2009（1）。

③ 周文华：《韩国学生"给"及相关句式民得研究》，载《对外汉语研究》，2009（2）。

种词类，如肖奚强、宁倩倩（2017）[①] 对韩国学习者习得反身代词"自己"进行考察，梁珊珊等（2022）[②] 对学习者习得连词"所以"中的母语影响进行研究等。总之，词类中副词、助词、动词、介词等研究较为全面，其中每项内部小类都有学者进行习得情况考察并得出了重要结论。而叹词、语气词等在目前研究中尚未涉及，这是由于韩国学习者叹词习得情况较好，而语气词仍存在大量问题。总的来说，词类研究成果较为全面，通过大量研究，我们能够对韩国学习者习得汉语词类有关语法知识的情况有一个大致的了解。

（二）句子的类型

句子的类型包括句型、句类、特殊句式、复句四大种，在韩国学习者习得研究中这四大种都有所涉及。其中有关特殊句式的研究最为丰富，共有 111 篇，占句子类型研究的绝大多数，这是由于特殊句式自身内部语法关系、语义结构、搭配组合都极为复杂，也因其复杂性和重要性成了汉语学习者习得的重、难点，因此吸引了大量研究者的关注。其次是复句的习得研究，共有 24 篇，研究数量较少。最后是有关句型和句类研究，分别有 7 篇和 6 篇，两者在汉语语法体系中同样占据重要地位，但在韩国学习者的习得研究当中却关注较少。下面对各类型的研究情况进行分析。

1. 特殊句式

《标准》归纳了汉语中主要的 11 种特殊句式，在这 11 种特殊句式当中，除了重动句以外都有研究者进行相关内容的研究，如图 18-3 所示。

---

① 肖奚强，宁倩倩：《韩国学生汉语"自己"宾位照应习得研究》，载《对外汉语研究》，2017（2）。

② 梁珊珊等：《韩国学生汉语口语语篇中连词"所以"习得的母语影响研究》载《华文教学与研究》，2022（3）。

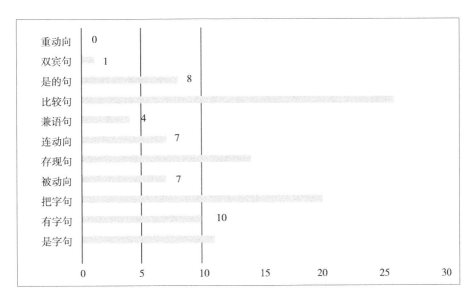

图 18-3　研究特殊句式论文篇数

　　由图 18-3 可知研究较为活跃的是比较句、把字句、存现句，而双宾句、重动句等研究成果较少。《标准》将比较句划分出了六小类，把字句划分出四小类，可以看出这两部分本身内容较多，学习者学习起来比较困难。总体而言，当前研究对各类型句式的研究覆盖面较广，除重动句外各句式皆有涉及，这是由于特殊句式本身就是汉语语法学习的重、难点，各句式的句式结构、语义特征、使用情况等都较为复杂，历来是习得领域的重点关注对象。

　　比较句内部小类众多，因此关于韩国学习者对比较句的习得方面的研究成果也较为丰富。在比较句的研究中，研究者们从内部小类、否定形式、言语加工策略等方面对比较句进行研究。在对内部小类的研究中，学者们比较关注的是由"比"介引差比对象的"比"字句，如周文华（2018）①就通过口语语料对韩国学习者习得"比"字句的认知过程进行考察。比较句的否定形式情况较为复杂，韩国学习者习得容易出现偏误，因此也有部分研究聚焦于此，如郑巧斐、胡洪显

_____

　　① 周文华：《基于口语语料的韩国学生"地"字句习得认知过程考察》，载《汉语学习》，2018（3）。

（2009）① 等。有关韩国学习者比较句的习得顺序以及言语加工策略也有相关研究成果，如朱云凤（2008）② 等。

"把"字句是汉语独有的一种特殊句式，韩国学习者受母语的影响，在使用"把"字句时所产生的偏误存在特殊性，因此也有大量研究聚焦于韩国学习者对"把"字句的习得情况。由于"把"字句内部结构成分复杂，结构的替换就会导致语义变化甚至偏误，因此不少研究者对不同类型的"把"字句内部结构成分的习得进行考察，如高红（2003）③ 就考察了韩国学习者对 14 种"把"字句的言语加工策略。此外还有部分研究关注"把"字句中的时体标记、基于构式理论对"把"字句的偏误分析等问题。

存现句复杂程度比前两个句式低，学习者掌握起来较为容易，针对存现句的研究主要集中在由"有""是""在"组成的三种句式当中，如诸锦雯（2022）④ 基于界面假说对"有"字存在句进行了宾语"有"定性研究。这三种句式虽然都表示存在，但其结构和语义存在差异，因此学习者容易产生目的语负迁移从而导致误用，研究者们对此也给予了较多的关注。除此之外，也有研究聚焦于韩国学习者习得存在句和隐现句的不同偏误情况，总结了其偏误特征。

除了上述几种特殊句式研究之外，其他特殊句式同样也是韩国学习者习得汉语语法的重、难点，研究者们对此也有重要的成果。如车慧、李宝贵（2016）⑤ 考察韩国学习者"有"字句的下位句式使用情况，并总结了习得顺序。陈书贤、

① 郑巧斐，胡洪显：《韩国留学生三种否定比较句式的习得研究——"没有"句"不如"句"不比"句》，载《云南师范大学学报》（对外汉语教学与研究版），2009（1）。

② 朱云凤：《韩国留学生汉语比较句习得顺序考察及言语加工策略研究》，北京，北京语言大学硕士学位论文，2008。

③ 高红：《韩国学生习得汉语不同类型"把"字句"内部结构成分"的言语加工策略》，北京，北京语言文化大学硕士学位论文，2003。

④ 诸锦雯：《韩国学习者习得汉语"有"字存在句的宾语有定性研究》，上海，上海外国语大学硕士学位论文，2022。

⑤ 车慧，李宝贵：《韩国学生"有"字句偏误分析及习得研究》，载《辽宁师范大学》（社会科学版），2016（4）。

宋春阳（2021）[①] 对韩国学习者习得汉语兼语句中的使令式的偏误类型进行总结。

　　总体而言，句式研究覆盖面较广，研究成果较为丰富，但诸如重动句这一韩国学习者习得的难点尚未进行研究，一方面这是由于汉语本体研究对重动句的关注较少，因此对重动句教学时的反馈也比较匮乏；另一方面重动句的教学难度过高，无论在《标准》还是教材中都对其尽量简化，导致学界对重动句的关注度过低。

　　2. 复句

　　复句体量庞大，在对外汉语语法教学中占比较大。《标准》中共归纳了复句类型13种，包括并列复句、承接复句、递进复句等，具体的语言点多达105项，涵盖了从初级到高级的全部教学过程，可见复句在对外汉语教学中的重要程度。与《标准》对复句的重视程度相比，当前针对韩国学习者复句习得情况的研究显得尤为不足。

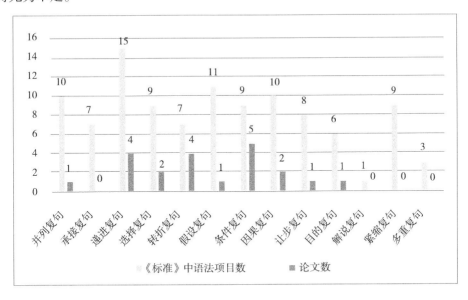

图18-4　复句语法项目与论文数量对比

① ［韩］陈书贤，宋春阳：《基于韩汉语对比的韩国学生汉语使令类兼语句偏误成因分析》，载《现代语文》，2021（2）。

从图 18-4 可知,《标准》中复句语法项目数量与相关研究成果数量极不平衡,在全部 13 种复句类型中仅有并列复句、递进复句、选择复句、转折复句、假设复句、条件复句、因果复句、让步复句、目的复句九种类型存在相关研究成果,承接复句、解说复句、紧缩复句、多重复句尚未有研究者涉及。进一步考察各类型复句研究成果数量,统计表明平均每种复句类型仅有两篇研究成果,其中条件复句、递进复句和转折复句较多,这反映出针对韩国学习者的复句习得情况的研究极为薄弱,就算是研究数量相对较多的条件复句,论文数量也远远少于语法项目数量。详见图 18-5。

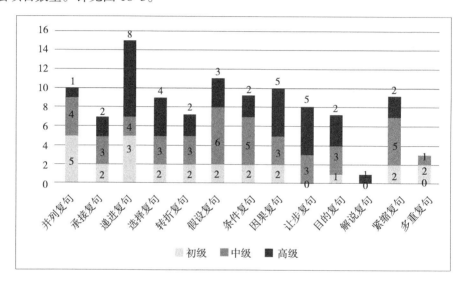

图 18-5　复句中各语法点等级分布

此外,通过对复句中各个语法项目的等级进行考察,每种类型的复句在语法等级上的侧重点也存在差异,如并列复句语法点大多集中在初中级阶段,而递进复句则是高级语法点占比较大,让步复句和多重复句集中在中高级阶段,解说复句甚至仅出现在高级语法点。复句内容较多难度较大,教学上需要有所侧重,此外大部分复句涵盖了初中高三个等级的语法项目,通过对某一类型复句进行连续的多阶段的考察,将有效观测到学习者的动态学习过程。

3. 句型和句类

现有研究当中句型和句类的成果数量较少，一方面这是由于韩国语自身特性，韩国学习者能够较好掌握这部分内容，如韩国语中存在话题格标记，因此学习者对主谓谓语句的掌握情况较好；另一方面，这两部分相较于其他语法项目内容较少，如在《标准》中这两部分涉及的语法项目仅有九项。因此学者们对这部分的研究成果较少，但其中也有部分研究成果能让我们进一步了解韩国学习者的习得过程。如冯丽萍、肖青（2011）[①] 对主谓谓语句下位句式的习得发展序列进行预测；金昕卿（2009）[②] 从习得否定句和疑问句角度考察韩国儿童的习得过程；杨眉（2009）[③] 总结了各年龄段韩国学习者各类疑问句的使用情况。

我们发现对句子类型的研究呈现出明显的不平衡性，研究视角多向特殊句式倾斜，而有关复句、句型、句类的研究成果较少。

（三）句子成分

汉语中词类和句子成分并不是一一对应的关系，汉语学习者往往会在句子成分的使用规则和搭配规则上出现大量偏误，韩国学习者的偏误主要出现在定语、状语和补语上，因此大部分研究者对此进行相关的习得研究。

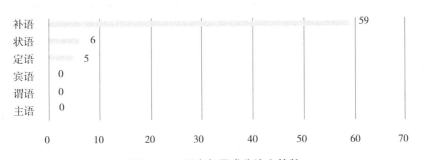

图 18-6　研究句子成分论文篇数

① 冯丽萍，肖青：《第二语言习得发展研究中语料分析方法的适用条件——以韩国学生汉语主谓谓语句习得为例》，载《华文教学与研究》，2011（3）。

② 金昕卿：《韩国儿童汉语否定句与疑问句习得的个案研究》，北京，北京语言大学硕士学位论文，2009。

③ 杨眉：《韩国学习者汉语疑问句系统的习得研究》，武汉，华中师范大学硕士学位论文，2009。

韩国语中没有补语这一句子成分，而汉语中补语是个句法功能、语义关系复杂而丰富的一类句子成分，韩国学习者在习得相关用法时存在较多问题，且补语内部各小类间用法差别较大，因而与此相关的习得研究相对来说比较丰富。《标准》中共归纳出结果补语、趋向补语、可能补语、程度补语、状态补语、数量补语等6种类型，其中趋向补语和数量补语内容较多。由于趋向补语内容较多，学习者习得过程中出现偏误较多，在有关补语的研究中对趋向补语的习得研究成果数量较多，如黄玉花（2007）[①]，李建成（2007）[②]，徐川、高影（2013）[③] 等都对学习者习得趋向补语进行了偏误分析。与趋向补语的获得大量关注不同，研究者们对于其他几种补语类型关注较少，时量补语、结果补语、状态补语的研究成果只有零星几篇，而可能补语和程度补语目前尚未进行考察。

除了补语之外，也有不少研究者分析了韩国学习者习得状语和定语的情况，总结发现学习者对多项状语和多项定语偏误率较高，因此有关状语和定语的习得研究大都也聚焦于此。针对多项状语的研究学者们从母语负迁移、多项状语语序问题等角度进行探讨，如钟嘉敏（2016）考察母语负迁移对韩国学生习得多项状语语序的影响[④]。和状语的情况类似，汉语多项定语的语序问题也是重、难点，韩国学习者在习得汉语定语语序时受到语言普遍性的影响易出现语序混乱。

在对句子成分的研究中，补语的研究较为全面，补语的六大类型都有相关学者进行探究，定语和状语研究主要在多项共存的习得研究上。而主谓宾三个主要的句子成分研究数量较少，但是其中仍有许多地方值得深入挖掘，如宾语有多种语义类型，第二语言学习者常常出现多种语义的混淆产生误用的情况，但针对

---

① 黄玉花：《韩国留学生汉语趋向补语习得特点及偏误分析》，载《汉语学习》，2007（4）。

② 李建成：《韩国留学生汉语趋向补语习得过程中的言语加工策略研究》，北京，北京语言大学硕士学位论文，2007。

③ 徐川，高影：《韩国学生习得汉语趋向补语"过来"的偏误分析》，载《语文建设》，2013（12）。

④ 钟嘉敏：《母语负迁移对韩国学生习得汉语多项状语语序的影响》，北京，北京语言大学硕士学位论文，2016。

韩国学习者该方面的考察目前尚未涉及。

（四）语　篇

上述研究大多集中在句子层面，尚未涉及语篇层面，针对语篇的研究远少于上面几大语法类别的研究，但在全部 18 篇语篇研究中有 6 篇研究发表于核心期刊，是所有研究类别中核心期刊数量最多的。这是因为对韩国学习者语篇层面的考察能够进一步了解学习者的语言交际能力，而成段表达是语言交际能力的一个重要表现，考察学习者语篇的逻辑衔接、篇章回指、篇章省略等情况对了解学习者的语言交际能力有重要作用。所以众多知名期刊越来越关注篇章表达在学习者习得中的情况。如黄玉花（2005）系统总结了韩国留学生出现的一系列篇章偏误 [1]；王健昆、喻波（2006）从初级韩国学生的作文中的语料总结其在语篇的逻辑连接成分的偏误类型 [2]；杨永生、肖奚强（2020）关注韩国学习者对"这 / 那"类指示代词的篇章回指的习得情况 [3]；曾丽娟、齐沪扬（2021）对韩国学习者语篇指称进行研究 [4]；李榕、王元鑫（2021）对回指小类中的第三人称回指的习得情况进行了定量研究，并对偏误原因进行系统分析 [5]。

综上所述，汉语语篇习得研究数量虽少，但对韩国学习者的习得过程有较为科学的分析。与理论研究成果丰富相比，实际教学中篇章相关语言知识的教学重视还不够，教师和学生的注意力仍在句子层面，忽视了汉语篇章规则的学习。

---

[1]　黄玉花：《韩国留学生的篇章偏误分析》，载《中央民族大学学报》(哲学社会科学版)，2005（5）。

[2]　王健昆，喻波：《初级汉语水平韩国留学生汉语语篇逻辑连接偏误分析》，载《语言文字应用》，2006（S2）。

[3]　杨永生，肖奚强：《韩国学生汉语"这 / 那"句习得考察》，载《华文教学与研究》，2020（1）；另见杨永生，肖奚强：《韩国学生"这 / 那"类指示代词篇章回指习得考察》，载《汉语学习》，2020（4）。

[4]　曾丽娟，齐沪扬：《韩国学生汉语语篇指称习得研究》，载《华文教学与研究》，2021（3）。

[5]　李榕，王元鑫：《中高级阶段韩国留学生汉语篇章第三人称回指的习得研究》，载《世界汉语教学》，2021（2）。

（五）其他语法类别

以上研究都是当前对韩国学习者习得汉语语法中研究成果较为丰硕的类别，其他类别的研究诸如动作的态、短语等虽然数量较少但是也有重要的研究成果。如刘岩（2014）从韩国学习者角度分析了习得运动事件句的偏误特征[①]；刘瑜（2010）对韩国留学生持续体"V 着"进行考察[②]；唐鹏举（2007）从多元发展模式言语加工策略的角度对韩国学生习得动结式进行了总结等[③]。

当前研究还存在许多"空白"，如口语格式，《标准》中对这一部分进行了较为详尽的列举，共归纳出语法项目 52 个，可见口语格式是学习者习得汉语中较为重要的部分，但当前研究尚未涉及韩国学习者口语格式的习得情况。此外，关于《标准》中特殊表达法、强调的方法、提问的方法这三大功能性语法类别的成果也较少，当前研究过多关注表层的结构语义，而忽视了语言点的功能性特征。

对当前韩国学习者习得汉语语法的语法点类型进行梳理，可以看出，当前的研究主题较为集中，主要关注词类、句子的类型、句子成分等。还有许多韩国学习者常出现偏误的语法类别尚未得到关注，如相比于句子层面的研究，语篇研究数量较少，语篇当中还有许多内部小类至今仍未涉及；语体研究较少，当前研究大多倾向于书面语研究，韩国学习者在语言使用中的口语研究应该引起关注。

二、学习者水平

对学习者水平进行考察，能够展现某一语法点在不同水平学习者中的习得情况，教师可以根据相关情况更有针对性地开展教学，让语法教学的过程更加科学合理。部分成果的研究对象为中高级，考虑到其研究的语法点级别较高以及语

---

① 刘岩：《韩国留学生习得现代汉语运动事件句的偏误分析》，《浙江师范大学学报》（社会科学版），2014（4）。

② 刘瑜：《韩国留学生汉语持续体"V 着"的习得考察》，载《语言教学与研究》，2010（4）。

③ 唐鹏举：《韩国留学生汉语动结式习得过程及其言语加工策略》，北京，北京语言大学硕士学位论文，2007。

料来源主要为 HSK 动态作文语料库，本部分将相关研究归入"高级"中。统计结果如图 18-7 所示。

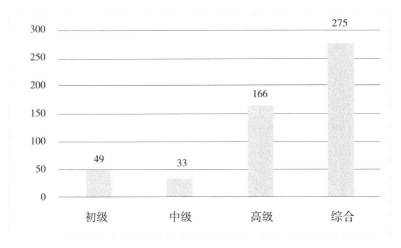

图 18-7　学习者水平分布

从统计结果来看，大部分的研究是针对三个阶段学习者综合考察。对单一学习阶段的研究对象进行的考察中以高级阶段的学习者为主，这是因为高级阶段的学习者生成的语料能够反映出某一语法点的难度以及学习者掌握的巩固性程度，此外高级学习者篇章连贯衔接的语料较为丰富，从篇章中能够了解到学习者对某一语法点在交际中成段运用情况。而以初级阶段和中级阶段的学习者为研究对象的成果较少，大部分是对某一初级或是中级语法点掌握初期的考察。

对初级阶段韩国学习者的习得情况进行分析，能够掌握学习者习得初期的语法点偏误情况，有效预测初级语法教学的重点、难点。汉语语法的语义形式、句式结构复杂，完全掌握一项语法点往往需要两个甚至三个学习阶段，因此对学习者习得初期的语法点掌握情况有一定了解就可以对后续开展教学提供帮助。从初级水平的研究对象的偏误情况来看，大部分偏误都不会"化石化"，但是教师若没有及时对产生的偏误进行纠正就会对后续语法点的学习产生干扰，因此对初级阶段学习者语法点的习得研究是非常有必要的。

中级阶段学习者的汉语水平已经得到了很大提高，且中级阶段是进行语篇教学的最佳阶段，因而对中级阶段学习者的篇章研究成果较为丰富。如曾丽娟（2007）对学习者作文语料中语篇回指的使用情况分类进行讨论①。除了语篇研究以外，句式在中级阶段也有所扩展，因此也有研究者从句式角度动态考察学习者的掌握情况，如施家炜（2002）对中级水平韩国留学生的个案跟踪考察汉语句式的习得情况②。

高级阶段学习者已经对大部分汉语语法规则都有所了解，所以研究者可以从该阶段学习者产出的语料中找到大量研究内容，对该阶段学习者的习得情况考察能够反映出学习者语法学习中的"僵化"现象。因此即使是高级学习者，研究者们也大都把研究聚焦于初级、中级的语法点，通过学习者的使用情况动态分析在习得过程中仍旧存在的偏误，总结学习者的习得特点，进一步反思当前教学实践。

综合考察各学习阶段的汉语学习者的习得过程，能有效掌握各阶段语法的偏误情况，揭示语法偏误产生的原因与汉语水平之间是否存在内在联系。因此，从韩国学习者学习水平出发，综合考量汉语语法的习得情况，能够清晰地描述学习者相关语言点的习得轨迹，从而加深在认知特点、学习策略等方面对学习者语法习得过程的了解。

三、研究方法

对韩国学习者习得汉语语法的研究方法较多，在我们检索到的论文当中，常用的主要有以下四种。

（一）基于语料库或问卷调查的偏误分析

偏误分析是对第二语言学习者习得研究中运用的最基础、最广泛的，常用

---

① 曾丽娟：《中级水平韩国留学生语篇回指表现分析》，北京，北京语言大学硕士学位论文，2007。

② 施家炜：《韩国留学生汉语句式习得的个案研究》，载《世界汉语教学》，2002（4）。

的操作方法，就是基于语料库或者问卷调查收集学习者的语料使用情况，再根据偏误分析的方法对所收集到的语料进行分析，总结出第二语言习得者的偏误类型及偏误成因。

偏误分析是习得研究中最为基础且关键的一环，要考察第二语言学习者的习得情况首先就要对语料进行归纳总结。在对韩国学习者汉语语法习得研究中，最常采用的研究方法也是此类方法，通过该方法我们能够了解学习者对某一语法点的基本偏误情况，直观地感受到学习者对某一知识点掌握的程度。如刘建霞（2005）在研究韩国留学生叙事语篇中名词性词语省略的偏误类型采用的就是该研究方法[①]；周文华（2013）对不同句法位"在+处所"短语的习得情况进行了说明[②]；黄玉花（2005）对韩国留学生篇章偏误的类型和原因进行了归纳等。通过偏误分析能够掌握学习者习得的各项第一手数据，为后续研究做好铺垫[③]。

（二）基于语言对比预测偏误、解释偏误

汉韩两种语言语法体系存在巨大不同，该部分研究就从两种语法体系的共性和特性对比出发，分析可能造成韩国学习者偏误的语际因素，力图揭示学习者偏误产生的原因，对语法点教学做出预测。考虑韩国学习者习得汉语语法问题产生的原因时，有必要从两种语言语法差异进行探究。从语言对比分析的角度能够对一些偏误现象进行解释，教师也可以在教学前有针对性地进行准备。

在众多对比分析研究中，研究者很多具有韩国语背景，而且大多是韩国留学生，因此才会对两种语法中的差异有更深层次的了解。例如朴叡智（2020），将汉语的致使结构与韩国语的"致使"范畴进行对比，并考察了两者的对应关

---

①　刘建霞：《韩国留学生叙事语篇中名词性词语省略的偏误分析》，北京，北京语言大学硕士学位论文，2005。

②　周文华：《韩国学生不同句法位"在+处所"短语习得考察》，载《华文教学与研究》，2013（4）。

③　黄玉花：《韩国留学生的篇章偏误分析》，载《中央民族大学学报》（哲学社会科学版），2005（5）。

系[①]；金松姬（2012）通过汉语和韩国语"得"字情态补语的多种形式进行比较，考察韩国学习者习得该知识点的偏误情况[②]。对比分析的研究方法以两种语言语法习得差异为切入点，用国别化的视角审视韩国学习者习得汉语语法的偏误，能够更科学地揭示其偏误背后的成因和影响因素。

（三）习得过程动态分析

此方法多用于研究韩国学习者对某一语法点的习得顺序，以某一语法点为落脚点对韩国学习者进行个案跟踪调查，以及考察学习者在习得某一语法点的过程中所采取的言语加工策略。通常采用蕴含量表排序或是聚类分析的方式对某一语言点进行习得过程的考察，描述韩国学习者在该知识点的习得轨迹，并进一步分析学习者内在的言语加工策略。该分析方法能够对学习者习得语法点的全过程进行有效检测，有利于进一步考察学习者语言认知的内在进程，揭示学习者动态发展的语言面貌。如施家炜（2002），对韩国学习者进行了个案研究，对被试半年来学习汉语句式的三个阶段各种情况进行细致解读，有效探究了学习者的句式习得过程[③]。再如李建成（2007），对趋向补语习得阶段和言语加工策略进行研究，总结出韩国学习者习得汉语趋向补语有一定的内在规律[④]。此外，金昕卿（2009）[⑤]、林齐倩（2011）[⑥]、陈静雨（2021）[⑦]分别围绕否定句、"在 NL"句式、多

① 朴叡智：《韩国学生汉语致使结构习得研究》，南京，南京大学硕士学位论文，2017。

② ［韩］金松姬：《韩国汉语学习者带"得"的情态补语句习得研究》，广州，中山大学硕士学位论文，2012。

③ 施家炜：《韩国留学生汉语句式习得的个案研究》，载《世界汉语教学》，2002（4）。

④ 李建成：《韩国留学生汉语趋向补语习得过程中的言语加工策略研究》，北京，北京语言大学硕士学位论文，2007。

⑤ 金昕卿：《韩国儿童汉语否定句与疑问句习得的个案研究》，北京，北京语言大学硕士学位论文，2009。

⑥ 林齐倩：《韩国学生"在 NL"句式的习得研究》，载《汉语学习》，2011（3）。

⑦ 陈静雨：《韩国留学生动词"放"的基本句式结构习得顺序研究》，上海，上海外国语大学硕士学位论文，2021。

义动词"放"的基本句式总结了韩国学习者习得汉语的习得顺序和过程。

通过习得过程的动态分析，能够近距离接触二语学习者掌握某一语法点的动态发展过程，能够对教学过程的科学性进行判断，帮助教师根据学习者的真实语言习得过程对教学做出预判，此外还能够为教学大纲、教材编写、语言测试提供助益。

（四）结合定性和定量分析的实证研究

实证研究就是通过科学客观的实验观测语言习得中各影响因素的作用，证实或证伪前人的语言习得理论，推动研究向前发展。通过一系列实验设计进行定性和定量分析，可以对韩国学习者的习得假设进行验证，尽可能真实地描摹学习者的习得过程。如上文提及的施家炜（2002）就通过实证研究发现两种衡量语言习得或语言发展程度的量化指标[①]。再如冯丽萍、肖青（2011），以韩国学生习得汉语主谓谓语句为例探究在第二语言习得发展研究中语料分析方法的使用条件[②]。此外还有车慧（2018）[③]、陈卉（2018）[④]、徐开妍、肖奚强（2018）[⑤]等，分别围绕比较构式、疑问代词、特殊句式等语法点进行了实证研究。

实证研究通过一系列量化指标能让实验结果更加科学有效证明第二语言习得研究的假设，并将更多理论方法送入第二语言习得研究者的研究视野中，支持广大研究者进行更为科学、持久的语言习得研究。

通过以上对韩国学习者习得汉语语法中研究方法的梳理，发现这四类研究方

[①] 施家炜：《韩国留学生汉语句式习得的个案研究》，载《世界汉语教学》，2002（4）。

[②] 冯丽萍，肖青：《第二语言习得发展研究中语料分析方法的适用条件——以韩国学生汉语主谓谓语句习得为例》，载《华文教学与研究》，2011（3）。

[③] 车慧：《高级汉语水平韩国学习者习得动结式偏误分析及实证研究》，载《大连大学学报》，2018（2）。

[④] 陈卉：《韩国学生对汉语疑问代词作存在极项词习得情况的实证研究——基于界面假说》，载《当代外语研究》，2018（2）。

[⑤] 徐开妍，肖奚强：《韩国留学生汉语中介语句式系统实证研究》，载《语言文字应用》，2018（1）。

法中第一类"偏误类型静态分析"是数量最多的,实证研究是数量最少的。通过细致梳理,我们可以清楚地认识各研究方法的重要性,第二语言习得的研究过程也是从静态类型分析到对比分析,再到动态习得分析最后到实证研究一步步深入的。

四、韩国学生的汉语语法习得研究面临的任务

以上笔者从语法点类型、学习者水平、研究方法等角度对韩国学习者习得汉语语法的成果进行了梳理。研究者们多角度、多方法、多层次全方位阐释了韩国学习者习得汉语语法的过程,深化了学界对韩国学习者习得情况的认识,可为后续开展相关教学实践、教材编写、语言测试、大纲制定等起到重要的推动作用。

依据目前韩国学习者对汉语语法的习得情况来看,相关研究还需要进一步丰富、深化,韩国学习者汉语语法习得领域的研究今后还需要特别在以下几个方面加强。

(一)拓展研究范围,尤其要注重语篇、语体研究

目前研究所涉及的语法点集中在韩国学习者偏误率较高、较为复杂的项目上,但还有部分语法点尚未涉及,如部分情态副词、语气副词、能愿动词、复句等。另外,语素、固定短语、固定格式、口语格式等方面的习得研究十分欠缺,今后需加强。

在此需要强调的是,尤其要加强语篇与语体研究。严格来讲,篇章结构不属于语法范畴,而属于语用范畴。但是教学实践显示,特别是中高级阶段讲篇章结构很有必要。如诸多情态副词仅在句子环境中无法解释其用法,只有在篇章中才能分析出其语义。鲁健骥(1992)指出:"只要一出现连贯的话语,就会出现篇章上和语用上的偏误。而这正是我们的教学所忽视的,一般也是病句分析没做到也做不到的。可见,对于偏误的分析,应该扩大到篇章和语用的层面上。"[①]但

---

① 鲁健骥:《偏误分析与对外汉语教学》,载《语言文字应用》,1992(1)。

是应该如何在语法研究中把握和体现篇章结构内容的"量"和"度"，是我们需要进一步思考与解决的问题。

汉语教学的根本目的是培养学习者自如地运用汉语进行各种交际的能力。这种交际能力的基本要求就包括语言学习者能够根据不同的交际场合、交际对象和话题内容来选择具有特定语体功能的表达方式和语言材料的能力。从一定意义上说，作为第二语言教学的汉语教学，其根本目的就是培养学习者准确地把握和正确地使用各种语体的能力。显然，学习者掌握某种语言的语体种类越多，在各种场合下运用目的语的能力就越强，因此到了中高级阶段对语体的正确使用是我们在汉语教学中需要关注的问题。

（二）细化学习者水平，加强动态习得变化研究

学习者汉语水平不同，语法学习的重点、难点及学习特点也不尽相同。现行的语法教学都相对集中于初级阶段，由于教学时数和表达水平的限制，许多语法现象仅能做基本或部分的介绍。进入中高级阶段后，随着语言水平的提高、学习内容的加深，语法教学的主要任务之一是对初级阶段已出现过的语法现象由浅入深、由易到难地进行循环递进处理。如"把"字句，由简单式到包含"把"字结构的连动式、兼语式及"把"字句和被字句连用的复杂形式；"比"字句，由带简单的形容词或动词的结果项到带复杂的补语。了解学习者动态习得变化特点，有利于语法教学更具有针对性。

目前有关韩国学生语法习得研究，大多对学习者水平不予区别，研究集中在静态的偏误类型分析，导致我们对学生学习特点的认识不够全面、完整。动态习得研究可以是某一个案的跟踪式调查研究，也可以是同一时间段不同级别学习者之间的横向比较。无论是哪一类型的研究，都可通过正确使用相对频率法以及蕴含量表法对收集到的相关句式掌握情况进行分析，探究学习者内在的习得顺序和各阶段的习得特点。

（三）加强理论支撑，注重实证研究

结合学习者的习得情况加强实证研究，深入语法理论支撑习得偏误考察。现有研究中大多是简单的偏误类型描写，虽然描写是习得研究中最为重要的一环，任何语言学相关的研究都无法跳过对语言现象的描写，但是从偏误现象出发还需要对第二语言学习者的语言使用情况深入考察，尽可能通过实证研究促进语言习得研究更为科学、持久地发展。

实证研究是一种基于数据和事实的研究方法，它通过收集、分析和解释数据来验证或推翻假设，为我们提供客观、可靠的数据和证据，帮助我们更好地理解社会现象和问题。如有的研究者通过汉韩两种语言的对比预测学生错误，这一出发点是好的，但在语言习得研究中基于对比分析的汉韩语法部分浮于表面，不够深入，无法为语际偏误提供直接指导。此时我们有必要通过实证研究，验证通过对比分析得出的预测是否正确。再如有的研究者通过偏误现象提出了相应的教学建议及学习建议，此时也需要通过实证研究进一步考察教学及学习建议的可行性与有效性。后续研究者也不应局限于静态描写，而要从静态分析出发将第二语言习得研究引向深入，最终将实验成果变成检验第二语言习得相关猜想的实证。

（四）提高研究质量，摸索更为科学的研究范式

当前韩国学习者习得汉语语法的研究质量良莠不齐，核心期刊发表的论文数量较少，其中还有部分发表时间较久，其研究范式较为陈旧，已无法适应当前语法习得研究的新发展。因而要提高韩国学习者习得汉语语法的研究质量，以最前沿的发展理论带动当今汉语习得研究的发展，为广大研究者提供更为科学的研究范式，进一步发展汉语习得研究。

现有的韩国学习者习得汉语语法的研究成果已经相当丰硕，但是也存在着一些研究短板，因此后续研究应当有针对性地开展以丰富现有研究，共同推进汉语习得研究向前发展。

参考文献

著　作

［1］北京大学中文系 1955，1957 级语言班 . 现代汉语虚词例释 . 北京：商务印书馆，1982.

［2］程美珍 . 汉语病句辨析九百例 . 北京：华语教学出版社，1997.

［3］崔健 . 韩汉空间范畴对比 . 北京：中国大百科全书出版社，2002.

［4］丁声树等 . 现代汉语语法讲话 . 北京：商务印书馆，1961.

［5］何杰 . 现代汉语量词研究 . 北京：民族出版社，2000.

［6］侯学超 . 现代汉语虚词词典 . 北京：北京大学出版社，1998.

［7］胡裕树，范晓 . 动词研究 . 郑州：河南大学出版社，1995.

［8］黄国文 . 语篇分析概要 . 湖南：湖南教育出版社，1988.

［9］金海月 . 汉朝致使范畴对比研究 . 北京：科学出版社，2019.

［10］李大忠 . 外国人学汉语语法偏误分析 . 北京：北京语言文化大学出版社，1996.

［11］李杰 . 现代汉语状语的多角度研究 . 上海：上海三联书店，2008.

［12］李临定 . 现代汉语句型 . 北京：商务印书馆，1986.

［13］李晓琪 . 现代汉语虚词讲义 . 北京：北京大学出版社，2005.

［14］刘沛霖 . 韩国语语法 . 北京：商务印书馆，2009.

［15］刘珣 . 对外汉语教育学引论 . 北京：北京语言大学出版社，2000.

［16］刘月华，潘文娱，故韡 . 实用现代汉语语法（增订本）. 北京：商务印书馆，2001.

［17］刘月华 . 趋向补语通释 . 北京：北京语言文化大学出版社，1998.

［18］柳英绿．朝汉语法对比．延吉：延边大学出版社，1999．

［19］卢福波．对外汉语常用词语比较例释．北京：北京语言文化大学出版社，2000．

［20］陆俭明，马真．现代汉语虚词散论．北京：语文出版社，1999．

［21］陆庆和．实用对外汉语教学语法．北京：北京大学出版社，2006．

［22］［日］鲁晓琨．现代汉语基本助动词语义研究．北京：中国社会科学出版社，2004．

［23］吕必松．吕必松自选集．郑州：河南教育出版社，1994．

［24］吕冀平．汉语语法基础．哈尔滨：黑龙江人民出版社，1983．

［25］吕叔湘．汉语语法论文集．北京：商务印书馆，1984．

［26］吕叔湘．现代汉语八百词（增订本）．北京：商务印书馆，1999．

［27］马真．现代汉语虚词研究方法论．北京：商务印书馆，2004．

［28］潘国庆．汉语状语语序研究及类型学意义．北京：中国社会科学出版社，2010年．

［29］盛炎．语言教学原理．重庆：重庆出版社，1990．

［30］施光亨，王绍新．汉语教与学词典．北京：商务印书馆，2011．

［31］石毓智．语法的认知语义基础．南昌：江西教育出版社，2000．

［32］史金生．现代汉语副词连用顺序和同现研究．北京：商务印书馆，2011．

［33］孙德金．汉语语法教程．北京：北京语言大学出版社，2002．

［34］佟慧君．外国人学汉语病句分析．北京：北京语言学院出版社，1986．

［35］王建勤．汉语作为第二语言的习得研究．北京：北京语言文化大学出版社，1997．

［36］王自强．现代汉语虚词词典．上海：上海辞书出版社，1998．

［37］韦旭升，徐东振．新编韩国语实用语法．北京：外语教学与研究出版社，2006．

［38］吴丽君等．日本学生汉语习得偏误研究．北京：中国社会科学出版社，2002．

［39］邢福义．汉语复句研究．北京：商务印书馆，2001．

［40］徐子亮．汉语作为外语教学的认知理论研究．北京：华语教学出版社，2000．

［41］许维翰．实用现代韩国语语法．北京：外文出版社，2008．

［42］杨伯俊，何乐士．古汉语语法及其发展．北京：语文出版社，1992．

［43］叶盼云，吴中伟．外国人学汉语难点释疑（韩文版）．北京：北京语言文化大学出版社，2001．

［44］袁晖，戴耀晶．三个平面：汉语语法研究的多维视野．北京：语文出版社，1998．

［45］张斌．现代汉语虚词词典．北京：商务印书馆，2001．

［46］张敏．认知语言学与汉语名词短语．北京：中国社会科学出版社，1998．

［47］张宝林．汉语教学参考语法．北京：北京大学出版社，2006．

［48］张德禄，刘汝山．语篇连贯与衔接理论的发展及应用．上海：上海外语教育出版社，2003．

［49］张亚军．副词与限定描状功能．合肥：安徽教育出版社，2002．

［50］张谊生．现代汉语副词探索．上海：学林出版社，2004．

［51］张志公．语法和语法教学：介绍暂拟汉语教学语法系统．北京：人民教育出版社，1956．

［52］赵元任．汉语口语语法．北京：商务印书馆，1979．

［53］周丽颖．现代汉语语序研究．上海：上海辞书出版社，2008．

［54］周小兵．外国人学汉语语法偏误研究．北京：北京语言大学出版社，2007．

［55］周小兵，赵新，等．对外汉语教学中的副词研究．北京：中国社会科

学出版社，2002.

［56］朱德熙. 语法讲义. 北京：商务印书馆，1982.

［57］Burt M., H.Dulay, and E.Hernandez.Bilingual Syntax Measure.New York:Harcourt Brace Jovanovich, 1973.

［58］Chomsky, N.Aspects of the Theory of Syntax.Cambridge:MIT Press,1965.

［59］Ellis, R.Second Language Acquisition.Shanghai:Shanghai Foreign Language Educ ation Press, 2000.

［60］Halliday, M.A.K.Intonation and Grammar in British English London: Longman.1967.

［61］Halliday, M.A.K & R.HasanCohesion in English,London:longman.1976.

［62］Lado, R.Linguistics Across Cultures:Applied Linguistics for Language Teachers.Ann Arbor, Michigan:University of Michigan,1957.

［63］Odlin, T.Language Transfer.Cambridge:Cambridge University Press,1989.

［64］민현식. 국어 문법 연구. 역락，1999.

閔贤植. 国语语法研究. 首尔：译乐，1999.

［65］서정수. 한국어의 부사. 서울대학교출판부，2005.

徐正秀. 韩国语的副词. 首尔：首尔大学出版部，2005.

［66］우인혜. 우리말 피동연구，한국문화사，1997.

禹仁慧. 韩国语被动句研究. 首尔：韩国文化社，1997.

［67］이정택. 현대 국어 피동 연구，도서출판 박이정 2004.

李正泽. 现代韩国语被动句研究. 首尔：pakijeong，2004.

［67］이은경. 국어의 연결어미 연구. 태학사，2000.

李恩京. 韩国语连接词研究. 首尔：太学社，2000.

学术论文

［1］［法］贝罗贝.上古中古汉语量词的历史发展.语言学论丛，1998（21）.

［2］白恩姬.韩国学生的汉语语序偏误分析//崔健、曹秀玲.对韩（朝）汉语教学研究.延吉：延边大学出版社，2005.

［3］车慧，李宝贵.韩国学生"有"字句偏误分析及习得研究.辽宁师范大学学报（社会科学版），2016（4）.

［4］车慧.高级汉语水平韩国学习者习得比较构式偏误分析实证研究.云南师范大学学报（对外汉语教学与研究版），2018（5）.

［5］车慧.高级汉语水平韩国学习者习得动结构式偏误分析及实证研究.大连大学学报，2018（2）.

［6］陈卉.韩国学生对汉语疑问代词作存在极项词习得情况的实证研究——基于界面假说.当代外语研究，2018（2）.

［7］陈明美.从汉日对比的视角浅谈"被"字句的教学.海外华文教育，2019（5）.

［8］陈群.说"越来越 A".汉语学习，1999（2）.

［9］陈若凡.留学生使用"能"、"会"的偏误及教学对策.语言教学与研究，2002（1）.

［10］［韩］陈书贤，宋春阳.基于韩汉语对比的韩国学生汉语使令类兼语句偏误成因分析.现代语文，2021（2）.

［11］陈秀利，何溯源.也谈"越来越 A".佳木斯大学社会科学学报，2005（5）.

［12］陈忠."结构－功能"互参互动机制下的重动句配置参数功能识解.中国语文.2012（3）.

［13］储泽祥.动词的空间适应性情况考察.中国语文，1998（4）.

［14］戴浩一，叶蜚声.以认知为基础的汉语功能语法刍议.当代语言学，

1990（4）.

［15］戴庆厦，关辛秋.第二语言习得中的语法"空缺".语言教学与研究，2002（5）.

［16］邓根芹，焦秀凤.副词"也"的句法、语义、语用分析——拷贝型副词研究之二.常熟高专学报，2004（5）.

［17］邓根芹.拷贝型副词"再"的句法、语义、语用分析.河池学院学报，2007（6）.

［18］丁加勇.V1着V2结构的语义框架.常德师范学院学报（社会科学版），2001（2）.

［19］范继淹.动词和趋向性后置成分的结构分析.中国语文，1963（2）.

［20］范开泰.语法分析三个平面.语言教学与研究，1993（3）.

［21］范晓.关于汉语的语序问题（一）.汉语学习，2001（5）.

［22］范晓.关于汉语的语序问题（二）.汉语学习，2001（6）.

［23］方梅.宾语与动量词语的次序问题.中国语文，1993（1）.

［24］方梅.自然口语中弱化连词的话语标记功能.中国语文，2000（5）.

［25］方梅.汉语重动句——基于篇章功能的语言对比分析.汉日语言对比研究论丛.杭州：浙江工商大学出版社，2020（11）.

［26］方清明.介词"随着"的句法、语义特点及教学策略探析.华文教学与研究，2012（3）.

［27］方清明.再论"真"与"真的"的语法意义与语用功能.汉语学习，2012（5）.

［28］房玉清."起来"的分布和语义特征.世界汉语教学，1992（1）.

［29］冯丽萍，肖青.第二语言习得发展研究中语料分析方法的适用条件——以韩国学生汉语主谓谓语句习得为例.华文教学与研究，2011（3）.

［30］冯志纯.关于语法研究三个平面的问题.四川理工学院学报（社会科学版），2004（6）.

［31］高林波，张维微.副词"再"和"又"的多角度分析.长春大学学报，2008（11）.

［32］高顺全.复合趋向补语引申用法的语义解释.汉语学习，2005（1）.

［33］高思欣，高思艳.也谈副词"再"的语义.暨南大学华文学院学报，2007（4）.

［34］高影，徐川.韩国学生习得汉语趋向补语"下来"的偏误分析.语文建设，2014（3）.

［35］高增霞.副词"还"的基本义.世界汉语教学，2002（2）.

［36］龚千炎.谈现代汉语的时制表示和时态表达系统.中国语文，1991（4）.

［37］郭春贵.复合趋向补语与非处所宾语的位置问题补议.世界汉语教学，2003（3）.

［38］郭姝慧."使"字句的成句条件.语文研究，2004（2）.

［39］郭继懋."了1"与"了2"的差异//郭继懋，郑天刚.似同实异——汉语近义表达方式的认知语用分析.北京：中国社会科学出版社，2002.

［40］韩根东.数量词做宾语或补语的问题.天津师大学报（社会科学版），1983（5）.

［41］韩容洙.现代汉语的程度副词.汉语学习，2000（2）.

［42］韩玉国.汉语副词"又"的歧义——兼谈范畴语法对汉语研究的适用性.云南师范大学学报（对外汉语教学与研究版），2004（3）.

［43］贺菊玲.论"一边 A 一边 B"的句法、语义和语用功能.陕西师范大学学报（哲学社会科学版），2001（5）.

［44］胡壮麟.有关语篇衔接理论多层次模式的思考.外国语（上海外国语大学学报），1996（1）.

［45］华相.韩国留学生习得介词"给"的偏误分析及教学对策.暨南大学华文学院学报（华文教学与研究），2009（1）.

［46］黄国文.功能语篇分析纵横谈.外语与外语教学，2001（12）.

［47］黄玉花．韩国留学生的篇章偏误分析．中央民族大学学报（哲学社会科学版），2005（5）．

［48］黄玉花．韩国留学生汉语趋向补语习得特点及偏误分析．汉语学习，2007（4）．

［49］黄玉花．韩国学生习得汉语补语研究．和田师范专科学校学报，2004（3）．

［50］黄月圆．把／被结构与动词重复结构的互补分布现象．中国语文，1996（2）．

［51］黄自然，肖奚强．基于中介语语料库的韩国学生"把"字句习得研究．汉语学习，2012（1）．

［52］季薇．汉语程度副词习得偏误刍议——以韩国学习者为例．语文建设，2017（14）．

［53］贾钰．"来／去"作趋向补语时动词宾语的位置．世界汉语教学，1998（1）．

［54］江新．第二语言习得的研究方法．语言文字应用，1992（2）．

［55］姜华华．"再"、"还"、"又"重复义的比较研究．中山大学研究生学刊（社会科学版），2002（4）．

［56］蒋琪，金立鑫．"再"与"还"重复义的比较研究．中国语文，1997(3).

［57］金海月，应晨锦．中文水平等级标准的语法等级大纲研制原则．国际汉语教学研究，2021（3）．

［58］金菊花，鲁锦松．高级水平韩国留学生汉语连动句教学研究．汉语学习，2010（2）．

［59］金立鑫．成分的定位和状语的顺序．汉语学习，1988（1）．

［60］金立鑫．现代汉语"了"研究中"语义第一动力"的局限．汉语学习，1999（5）．

［61］［韩］金罗来．"V1着V2"格式与"一边V1，一边V2"格式比较//

崔健，孟柱亿．汉韩语言对比研究（2）．北京：北京语言大学出版社，2010.

［62］［韩］金玖廷．现代汉语介词结构和否定词之间的语序关系．语文研究，2000（3）．

［63］［韩］金昭延．韩国留学生学习汉语副词的偏误分析．徐州工程学院学报（自然科学版），2001（3）．

［64］金贞子．韩国留学习者汉语学习中的偏误分析．延边大学学报（社会科学版），1999（4）．

［65］金周永．"又A又B"格式之考察．汉语学习，1999（4）．

［66］居红．汉语趋向动词及动趋短语的语义和语法特点．世界汉语教学，1992（4）．

［67］赖鹏．汉语能愿动词语际迁移偏误生成原因初探．语言教学与研究，2006（5）．

［68］来思平．现代汉语副词"真"和"很"的用法辨析．北京科技大学学报（社会科学版），1999（2）．

［69］李宝贵．韩国留学生"把"字句偏误分析．辽宁工学院学报（社会科学版），2004（5）．

［70］李大忠．"使"字兼语句偏误分析．世界汉语教学，1996（1）．

［71］李杰．汉语状语多层面的组合语序说略．南通大学学报（社会科学版），2008（3）．

［72］李梅．浅论现代汉语情态、方式副词．西南民族学院学报（哲学社会科学版），2001（8）．

［73］李敏．论"V起来"结构中"起来"的分化．烟台师范学院学报（哲学社会科学版），2005（3）．

［74］李讷，石毓智．汉语动词拷贝结构的演化过程．当代语言学，1997（3）．

［75］李榕，王元鑫．中高级阶段韩国留学生汉语篇章第三人称回指的习得研究．世界汉语教学，2021（2）．

［76］李淑红．留学生使用汉语趋向补语的情况调查及分析．民族教育研究，2000（4）．

［77］李素珍．基于 HSK 动态作文语料库的韩国留学生动词重叠式的偏误分析．汉字文化，2020（21）．

［78］李文治．关于"又"和"再"．语言教学与研究，1982（1）．

［79］李贤卓．理解性练习、产出性练习与致使重动句习得．华文教学与研究，2017（3）．

［80］李晓琪．母语为英语者习得"再"、"又"的考察．世界汉语教学，2002（2）．

［81］李英哲，贾梅露．汉语数量词和否定词关系的探讨．语言教学与研究，1982（1）．

［82］李挺．"向"与"往"辨析 // 金立鑫．对外汉语教学虚词辨析．北京：北京大学出版社，2005．

［83］梁炳磊．现代汉语固定格式"越来越 A"的多角度研究．河南工业大学学报（社会科学版），2013（4）．

［84］梁珊珊，杨峥琳．韩国学生口语多重因果转折语篇使用情况分析．世界汉语教学，2016（3）．

［85］梁珊珊，杨峥琳，颜海波．韩国学生汉语口语语篇中连词"所以"习得的母语影响研究．华文教学与研究，2022（3）．

［86］林齐倩．韩国学生"在 NL"句式的习得研究．汉语学习，2011（3）．

［87］刘焱．量词修饰形容词现象探讨．徐州师范大学学报（哲学社会科学版），1997（3）．

［88］刘楚群．论"越 V 越 A"——兼论从"越 V 越 A"到"越来越 A"的语义虚化过程．河北师范大学学报（哲学社会科学版），2004（4）．

［89］刘广和．说"上 2、下 2、起来 2"——兼谈趋向补语、动趋式．汉语学习，1999（2）．

［90］刘红丽．韩国留学生关于副词"就"的习得顺序调查．考试周刊，2017（77）．

［91］刘慧清．初级汉语水平韩国留学生的时间词使用偏误分析．华文教学与研究，2005（3）．

［92］刘君．"'渐变式副词'可否包含'缓慢义'"问题探究．语文学刊，2006（13）．

［93］刘君，陈五云．渐变类方式副词的概念意义及词类归属//第二届现代汉语虚词对外汉语教学研讨会论文集，2006.

［94］刘涛，赵鸣．基于话语功能的韩国留学生"是……的"句偏误分析．中国矿业大学学报（社会科学版），2015（3）．

［95］刘岩．韩国留学生习得现代汉语运动事件句的偏误分析．浙江师范大学学报（社会科学版），2014（4）．

［96］刘英林，李明．《语法等级大纲》的编制与定位．语言教学与研究，1997（4）．

［97］刘瑜．韩国留学生汉语持续体"V着"的习得考察．语言教学与研究，2010（4）．

［98］刘月华．状语的分类和多项状语的顺序．语法研究和探索，1983（1）．

［99］刘长征．递及比较句的语义理解及制约因素．汉语学习，2005（2）．

［100］龙国富．"越来越……"构式的语法化——从语法化的视角看语法构式的显现．中国语文，2013（2）．

［101］鲁健骥．中介语理论与外国人学习汉语的语音偏误分析．语言教学与研究，1984（3）．

［102］鲁健骥．偏误分析与对外汉语教学．语言文字应用，1992（1）．

［103］鲁健骥．中介语研究中的几个问题．语言文字应用，1993（1）．

［104］鲁健骥．外国人学习汉语的语法偏误分析．语言教学与研究，1994（1）．

［105］卢福波.表"时"意义的"了"与"的"的差异.郭继懋、郑天刚//同实异——汉语近义表达方式的认知语用分析.北京：中国社会科学出版社，2002.

［106］陆俭明.动词后趋向补语和宾语的位置问题.世界汉语教学，2002（1）.

［107］陆俭明."对外汉语教学"中的语法教学.语言教学与研究，2000（3）.

［108］陆俭明.数量词中间插入形容词情况考察.语言教学与研究，1987（4）.

［109］马真.修饰数量词的副词.语言教学研究，1981（1）.

［110］马国彦.话语标记与口头禅——以"然后"和"但是"为例.语言教学与研究，2010（4）.

［111］潘尔尧."还"、"又"的一些用法.语文学习，1954（12）.

［112］蒲喜明.副词"再"、"又"的语用意义分析.陕西师范大学学报（哲学社会科学版），1993（3）.

［113］齐沪扬.语气副词的语用功能分析.语言教学与研究，2003（1）.

［114］祁文英.汉语致使句及其常见语病分析.秘书之友，1999（10）.

［115］钱旭菁.日本留学生汉语趋向补语的习得顺序.世界汉语教学，1997（1）.

［116］裴荣棠.略说"越来越 X"的构成条件.淮北师范大学学报（哲学社会科学版），1993（2）.

［117］屈承熹.汉语的词序及其变迁.语言研究，1984（1）.

［118］屈菲，李春.韩国留学生汉语非完整体习得过程中的母语负迁移研究.华夏文化论坛，2015（1）.

［119］任海波.现代汉语"逐渐"与"渐渐"的比较分析.对外汉语研究，2007（21）.

［120］荣虹.韩国留学生程度副词使用偏误分析.南昌师范学院，2008（3）.

［121］邵敬敏.动量词的语义分析及其与动词的选择关系.中国语文,1996（2）.

［122］邵敬敏.语义对"比"字句中助动词位置的制约.汉语学习,1992（3）.

［123］沈家煊.跟副词"还"有关的两个句式.中国语文,2001（6）.

［124］沈家煊.语言的"主观性"和"表现化".外语教学与研究,2001（4）.

［125］施家炜.韩国留学生汉语句式习得的个案研究.世界汉语教学,2002（4）.

［126］史金生."逐渐"类副词与动词的类.语法研究和探索,2002（11）.

［127］史金生.情状副词的类别和共现顺序.语言研究,2003（4）.

［128］史金生.语气副词的范围、类别和共现顺序.中国语文,2003（1）.

［129］史锡尧."再"语义分析——并比较"再"、"又".汉语学习,1996（2）.

［130］史锡尧.副词"又"的语义及其网络系统.语言教学与研究,1990（4）.

［131］史有为.说说"没有我水平低".汉语学习,1994（4）.

［132］石毓智.汉语的领有动词与完成体的表达.语言研究,2004（2）.

［133］朴恩石.汉语"又"和韩国语"tto（또）"的语义对比分析//崔健、孟柱亿.汉韩语言对比研究（2）,北京:北京语言大学出版社,2010.

［134］琴信子.浅谈韩汉重复副词的方向性问题//崔健、孟柱亿.汉韩语言对比研究（1）.北京:北京语言大学出版社,2007.

［135］宋璟瑶.副词"再"的义项研究.武陵学刊,2014（3）.

［136］宋珉映.关于韩国学生习得"还"的几点思考:从母语的干扰谈起.黑龙江民族丛刊,2010（5）.

［137］宋玉柱.关于"V起来+VP"结构.语文月刊,1992（10）.

［138］宋仲鑫."一方面……一方面"的组合功能.天津师范大学学报（社会科学版）,1988（5）.

［139］孙德金．外国留学生汉语"得"字补语句习得情况考察．语言教学与研究，2002（6）．

［140］孙德坤．外国学生现代汉语"了·1e"的习得过程初步分析．语言教学与研究，1993（2）．

［141］孙红娟．对初级水平韩国留学生连动句教学的研究．语言文字应用，2005（S1）．

［142］唐翠菊．现代汉语重动句的分类，世界汉语教学，2001（1）．

［143］唐贤清．汉语"渐"类副词演变的规律，古汉语研究，2003（1）．

［144］唐昱．高级阶段韩国留学生动词重叠式偏误研究．重庆理工大学学报：社会科学，2013（12）．

［145］王还．再谈现代汉语词尾"了"的语法意义．中国语文，1990（3）．

［146］王弘宇．"一边 A，一边 B"的内部语义关系分析．中国语文，1997（2）．

［147］王红旗．动结式述补结构在把字句和重动句中的分布．语文研究，2001（1）．

［148］王继同．"一十动量词"的重叠式．中国语文，1991（6）．

［149］王建勤．表差异比较的否定结构的习得过程．世界汉语教学，1999（4）．

［150］王建勤．中介语产生的诸因素及相互关系．语言教学与研究，1994（4）．

［151］王建勤．汉语作为第二语言学习者习得过程研究评述．北京师范大学学报（社会科学版），2006（3）．

［152］王健昆，喻波．初级汉语水平韩国留学生汉语语篇逻辑连接偏误分析．语言文字应用，2006（S2）．

［153］王敏凤．频率副词"还"、"再"、"又"重复义之比较．语文建设，2015（23）．

［154］王阳华.说"越来越 V(P)".聊城大学学报（社会科学版），2009（2）.

［155］王振来.韩国留学生学习被动表述的偏误分析.云南师范大学学报（对外汉语教学与研究版），2004（4）.

［156］吴洁敏.谈谈非谓语动词"起来".语言教学与研究，1984（2）.

［157］武果.副词"还"的主观性用法.世界汉语教学，2009（3）.

［158］项开喜.汉语重动句式的功能研究.中国语文，1997（4）.

［159］肖莉.多层状语的顺序及其逻辑特性与对外汉语教学.赣南师范学院学报，1997（2）.

［160］肖奚强，宁倩倩.韩国学生汉语"自己"宾位照应习得研究.对外汉语研究，2017（2）.

［161］肖奚强.韩国学习者汉语语法偏误分析.世界汉语教学，2000（2）.

［162］肖奚强.略论偏误分析的基本原则.语言文字应用，2001（1）.

［163］肖奚强.外国学生照应偏误分析：偏误分析丛论之三.汉语学习，2001（1）.

［164］谢福.汉语二语学习者重动句偏误分析及其教学策略.语言教学与研究，2015（2）.

［165］谢惠筹.语言迁移理论在二外法语学习中的应用.科教导刊，2009（4）.

［166］邢福义."越 X，越 Y"句式.中国语文，1985（4）.

［167］邢福义.关系词"一边"的配对与单用.世界汉语教学，1998（4）.

［168］邢福义.说"数量名结构+形容词".汉语学报，2012（2）.

［169］徐川，高影.韩国学生习得汉语趋向补语"过来"的偏误分析.语文建设，2013（36）.

［170］徐开妍，肖奚强.韩国留学生汉语中介语句式系统实证研究.语言文字应用，2018（1）.

［171］徐开妍.韩国留学生汉语中介语句型系统实证研究.广西师范大学学

报（哲学社会科学版），2019（2）．

［172］徐燕清．"使"字句与"把"字句的异同考察．世界汉语教学，1999（4）．

［173］徐子亮．对外汉语教学的模式匹配．汉语学习，2000（2）．

［174］杨德峰．20世纪80年代中期以来的动趋式研究述评．语言教学与研究，2004（2）．

［175］杨德峰．日语母语学习者趋向补语习得情况分析．暨南大学华文学院学报，2004（3）．

［176］杨德峰．英语母语学习者趋向补语的习得顺序．世界汉语教学，2003（2）．

［177］杨淑璋．副词"还"和"再"的区别．语言教学与研究，1985（3）．

［178］杨永生，肖奚强．韩国学生汉语"这／那"句习得考察．华文教学与研究，2020（1）．

［179］杨永生，肖奚强．韩国学生"这／那"类指示代词篇章回指习得考察．汉语学习，2020（4）．

［180］杨玉玲．重动词和"把"字句的使用考察．世界汉语教学，1999（2）．

［181］杨峥琳．中级水平韩国学生习得汉语离合词情况分析．昆明理工大学学报（社会科学版），2006（1）．

［182］姚双云．口语中"所以"的语义弱化与功能扩展．汉语学报，2009（3）．

［183］殷志平．关于"一身冷汗"一类短语的性质和特点．汉语学习，2000（4）．

［184］袁梅．论"V1着V2"结构的性质．唐都学刊，2002（3）．

［185］袁毓林．定语顺序的认知解释及其理论蕴涵．中国社会科学，1999（2）．

［186］袁毓林．汉语句子的文意不足和结构省略．汉语学习，2002（3）．

［187］袁媛.韩国高级汉语学习者常用程度副词的习得顺序.河北大学学报（哲学社会科学版），2015（5）.

［188］袁毓林.多项副词共现的语序原则及其认知解释//北京大学汉语语言研究中心《语言学论丛》编委会.语言学论丛（第二十六辑）.北京：商务印书馆，2002.

［189］曾丽娟，齐沪扬.韩国学生汉语语篇指称习得研究.华文教学与研究，2021（3）.

［190］张宝林."是……的"句的歧义现象分析.世界汉语教学，1994（1）.

［191］张伯江.动趋式里宾语位置的制约因素.汉语学习，1991（6）.

［192］张伯江.关于动趋式带宾语的几种语序.中国语文，1991（3）.

［193］张珩.留学生使用程度副词时的常见偏误类型及原因分析.语文学刊（教育版），2005（21）.

［194］张金花.韩国留学生初级汉语受母语语序主宾谓的影响偏误分析.青年文学家，2011（9）.

［195］张静."渐渐"和"逐渐"语义、句法的比较分析.华中人文论丛，2011（1）.

［196］张琳捷，宋春阳.关于"越来越"的偏误分析.现代语文（语言研究版），2012（9）.

［197］张万禾.汉语动词的意愿范畴及其句法表现——对自主范畴的再认识.西北师大学报（社会科学版），2008（1）.

［198］张文贤，张易.副词"真"的主观性及其在汉语教学中的应用.汉语学习，2015（6）.

［199］张喜荣.日、韩学习者汉语学习中的正负迁移.西安外国语大学学报，1999（1）.

［200］张亚明，石继伟.副词"渐渐"和"慢慢"的比较分析.十堰职业技术学院学报，2013（6）.

［201］张艳华.韩国学生汉语介词习得偏误分析及教学对策.云南师范大学学报,2005（3）.

［202］张谊生.副词的连用类别和共现顺序.烟台大学学报（哲学社会科学版）,1996（2）.

［203］张谊生.现代汉语副词的性质、范围与分类.语言研究,2000（1）.

［204］赵力江.留学生"了"的习得过程考察与分析.语言教学与研究,1997（2）.

［205］赵清永.从语法研究的三个平面看外国留学生的误句.北京师范大学学报（社会科学版）,1994（6）.

［206］赵淑华.连动式中动态助词"了"的位置.语言教学与研究,1990（1）.

［207］赵新.重动句的结构和语义分析.华侨大学学报（人文社会科学版）,2001（1）.

［208］赵永新.谈谈英语和汉语比较方式的异同.语言教学与研究,1986（1）.

［209］郑艳群.中介语中程度副词的使用情况分析.汉语学习,2006（6）.

［210］郑巧斐,胡洪显.韩国留学生三种否定比较句式的习得研究——"没有"句"不如"句"不比"句.云南师范大学学报（对外汉语教学与研究版）,2009（1）.

［211］郑巧斐.韩国留学生"一样"句及"不一样"句的使用情况考察.暨南大学华文学院学报,2007（4）.

［212］周刚.说"再".汉语学习,1994（3）.

［213］周文华.韩国学生"给"及相关句式习得研究.对外汉语研究,2009（2）.

［214］周文华.韩国学生不同句法位"在＋处所"短语习得考察.华文教学与研究,2013（4）.

［215］周文华.基于口语语料的韩国学生"比"字句习得认知过程考察.汉语学习，2018（3）.

［216］周小兵，梁珊珊.韩国学生叙述性口语语篇逻辑连接情况调查.语言教学与研究，2014（3）.

［217］周小兵，王宇.跟范围副词"都"有关的偏误分析.汉语学习，2007（1）.

［218］周小兵.动宾组合带时量词语的句式.语言教学与研究，1997（4）.

［219］周小兵.学习难度的测定和考察.世界汉语教学，2004（1）.

［220］周小兵.韩国人母语迁移性语法偏误研究程序 // 崔健、孟柱亿.汉韩语言对比研究（3）.北京：北京语言大学出版社，2012.

［221］邹韶华."比"字句的积极性特征 // 中国语文杂志社.语法研究和探索（六）.北京：语文出版社，1992.

［222］朱其智."随着 V"与"越来越 A"同现研究及其历时考察.世界汉语教学，2010（1）.

［223］朱雪婷."越来越 X"构式句法语义分析.现代语文：下旬.语言研究，2015（11）.

［224］祝东平."再"、"还"重复义与动词性词语的"有界"、"无界".汉语学习，2010（5）.

［225］Corder,S.P.The Significance of Learner's Error.International Review of Applied Linguistics in Language Teaching,1967（5）.

［226］Jack C.Richards 孙德坤.错误分析、中介语和第二语言习得研究述评.语言教学与研究，1990（1）.

［227］Dulay,H & Burt,M.Should we teach children syntax Language Learning,1973（2）.

［228］김영희.샘숱밀로시의 정도부사.헌글，1985（187）.

　　金英姬.作为定语的程度副词.韩国语，1985（187）.

［229］서상규.정도 부사에 대한 국어학사적인 조명과 그 분류에 대하여.연세어문학, 1991（23）.

徐相奎.程度副词的演变及分类.延世语学，1991（23）.

［230］임규홍.국어 정도 부사의 화용화.언어과학연구, 2003（24）.

林圭鸿.国语程度副词的语用分析.语言科学研究，2003（24）.

［231］임유종.국어 부사의 하위분류.어학연구, 1998（34）.

林有宗.国语副词的分类.语言学研究，1998（34）.

［232］Traugott, E.C, Subtectification in Grammaticalization.Subiectivitu and Subiectivtsation:Linguistic Perspectives, 31–54.Cambridge.Cambridge University Press，1995.

学位论文

［1］阿伦克.蒙古国学生学习汉语副词“又、还、再”的偏误分析及教学建议.大连：辽宁师范大学硕士学位论文，2015.

［2］安松兰.韩国语汉字副词与汉语对应词对比.延吉：延边大学硕士学位论文，2007.

［3］白琉璃.汉语量词和韩语单位名词对比及韩国学生名量词偏误分析.上海：上海师范大学博士学位论文，2019.

［4］白星晶.朝鲜族中学生汉语多项状语习得语序偏误分析.延吉：延边大学硕士学位论文，2006.

［5］白昀.汉、韩语同时体表达对比——以“一边 A，一边 B”与“면서”为例.北京：北京语言大学硕士学位论文，2013.

［6］鲍伟芳.吉尔吉斯斯坦留学生习得副词“还、又、再”重复义偏误研究.乌鲁木齐：新疆师大学硕士学位论文，2016.

［7］曾丽娟.中级水平韩国留学生语篇回指表现分析.北京：北京语言大学

硕士学位论文，2007.

［8］陈静雨.韩国留学生动词"放"的基本句式结构习得顺序研究.上海：上海外国语大学硕士学位论文，2021.

［9］陈伟.现代汉语介词短语语序问题研究.贵州：贵州大学硕士学位论文，2007.

［10］陈小颖.韩国留学生习得汉语"是"字结构的言语加工策略.北京：北京语言大学硕士学位论文，2007.

［11］程皓月.韩国语'또'，'다시'和汉语'又'，'再'的对比研究.延吉：延边大学硕士学位论文，2016.

［12］崔香玉.韩国语程度副词的分类及统辞特性研究.延吉：延边大学硕士学位论文，2010.

［13］董颖瑾.表"重复"义的"又"和"再"的偏误分析及教学应用研究.上海：复旦大学硕士学位论文，2013.

［14］董玉玮.韩国学生14个汉语常用性质形容词的习得研究.北京：北京大学硕士学位论文，2021.

［15］独海峰.汉韩"重复"类副词对比.延吉：延边大学硕士学位论文，2009.

［16］杜瑞.基于HSK语料库的韩国留学生复句关系词语使用情况与偏误分析.武汉：华中师范大学硕士学位论文，2013.

［17］范晶媛.韩国留学生汉语存现句偏误研究.北京：中央民族大学硕士学位论文，2011.

［18］付霞.对韩国学生典型语气助词"吗、呢、吧、啊"习得情况的考察研究.北京：北京语言大学硕士学位论文，2006.

［19］高红.韩国学生习得汉语不同类型"把"字句"内部结构成分"的言语加工策略.北京：北京语言大学硕上学位论文，2003.

［20］高红娜.初级阶段韩国留学生习得汉语副词的中介语分析.成都：四

川大学硕士学位论文，2006.

　　［21］高亚云.基于 HSK 动态作文语料库的韩国留学生"不"和"没（有）"否定结构习得研究.北京：北京语言大学硕士学位论文，2009.

　　［22］谷凌晨.韩国留学生使用"越……越……"格式偏误分析.合肥：安徽大学硕士学位论文，2017.

　　［23］郭中.现代汉语多项状语共现语序研究.南昌：南昌大学硕士学位论文，2007.

　　［24］何荣娟.汉语作为第二语言习得的常用重复义副词研究.兰州：西北师范大学硕士学位论文，2013.

　　［25］贺忠华.重动句及其对外汉语教学研究.沈阳：辽宁大学硕士学位论文，2012.

　　［26］胡冬梅.高级阶段韩国留学生汉语条件复句习得顺序考察.武汉：华中师范大学硕士学位论文，2016.

　　［27］贾欢.对外汉语"越来越 X"格式偏误分析.武汉：华中师范大学硕士学位论文，2012.

　　［28］贾雪梅.韩国学生能愿动词的习得顺序研究.大连：大连外国语大学硕士学位论文，2019.

　　［29］姜玥.韩国初中级汉语学习者动词重叠式习得偏误研究.长沙：湖南大学硕士学位论文，2015.

　　［30］［韩］金河伶.韩国留学生汉语结果补语习得偏误研究.哈尔滨：哈尔滨师范大学硕士学位论文，2020.

　　［31］金莲花.韩汉语被动句对比研究.长春：东北师范大学硕士学位论文，2007.

　　［32］金宁璐.基于多元发展模型的韩国学生"了"的习得顺序研究.济南：山东师范大学硕士学位论文，2014.

　　［33］［韩］金容喆.韩国留学生习得形容词重叠式偏误分析及教学对策研

究 . 大连：辽宁师范大学硕士学位论文，2021.

［34］［韩］金松姬 . 韩国汉语学习者带"得"的情态补语句习得研究 . 广州：中山大学硕士学位论文，2012.

［35］［韩］金昕卿 . 韩国儿童汉语否定句与疑问句习得的个案研究 . 北京：北京语言大学硕士学位论文，2009.

［36］［韩］金宣教 . 韩国留学生习得重复义"还"、"再"、"又"的偏误分析 . 长春：吉林大学硕士学位论文，2012.

［37］李帆 . 表重复义副词"再""又""还"的偏误分析及教学建议 . 乌鲁木齐：新疆大学硕士学位论文，2016.

［38］李建成 . 韩国留学生汉语趋向补语习得过程中的言语加工策略研究 . 北京：北京语言大学硕士学位论文，2007.

［39］李瑞伦 . 韩国中级阶段学生习得汉语能愿动词偏误研究——以"能、会、想、要、可以"为例 . 济南：山东大学硕士学位论文，2018.

［40］李彦泽 . 外国留学生重复义副词"再、还、也、又"的偏误分析 . 大连：辽宁师范大学硕士学位论文，2011.

［41］李洋 . 基于 HSK 动态作文语料库的韩国留学生动态助词研究 . 烟台：鲁东大学硕士学位论文，2013.

［42］李雨 . 基于构式理论下的韩国学生习得"是"字句偏误分析及教学对策 . 大连：辽宁师范大学硕士学位论文，2016.

［43］梁炳磊 . 现代汉语"越来越 A"格式的多角度考察 . 郑州：郑州大学硕士学位论文，2011.

［44］廖辉 . 韩国学生使用"还"、"再"、"又"表复续义的偏误分析 . 南京：南京师范大学硕士学位论文，2020.

［45］刘慧莹 . 初级阶段日本留学生学习汉语表重复义副词"再、又、还"的偏误分析 . 武汉：华中师范人学硕士学位论文，2011.

［46］刘佳佳 . "更 X"与"越来越 X"对比研究 . 长春：吉林大学硕士学位

论文，2015.

　　［47］刘建华.副词"还、也、又、再"的重复义研究.延吉：延边大学硕士学位论文，2007.

　　［48］刘建霞.韩国留学生叙事语篇中名词性词语省略的偏误分析.北京：北京语言大学硕士学位论文，2005.

　　［49］刘君.现代汉语渐变类副词研究.上海：上海师范大学硕士学位论文，2007.

　　［50］刘梨花.对外汉语教学角度的现代汉语重动句考察.长沙：湖南师范大学硕士学位论文，2010.

　　［51］刘小红.留学生重复义副词"又、再、还、也"的习得偏误分析与教学对策.长沙：湖南师范大学硕士学位论文，2015.

　　［52］卢芳雅.韩国学生语序偏误与其汉语水平相关性研究.杭州：浙江大学硕士学位论文，2019.

　　［53］马红丽.中高级阶段留学生重动句使用情况调查与教学研究.沈阳：辽宁大学硕士学位论文，2017.

　　［54］宁倩倩.韩国留学生汉语反身代词照应功能习得研究.南京：南京师范大学硕士学位论文，2017.

　　［55］欧阳碧莲.对外汉语重动句及其教学设计研究.乌鲁木齐：新疆大学硕士学位论文，2020.

　　［56］潘国英.现代汉语状语语序研究.上海：华东师范大学博士学位论文，2010.

　　［57］庞慧.单音节重复义副词比较与二语习得的偏误分析.长春：吉林大学硕士学位论文，2013.

　　［58］彭育波."V1着V2"结构多角度研究.上海：华东师范大学博士学位论文，2004

　　［59］［韩］朴叡智.韩国学生汉语致使结构习得研究.南京：南京大学硕士

学位论文，2017.

［60］朴银周.程度范畴的汉韩对比研究.上海：华东师范大学硕士论文，2005.

［61］齐悦.汉韩程度副词对比研究及韩国学生习得偏误分析.保定：河北大学硕士论文，2010.

［62］沈夏娜.副词"还、再、又"重复义研究以及对韩教学对策.济南：山东大学硕士学位论文，2012.

［63］沈学牧.对韩国留学生典型语气词"吗，呢"习得过程的研究.北京：北京语言大学硕士学位论文，2004.

［64］史学文."越X越Y"句式与对外汉语教学.济南；山东师范大学硕士学位论文，2012.

［65］宋青.韩国留学生汉语结果补语习得特点和偏误分析.长春：吉林大学硕士学位论文，2013.

［66］宋扬.韩国留学生关联副词习得考察.武汉：华中师范大学博士学位论文，2014.

［67］孙孟玲.高级水平汉语学习者言语交际中"所以"的使用情况分析.长沙：湖南师范大学硕士论文，2020.

［68］孙明欢.韩国学生习得时量补语偏误研究.长春：吉林大学硕士学位论文，2017.

［69］孙宁.初级韩国留学生汉语正反问句习得调查研究.沈阳：沈阳师范大学硕士学位论文，2020.

［70］孙书姿.韩国留学生习得汉语双音节VO型离合词的言语加工策略.北京：北京语言大学硕士学位论文，2004.

［71］唐敏.副词"还"语义网络系统的形成和发展.上海：上海师范大学硕士学位论文，2003.

［72］唐鹏举.韩国留学生汉语动结式习得过程及其言语加工策略.北京：北

京语言大学硕士学位论文，2007.

［73］唐粟芳.韩国大邱观光高中学生汉语祈使句习得研究.扬州：扬州大学硕士学位论文，2019.

［74］童小娥.副词"还"的各项意义的演变及其语义网络系统.北京：北京语言文化大学硕士学位论文，2002.

［75］王会云.初级阶段韩国学生使用汉语副词的偏误分析.大连：辽宁师范大学硕士论文，2008.

［76］王坤.韩国学生习得汉语状语语序偏误分析.长春：吉林大学硕士学位论文，2013.

［77］王丽彩.现代汉语中表伴随义的三个格式考察.广州：暨南大学硕士学位论文，2005.

［78］王重远.韩国留学生"是……的"句式习得顺序研究.南宁：广西大学硕士学位论文，2016.

［79］王子越.对外汉语教学视域下的顺承复句关联词语研究.济南：山东师范大学硕士论文，2018.

［80］吴莎.基于口语语料库的留学生口语语篇衔接手段的偏误分析.南京：南京大学硕士论文，2017.

［81］吴彤.类型学视角下汉语多项定语语序习得研究.广州：暨南大学硕士学位论文，2018.

［82］吴英信.韩国人学习汉语语法偏误分析.西安：西北大学硕士学位论文，2009.

［83］杨慧敏.留学生使用副词"再""又"的偏误分析及教学策略.哈尔滨：哈尔滨师范大学硕士学位论文，2013.

［84］杨眉.韩国学习者汉语疑问句系统的习得研究.武汉：华中师范大学硕士学位论文，2009.

［85］叶鑫琼.印尼学生学习重复义副词"再／又"偏误分析.福州：福建师

范大学硕士学位论文，2014.

［86］易平平."是……的"结构中"是"、"的"隐现考察.北京：北京语言大学硕士学位论文，2008.

［87］殷小梅.中级韩国留学生汉语语篇指称方式及其偏误研究.武汉：华中师范大学硕士学位论文，2020.

［88］余敏.韩国留学生现代汉语复句习得及选择策略研究.武汉：华中师范大学博士学位论文，2012.

［89］袁莉蓉.现代汉语句子的时间语义范畴研究.四川：四川师范大学硕士学位论文，2004.

［90］曾丽娟.中级水平韩国留学生语篇回指表现分析.北京：北京语言大学硕士学位论文，2007.

［91］张慧贞.韩汉多层状语连用语序对比.延吉：延边大学博士学位论文，2012.

［92］张敬.初中级留学生汉语有标顺承复句习得研究.扬州：扬州大学硕士学位论文，2020.

［93］张君博.程度副词偏误分析与计算机辅助教学设计.北京：北京语言大学硕士学位论文，2007.

［94］张静.汉语学习者重动句习得研究——以南京大学英语国家留学生为例.南京：南京大学硕士学位论文，2015.

［95］张琳捷."越来越"与"越发"、"一天比一天"的比较研究.上海：上海交通大学硕士学位论文，2013.

［96］张奇.留学生习得单音节重复义副词的考察与偏误研究.开封：河南大学硕士学位论文，2015.

［97］张鑫."越来越 X"构式的研究.长春：吉林大学硕士学位论文，2013.

［98］张意.对韩汉教学中"是……的"句的研究.长春：东北师范大学硕士学位论文，2011.

［99］赵淑丽. 基于"HSK 动态作文语料库"的日本留学生汉语多项状语的偏误分析. 北京：北京语言大学硕士学位论文，2009.

［100］钟嘉敏. 母语负迁移对韩国学生习得汉语多项状语语序的影响. 北京：北京语言大学硕士学位论文，2016.

［101］周文进. 现代汉语多项状语语序研究. 南京：南京师范大学硕士学位论文，2008.

［102］周杨钰. 留学生汉语顺承关联词的习得研究. 上海：上海交通大学硕士论文，2013.

［103］朱海楠. 韩国留学生量词重叠式的习得偏误考察. 上海：上海师范大学硕士学位论文，2019.

［104］朱雪花. 汉语"一边 / 面 A，一边 / 面 B"格式及其朝鲜语对应形式. 延吉：延边大学硕士学位论文，2007.

［105］朱云凤. 韩国留学生汉语比较句习得顺序考察及言语加工策略研究. 北京：北京语言大学硕士学位论文，2008.

［106］诸锦雯. 韩国学习者习得汉语"有"字存在句的宾语有定性研究. 上海：上海外国语大学硕士学位论文，2022.

［107］邹海清. 现代汉语频率副词研究. 上海：上海师范大学硕士学位论文，2005.

图书在版编目（ＣＩＰ）数据

韩国学生汉语语法习得研究 / 金海月著 . -- 北京：
民族出版社 , 2023.10
ISBN 978-7-105-17096-8

Ⅰ . ①韩…　Ⅱ . ①金…　Ⅲ . ①汉语—语法—对外汉语
教学—教学研究　Ⅳ . ① H195.3

中国国家版本馆 CIP 数据核字 (2023) 第 187738 号

责任编辑：孙秀梅
责任校对：阿茹汗
封面设计：金　晔
出版发行：民族出版社
地　　址：北京市和平里北街 14 号
邮　　编：100013
网　　址：http://www.mzpub.com
印　　刷：北京中石油彩色印刷有限责任公司
经　　销：各地新华书店
版　　次：2023 年 12 月第 1 版　2023 年 12 月北京第 1 次印刷
开　　本：787 毫米 ×1092 毫米　1/16　字数：400 千字
印　　张：23.5
定　　价：65.00 元
ISBN　978-7-105-17096-8/ H · 1231（汉 426）